여행은 꿈꾸는 순간, 시작된다

리얼 시리즈가 제안하는
안전여행 가이드

안전여행 기본 준비물

☐ 마스크
베트남에서 마스크 착용은 의무가 아니지만, 사람이 많은 곳에서는 착용하는 것을 권장한다.

☐ 손 소독제
소독제나 알코올 스왑, 소독 스프레이 등을 챙겨서 자주 사용한다.

☐ 여행자 보험
코로나19 확진 시 격리 및 치료에 들어가는 비용이 보장되는 여행자 보험에 가입한다.

☐ 휴대용 체온계
발열 상황에 대비해 작은 크기의 체온계를 챙긴다. 아이와 함께 여행한다면 필수로 준비하자.

☐ 자가 진단 키트
발열과 기침, 오한 등 코로나19로 의심되는 증상이 나타날 때 감염 확인을 위해 필요하다. 여행 기간과 인원을 고려해 준비한다.

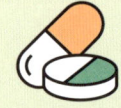
☐ 재택 치료 대비 상비약
코로나19 확진 시 증상에 따라 필요한 약을 준비한다. 해열진통제, 기침 감기약, 지사제 등을 상비약으로 챙긴다.

여행 속 거리두기 기본 수칙

☐
활동 전후
30초 이상 손씻기

☐
타인과 안전 거리
유지하기

☐
손 소독제
적극 사용하기

☐
밀집 지역은
특히 주의하기

여행 일정

- ☐ 여행지에 따른 방역 지침 준수하기
- ☐ 여행지 주변 의료 시설 확인하기
- ☐ 자가격리 기준 및 출입국 방법 사전에 조사하기

여행지

- ☐ 여행지에 따른 방역 수칙 준수하기
- ☐ 환기가 잘 되는 여행지 위주로 방문하기
- ☐ 실내에서는 마스크 착용하기
- ☐ 오픈 시간 및 휴무일은 자주 변동되므로 방문 전 확인하기

식당·카페

- ☐ 사람이 많으면 포장 주문도 고려하기
- ☐ 매장 내에서 취식한다면 손 소독 및 거리두기 준수하기

렌트 차량

- ☐ 손잡이 소독하기
- ☐ 주기적으로 환기시키기

대중교통

- ☐ 탑승객과 일정 거리 유지하기
- ☐ 공용 휴게 공간 조심하기
- ☐ 좌석 외 불필요한 이동 자제하기
- ☐ 내부에서 음식 섭취 자제하기

출입국

- ☐ 공항과 기내에서 방역 수칙 준수하기

숙박

- ☐ 예약 숙소의 방역 및 소독 진행 여부 확인하기
- ☐ 앱이나 유선으로 비대면 체크인 활용하기
- ☐ 개인 세면도구 적극 사용하기
- ☐ 객실 창문을 열어 자주 환기하기

박물관·미술관

- ☐ 시간대별 인원 제한 여부 확인하기
- ☐ 홈페이지 또는 인터넷 예매 활용하기

방역 지침 확인 및 긴급 상황 대처

- ☐ 여행 중 건강 상태를 수시로 확인하고 필요하면 검진받기
- ☐ 빠르게 바뀌는 현지 방역 대책은 주베트남 대한민국 대사관 홈페이지 확인하기

주베트남 대한민국 대사관
overseas.mofa.go.kr/vn-ko/index.do

📍 SQ4 Diplomatic Complex, Do Nhuan St, Xuan Tao, Bac Tu Liem, Hanoi, Vietnam

📞 **근무시간** +84-24-3771-0404(비자, 여권 등),
+84-24-3831-5111(정부, 경제 등)
근무시간외 +84-90-402-6126(긴급상황 발생시, 24시간)
영사콜센터 +82-2-3210-0404(서울, 24시간)

🕐 09:00~12:00, 14:00~16:00

리얼
하노이
사파 하롱베이

여행 정보 기준

이 책은 2023년 8월까지 수집한 정보를 바탕으로 만들었습니다.
정확한 정보를 싣고자 노력했지만, 여행 가이드북의 특성상
책에서 소개한 정보는 현지 사정에 따라 수시로 변경될 수 있습니다.
변경된 정보는 개정판에 반영해 더욱 실용적인 가이드북을 만들겠습니다.

한빛라이프 여행팀 ask_life@hanbit.co.kr

리얼 하노이

초판 발행 2023년 5월 29일
초판 2쇄 2023년 9월 13일

지은이 박수정 / **펴낸이** 김태헌
총괄 임규근 / **책임편집** 고현진 / **기획** 박지영 / **편집** 정은영
디자인 천승훈 / **지도·일러스트** 이예연
영업 문윤식, 조유미 / **마케팅** 신우섭, 손희정, 김지선, 박수미, 이해원 / **제작** 박성우, 김정우

펴낸곳 한빛라이프 / **주소** 서울시 서대문구 연희로2길 62 한빛빌딩
전화 02-336-7129 / **팩스** 02-325-6300
등록 2013년 11월 14일 제25100-2017-000059호
ISBN 979-11-93080-02-3 14980, 979-11-85933-52-8 14980(세트)

한빛라이프는 한빛미디어(주)의 실용 브랜드로 우리의 일상을 환히 비추는 책을 펴냅니다.

이 책에 대한 의견이나 오탈자 및 잘못된 내용에 대한 수정 정보는 한빛미디어(주)의 홈페이지나 아래 이메일로
알려주십시오. 잘못된 책은 구입하신 서점에서 교환해 드립니다. 책값은 뒤표지에 표시되어 있습니다.

한빛미디어 홈페이지 www.hanbit.co.kr / 이메일 ask_life@hanbit.co.kr
페이스북 facebook.com/goodtipstoknow / 포스트 post.naver.com/hanbitstory

Published by HANBIT Media, Inc. Printed in Korea
Copyright © 2023 박수정 & HANBIT Media, Inc.
이 책의 저작권은 박수정과 한빛미디어(주)에 있습니다.
저작권법에 의해 보호를 받는 저작물이므로 무단 복제 및 무단 전재를 금합니다.

지금 하지 않으면 할 수 없는 일이 있습니다.
책으로 펴내고 싶은 아이디어나 원고를 이메일(writer@hanbit.co.kr)로 보내주세요.
한빛라이프는 여러분의 소중한 경험과 지식을 기다리고 있습니다.

하노이를 가장 멋지게 여행하는 방법

리얼 하노이

사파 하롱베이

박수정 지음

한빛라이프

PROLOGUE
작가의 말

견고하지만 아기자기해, 반전 매력 하노이

2016년 겨울. 당시 저는 베트남 북부 사파의 소수민족 마을에서 하루 1만 원 하는 호스텔에 숙박하고 있었습니다. 그러던 어느 날 같은 방을 쓰는 프랑스 친구가 판시판 케이블카가 개장했으니 함께 가자고 하더군요. 비싼 입장료 때문에 고민했더니, 친구가 기꺼이 대신 내주겠다면서요. 그러면서 '대신 네가 그만큼 다른 여행자에게 좋은 정보로 베풀면 된다'고 하더라고요.

그때 그 한마디가 지금의 <리얼 하노이>를 완성하는 데 큰 원동력이 되었습니다. 내가 경험한 정보를 나누겠단 생각으로, 이후 꾸준히 블로그에 베트남 여행기를 기록했고, 감사하게도 한빛라이프를 만나게 되는 계기 역시 되었습니다.

물론 처음에 취재를 시작하면서는 정신없이 흐르는 오토바이, 찌뿌둥한 날씨 때문에 쉽게 하노이에 정 주기는 어려웠는데요. 시간이 지날수록 하노이는 베트남 중에서도 전통과 문화가 잘 보존되어 있는, 가장 베트남스러운 곳이란 것을 알게 되었습니다. 또한 베트남은 오랫동안 함께 잘살기 위해 고민한 나라이기 때문에, 사회적 기업, 공정무역, 소수민족 문화도 잘 남아있고요.

이런 부분을 독자분들에게 조금이나마 더 보여주려고 노력했습니다. 지난 5년 동안 하노이를 오가며, 모든 스폿을 직접 다 체험하고 경험했고, 최대한 진정성 있는 정보로 녹여냈습니다. 여행은 무엇을 보는지보다 어떤 시각으로 보는지가 더 중요하다고 하죠. 이 책을 통해 여러분들이 하노이의 매력을 조금이나마 더 깊이 느낄 수 있길 바랍니다. 가고 싶은 곳이 있으면 별표도 치고, 밑줄도 그어가면서 <리얼 하노이>를 마음껏 활용해 주세요.

—— **Special thanks to** ——

팬데믹으로 사라질 뻔한 책이었습니다. 어려운 상황에서도 꺾이지 않는 마음으로 피, 땀, 눈물 흘려가며 멋지게 완성해 주신 한빛라이프 여행팀에 무한 감사드립니다! 우리는 한배를 탔다며 잘 완성해 보자고 격려해 주신 고현진 팀장님, 책 시작할 때 신혼이었다가 지금은 아이가 뛰어다닌다는 외유내강 박지영 에디터님, 책이 마무리되는데 가장 큰 역할을 하신 추진력 대장 정은영 에디터님, 마지막으로 개정판을 넘어 환골탈태 수준이었는데 예쁘게 다듬어주신 천승훈 실장님. 너무 고생하셨고, 함께해서 영광이었습니다. 이 책에 자문과 검수를 도와준 나의 하노이 친구, 짠 마이 안(Trần Mai An)에게도 감사한 마음을 보냅니다.

박수정 동남아 전문 여행 블로거. 매달 베트남을 오가며, 서울보다 베트남에 있는 시간이 더 많다. 남쪽에서 태어나 추운 걸 극도로 싫어하다 보니, 따뜻한 동남아로 떠난 것이 어느새 일터가 되었다. 다큐멘터리 영화를 전공하고 20대는 줄곧 독립 영화판에서 일했으며, 이후 세상에 대한 호기심이 확장되면서 30대엔 여행 콘텐츠 만드는 일을 전업으로 하고 있다.

네이버 블로그 망고요정의 트래블라이프 blog.naver.com/foresten
인스타그램 @mango_nomad

INTRODUCTION
미리 보기

리얼 하노이를 소개합니다

- 이 책에 나오는 외국어는 국립국어원의 외래어표기법에 따라 표기했습니다. 단, 베트남어의 한글 표기는 현지 발음에 최대한 가깝게 표현했습니다.
- 대중교통 및 도보 이동 시의 소요 시간은 대략적으로 적었으며 현지 사정에 따라 달라질 수 있으니 참고용으로만 확인 바랍니다.
- 이 책에 수록된 지도는 기본적으로 북쪽이 위를 향하는 정방향으로 되어 있습니다. 정방향이 아닌 경우 별도의 방위 표시가 있습니다.

이 책에서 사용한 주요 기호

🚶 가는 방법	📍 주소	🕐 운영 시간	₫ 요금	📞 전화번호	🏠 홈페이지
📡 GPS 좌표	🚌 버스 터미널, 버스 정류장	📷 명소	🍴 음식점	🎁 상점	
🛏 숙소	🚢 크루즈	👍 인기	♥ 추천		

모바일로 지도 보기

각 지도에 담긴 QR코드를 스마트폰으로 스캔하면 이 책에서 소개한 장소들의 위치가 표시된 구글 지도를 볼 수 있습니다. '지도 앱으로 보기'를 선택하고 구글 맵스 앱으로 연결하면 거리 탐색, 경로 찾기 등을 더욱 편하게 이용할 수 있습니다. 앱을 닫은 후 지도를 다시 보려면 구글 맵스 애플리케이션 하단의 '저장됨'-'지도'로 이동해 원하는 지도명을 선택합니다.

INTRODUCTION
미리 보기

리얼 하노이 100% 활용법

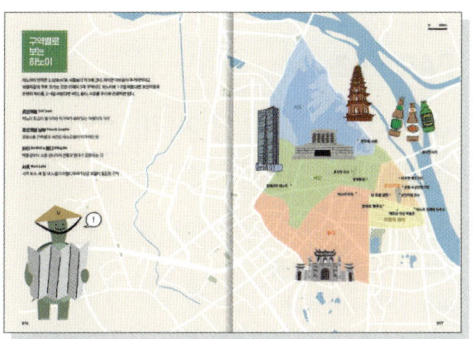

PART 1
여행지 개념 파악하기

하노이에서 꼭 가봐야 할 장소부터 여행 시 알아 두면 도움이 되는 국가 및 지역 특성을 소개합니다. 기초 정보부터 추천 코스까지, 하노이 여행을 미리 그려볼 수 있는 정보를 담았습니다.

PART 2
테마별 여행 정보 살펴보기

하노이를 조금 더 깊이 들여다 볼 수 있는 재미난 읽을거리를 담았습니다. 키워드별로 모아 보는 볼거리부터 먹거리와 기념품까지, 하노이의 매력을 다채롭게 소개합니다.

PART 3~5
지역별 정보 확인하기

하노이는 물론 사파와 하롱베이 등 주변 지역의 관광 명소, 음식점, 카페, 술집, 상점, 마사지 숍 등을 자세히 소개합니다. 하롱베이는 1박 2일과 당일치기 추천 크루즈별로 따로 안내합니다.

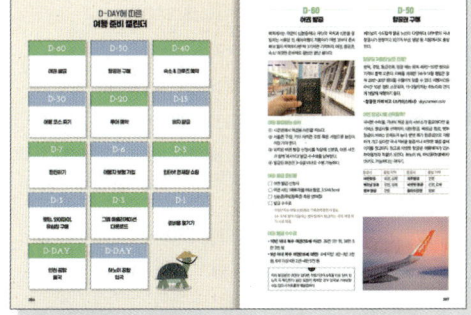

PART 6
실전 여행 준비하기

D-DAY에 따른 여행 준비부터 숙소 선택까지 여행 준비에 필요한 정보를 담았습니다. 여행 시 주의점과 에티켓까지 수록해 더욱 쉽고 안전한 여행이 되도록 도와줍니다.

CONTENTS
목차

- **004** 작가의 말
- **006** 리얼 하노이를 소개합니다
- **007** 리얼 하노이 100% 활용법

PART 01
한눈에 보는 하노이

- **014** 지도로 보는 베트남
- **016** 구역별로 보는 하노이
- **018** 숫자로 보는 하노이
- **020** 키워드로 보는 하노이
- **022** 하노이 여행 캘린더
- **024** 이것만은 꼭 BEST 10
- **026** 하노이 근교 여행 BEST 10
- **028** 여행 팁 10가지
- **032** 베트남 역사 키워드

COURSE
- **034** 01 3박 4일 하노이 집중 코스
- **036** 02 3박 5일 부모님과 하노이+하롱베이 여행
- **038** 03 4박 5일 친구와 하노이+사파 여행
- **040** 04 4박 5일 혼자 하노이+깟바섬 여행
- **042** 05 5박 6일 커플끼리 베트남 북부 완전 일주

REAL GUIDE
- **030** 그랩 애플리케이션 사용 방법
- **031** 베트남 화폐 한눈에 보기

PART 02
하노이를 가장 멋지게 여행하는 방법

- **046** 하노이 포토 스폿
- **048** 문화 예술 공간
- **050** 공정무역 & 사회적 기업
- **052** 체험 & 투어
- **056** 하노이 호캉스 vs 사파 감성 숙소
- **060** 하롱베이 크루즈
- **062** 베트남 기본 메뉴
- **064** 베트남 북부 별미
- **066** 베트남 쌀국수
- **070** 파인 다이닝
- **072** 길거리 음식
- **074** 열대 과일
- **077** 이색 디저트 열전
- **078** 하노이 베스트 카페
- **082** 칵테일 한잔
- **083** 맥주 한잔
- **084** 선물하기 좋은 아이템
- **086** 라이프스타일 & 편집 숍
- **088** 재래시장
- **090** 대형 마트
- **092** 마사지 & 스파

REAL GUIDE
- **054** 베트남 북부 전통 의상 체험
- **080** 개성 만점! 베트남 커피 종류

CONTENTS
목차

PART 03
진짜 하노이를 만나는 시간

AREA ① 호안끼엠(구시가지)
- 100 공항에서 호안끼엠(구시가지) 가는 법
- 101 호안끼엠 여행 코스
- 102 호안끼엠 상세 지도
- 104 추천 스폿

AREA ② 호안끼엠 남부(프렌치 쿼터)
- 160 호안끼엠 남부(프렌치 쿼터) 가는 법
- 161 호안끼엠 남부 여행 코스
- 162 호안끼엠 남부 상세 지도
- 164 추천 스폿

AREA ③ 바딘 & 동다
- 188 바딘 & 동다 여행 코스
- 189 바딘 & 동다 상세 지도
- 190 추천 스폿

AREA ④ 서호
- 206 서호 여행 코스
- 207 서호 상세 지도
- 208 추천 스폿

REAL PLUS
- 184 '밧짱' 그릇 쇼핑
- 218 육지의 하롱베이 닌빈
- 226 소수민족이 사는 녹차밭 '목쩌우'

REAL GUIDE
- 112 기찻길 마을에서 롱비엔 기차역까지 도보 여행
- 114 36가지 매력, 여행자를 위한 구시가지 골목길
- 119 따히엔 맥주 거리 안주 페어링
- 125 '쌀국수' 제대로 알고 먹자
- 144 하노이 스트리트 푸드 먹방 투어
- 154 하노이 시티 투어 3
- 156 하노이 쿠킹 클래스
- 165 베트남 대나무 서커스 랑 또이 쇼
- 170 프렌치 쿼터 건축 이야기
- 172 프랑스 건축물 BEST 7
- 193 롯데마트 똑똑하게 이용하는 법
- 195 호치민 박물관 핵심 관람 포인트

CONTENTS
목차

PART 04
진짜 사파를 만나는 시간

- 232 하노이에서 사파 가는 법
- 234 사파 시내 교통
- 235 사파 여행, 언제가 적기일까?
- 236 사파 여행 코스
- 237 사파 상세 지도
- 238 추천 스폿

REAL GUIDE
- 242 전통 의상으로 알아보는 소수민족
- 244 사파 공정여행을 위한 가이드라인
- 246 가장 가까운 소수민족 마을 '깟깟'
- 250 인도차이나 최고봉 '판시판'
- 260 사파 별미 베스트 7
- 263 사파 감성 숙소
- 268 트레킹으로 만나는 근교 소수민족 마을
- 271 베트남 최대의 소수민족 전통시장, 박하 시장

CONTENTS
목차

PART 05
진짜 하롱베이를 만나는 시간

AREA ① 하롱베이
- 277 하노이에서 하롱베이 크루즈 선착장 가는 법
- 278 하롱베이 여행 코스
- 280 하롱베이 여행, 언제가 적기일까?
- 286 추천 크루즈

REAL GUIDE
- 281 지도로 보는 하롱베이
- 282 생애 첫 크루즈 완벽 가이드
- 294 하롱베이 헬리콥터 투어
- 295 깟바섬 당일치기 보트 투어

AREA ② 깟바섬
- 297 하노이에서 깟바섬 가는 법
- 297 깟바섬 내 교통
- 298 깟바섬 여행 코스
- 299 깟바섬 상세 지도
- 300 추천 스팟

PART 06
즐겁고 설레는 여행 준비

- 306 여행 준비 캘린더
- 314 구역별로 보는 하노이 숙소
- 316 하노이 숙소 선택 노하우
- 318 추천 숙소
- 324 베트남 여행 시 주의할 점
- 325 베트남 여행 에티켓

REAL GUIDE
- 309 베트남 비자 발급

- 326 INDEX

PART 01

한눈에 보는 하노이

HANOI

지도로 보는 베트남

한국에서 가장 가까운 베트남이 하노이다. 비행기로 인천에서는 4시간 30분, 부산에서는 4시간 10분이면 닿는 곳. 덕분에 다른 지역에 비해 성수기에도 티켓 가격이 저렴한 편이며, 국제 공항도 하노이와 하이퐁(하롱베이) 두 곳이 있다.

- 서울
- 부산
- 비행기 4시간 25분
- 비행기 4시간 30분
- 비행기 4시간 10분
- 하노이
- 하이퐁

구역별로 보는 하노이

하노이의 면적은 3,329km² 로 서울보다 약 5배 크다. 하지만 대부분이 주거지역이고 여행자들이 주로 오가는 곳은 아래의 5개 구역이다. 하노이에 1~2일 머문다면 호안끼엠과 호안끼엠 남부를, 3~4일 머문다면 바딘, 동다, 서호를 추가해 관광하면 된다.

호안끼엠(구시가지) Old Town
하노이 최고의 볼거리와 먹거리가 모여 있는 여행자의 거리

호안끼엠 남부(프렌치 쿼터) French Quarter
프랑스풍 건축물과 세련된 레스토랑이 어우러진 곳

바딘 Ba Đình + 동다 Đống Đa
박물관부터 쇼핑 센터까지 전통과 현대가 공존하는 곳

서호 West Lake
서쪽 호수. 해 질 녘 노을이 아름다우며 5성급 호텔이 밀집된 구역

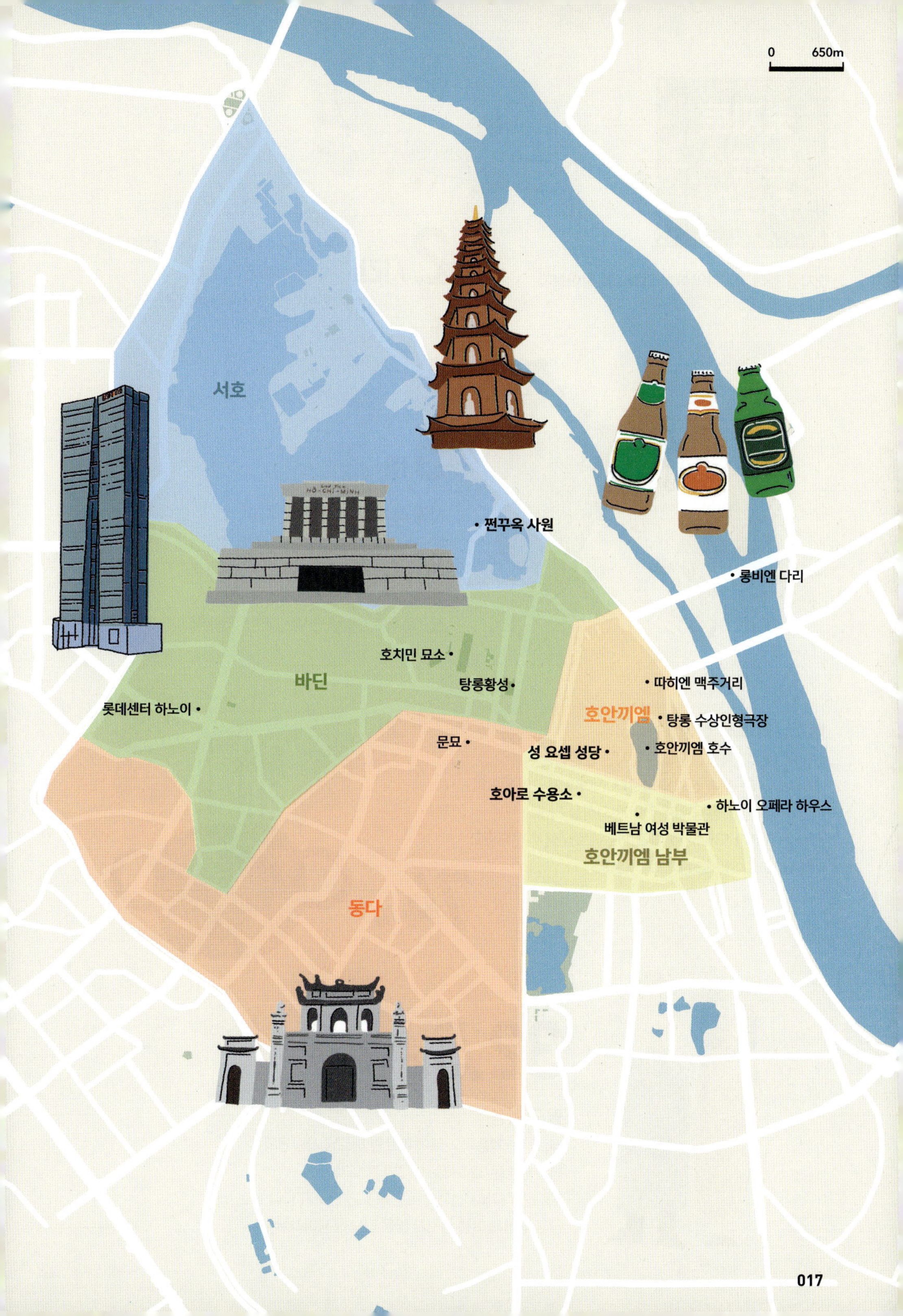

서호

바딘

· 쩐꾸옥 사원

· 롱비엔 다리

· 호치민 묘소
· 땅롱황성
· 롯데센터 하노이
· 따히엔 맥주거리
호안끼엠
· 탕롱 수상인형극장
· 문묘
· 성 요셉 성당
· 호안끼엠 호수
· 호아로 수용소
· 하노이 오페라 하우스
· 베트남 여성 박물관
호안끼엠 남부

동다

숫자로 보는 하노이

숫자를 통해 하노이의 핵심 키워드를 알아보자.

2시간

시차
베트남과 한국 간의 시차는 2시간.
베트남이 2시간 느리다.
한국이 오전 10시면 베트남은 오전 8시다.

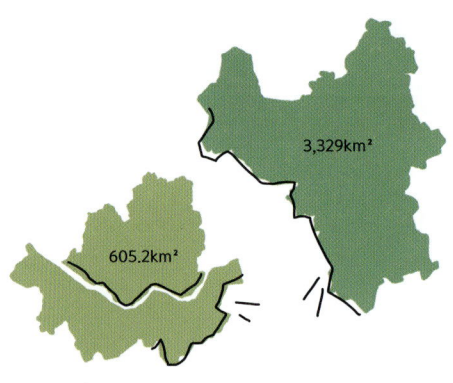

5배

서울과 하노이의 면적 차이
하노이 면적은 서울의 약 5배로 꽤 크다.
여행자들은 주로 호안끼엠 호수 근처에 머물기 때문에
실제로 체감하는 면적이 적을 뿐이다.
참고로 베트남의 총면적은 대한민국의 약 3배이다.

베트남의 토속 신앙
인구의 74%가 특별한 종교는 없지만 간단히
제사는 지내는 토속 신앙을 따른다. 집마다 사당이 있으며
매일 아침이면 조상을 위한 간단한 의식을 지낸다.
그 외는 불교가 13%, 가톨릭교 7%, 베트남 남부 신흥종교
까오다이교 2.5%, 호아하오교 1.5%다.

74%

32.5세

평균 연령
베트남 총계통국 자료에 따르면 베트남 사람들의
평균 연령은 32.5세로 인구의 70%가
30대인 나라다. 전쟁으로 인해 노인 인구가 급감했고,
남성에 비해 여성 인구가 많은 것도 특징이다.

경제 성장률

대한무역투자진흥공사(KOTRA)가 발표한 보고서에 따르면 2019년 베트남은 7.02%의 경제 성장률을 달성했다. 같은 시기 우리나라 경제 성장률은 2.8%로 두 배 이상 높은 수치. 특히 하노이와 호치민은 세계에서도 가장 빠르게 성장하는 도시로 꼽히며, 한국 기업이 중국 다음으로 많이 진출한 나라다.

7%

사람 반 오토바이 반

베트남 교통부에 등록된 오토바이는 약 5,000만 대. 베트남 인구가 약 9,700만 명인 걸 감안하면, 즉 2명 당 1대 꼴로 오토바이를 보유하고 있는 셈이다. 인구 대비 오토바이 비율이 세계 최고로 꼽히며, 길거리 어디서든 폭포처럼 쏟아지는 오토바이 떼를 볼 수 있다.

5,000 만대

길거리 쌀국수 한 그릇 가격

하노이는 아시아에서 여행 물가가 가장 저렴한 도시 중 하나다. 특히 숙박비, 식사비, 술값, 택시비가 저렴하다. 호스텔 도미토리는 1박에 7달러 정도이며, 길거리 쌀국수는 2달러에 사 먹을 수 있다.

2$

세계 커피 생산량

국제 커피 학회의 조사에 따르면 전 세계에서 커피를 가장 많이 생산하는 국가는 1위 브라질(32%, 306만 톤), 2위 베트남(18%, 77만 톤)이라고 한다. 베트남은 주로 고소하고 씁쓸한 맛이 강한 로부스타(Robusta) 종을 재배하며 로부스타는 믹스커피에 많이 사용된다.

2위

키워드로 보는 하노이

하노이 뜻
하노이(河內, 하내)는 '강 안 쪽에 있다'는 뜻. 중국 운남성부터 내려온 홍강(Red River)이 도시를 굽이굽이 안으로 둘러싸고 있다.

호수의 도시
하노이는 홍강이 범람해 생긴 도시로, 크고 작은 호수가 300여 개나 있다. 그 중 하노이 시민들이 가장 사랑하는 호수는 호안끼엠, 가장 면적이 큰 호수는 서호(西湖)다.

중국의 천 년 지배
베트남은 기원전 111년부터 서기 938년까지 약 천 년간 중국의 지배를 받았다. 이 때문에 언어, 유교 사상, 소수민족 문화 등 중국과 유사한 문화 요소가 많다.

하노이의 상징
거북이, 호수 등 하노이를 대표하는 것은 많지만 공식 로고는 문묘의 '규문각'이다. 시민 공모를 통해 채택되었으며 지혜를 상징한다. 규문각의 모습은 100,000동짜리 지폐 뒷면에도 그려져 있다.

호안끼엠의 전설, 거북이
전설에 의하면 호안끼엠 호수에서 거북이가 나타난 후 중국과의 전쟁에서 큰 승리를 거두었다고 한다. 그때문인지 하노이는 1010년부터 지금까지 베트남의 수도로 명성을 유지하고 있다.

옛 지명은 '탕롱'
베트남 왕조시대 하노이의 옛 지명은 '탕롱(Thăng Long, 昇龍, 승룡)'이다. 이는 떠오르는 용이라는 뜻. 베트남에서는 용을 신성시하며, 유적지 곳곳에서도 용의 모습을 볼 수 있다.

기찻길
베트남은 수직으로 긴 나라다. 프랑스 식민 시대에 물자 운반을 위해 철도 산업이 발달했으며, 지금도 베트남 전역을 잇는 주요한 교통수단 중 하나가 바로 기차다. 참고로 하노이에서 호치민까지는 기차로 36시간 소요된다.

지하철

하노이는 오토바이로 인한 교통 체증, 미세먼지로 골치를 앓고 있다. 대체 수단으로 지하철을 개통하여 운영하고 있으나, 아직까지 여행자가 이용할 만한 노선은 거의 없다. 15년째 공사가 더딘 이유는 도시 내 호수가 많은 탓에 지반이 약해 공사가 쉽지 않기 때문이라고.

집

하노이 주택은 높고 좁은 것이 특징이다. 프랑스 식민시절 주택 세금을 너비에 따라 매겼기 때문에 일부러 이렇게 지었다고 한다. 내부는 벽지가 없고 바닥을 타일로 만든 곳이 많은데, 이는 우기에 곰팡이가 피는 것을 방지하기 위해서다.

소수민족

베트남은 54개의 민족으로 구성된 다민족 국가다. 이 중 대다수를 차지하는 민족은 킨족(Dân tộc Kinh)으로 베트남 인구의 86.2%를 차지한다. 이 외에는 흐몽족, 따이족, 자이족 등이 있으며 주로 베트남 북부 고산지대 사파에서 만나볼 수 있다.

호치민

베트남 역사를 이해하는데 호치민이라는 인물을 빼놓을 수 없다. 그는 베트남을 독립으로 이끈 영웅으로, 지금은 시신이 방부 처리된 미라 상태로 '호치민 묘'에 안치되어 있다.

언어

베트남도 우리와 같은 한자 문화권이다. 다만 한자는 글을 쓰고 읽기가 어렵기 때문에, 16세기에 프랑스 선교사들이 알파벳을 전파한 이후 알파벳을 변형한 문자를 사용하고 있다. 베트남어에도 6개의 성조가 있다.

노동 시간

베트남은 주 6일제가 원칙이지만, 공공기관이나 일부 기업은 주 5일 근무를 하기도 한다. 근무시간은 08:00~11:30, 13:30~17:30이며, 점심 식사 후에 낮잠 시간을 갖는다.

아오자이

'아오(Áo)'는 '옷'을 가리키며, '자이(dài)'는 '길다'는 뜻이다. 한마디로 아오자이는 '롱 드레스(Long Dress)'이다. 베트남 북부 하노이 사람들은 일상에서도 즐겨 입는 편이며 졸업식, 결혼식, 축제, 명절, 공식 행사 등에서 자주 볼 수 있다.

뗏 & 방학

뗏(Tết Nguyên đán)은 우리의 설날에 해당하는 베트남 최대의 명절이다. 보통 일주일, 길게는 한 달을 쉬는 경우도 있다. 이 때는 잘 익은 수박을 깨며 한 해의 운을 점치는 풍습이 있다. 학생들은 봄 방학에 들어가는 시기이다. 참고로 여름 방학은 5~8월로 관광지마다 인파가 몰린다.

최적의 여행 시기는?
하노이 여행 캘린더

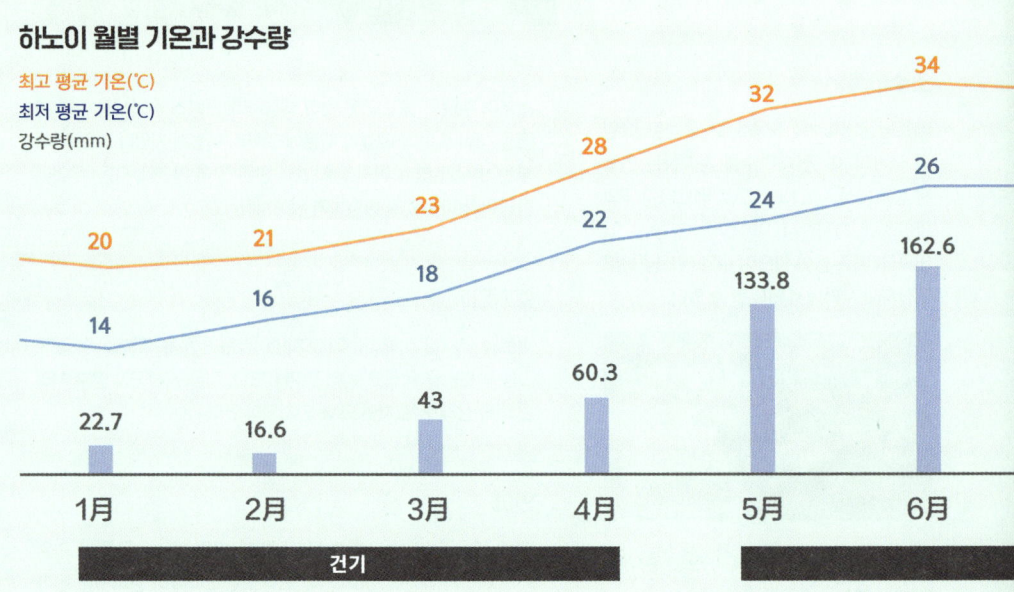

하노이 월별 기온과 강수량
- 최고 평균 기온(℃)
- 최저 평균 기온(℃)
- 강수량(mm)

건기

 봄 2~4월

일반적으로 베트남은 건기(11~4월)와 우기(5~10월)로 나뉘지만, 하노이를 포함한 북부는 사계절이 분명하게 나타난다. 하노이의 봄은 우리의 5월 날씨와 비슷하며, 반팔과 가볍게 걸칠 수 있는 긴팔 옷을 챙기면 좋다. 도심 곳곳에서는 복숭아꽃, 매화가 피어 활기찬 느낌이 들며, 간혹 일부 지역에서는 딸기 따기 체험도 할 수 있다.

 여름 5~8월

여름은 우기에 해당해 날씨가 복불복이다. 날씨만 맑으면 건기보다 하늘이 더 쾌청하고 파랗다. 또한 도심 골목길 곳곳에 부겐빌레아가 화사하게 피어 활기찬 느낌이 들며, 5~7월에는 서호, 닌빈(항 무아)에서 활짝 핀 연꽃을 만나 볼 수 있다. 다만 스콜성 폭우가 자주 내리고, 간혹 호수가 범람해 도시 곳곳이 통제되는 경우도 있으니 주의하자.

 가을 9~10월

길었던 우기가 지나고 강수량이 줄기 시작하는 계절이다. 여행하기엔 가장 좋은 시기. 물론 여전히 비가 내리는 날이 많지만 스콜성 소나기로, 비가 퍼붓는 다음에는 맑고 파란 하늘을 볼 수 있다. 밤에는 바람이 선선하게 불어 야외 활동하기도 좋다. 참고로 근교 닌빈(땀꼭)의 벼가 황금빛으로 물드는 수확철은 가을로 오해하지만, 실제로는 5~6월에 볼 수 있다.

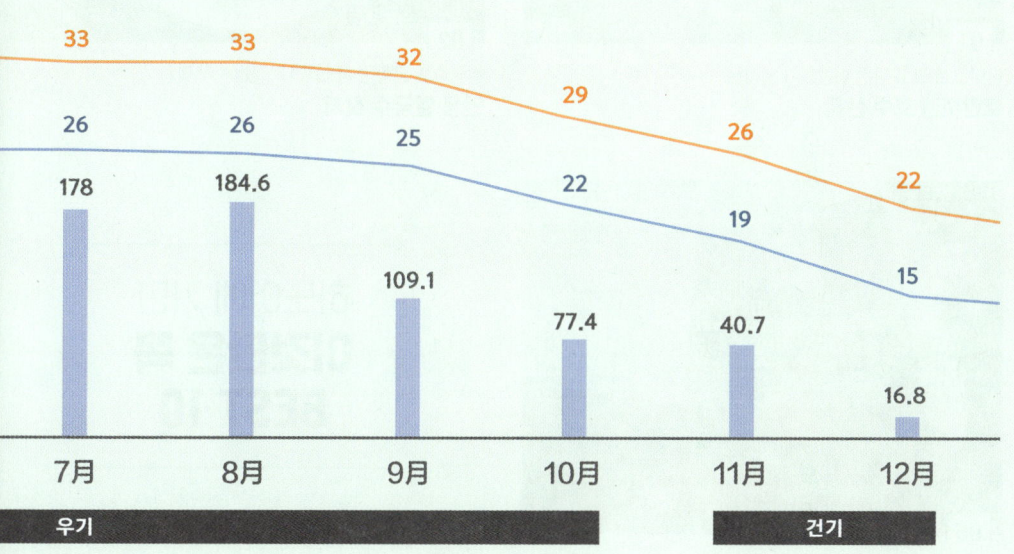

| 7月 | 8月 | 9月 | 10月 | 11月 | 12月 |

우기 / **건기**

 겨울 11~2월

한국인 여행자들이 많이 방문하는 1년 중 가장 성수기다. 한국의 9월 날씨와 비슷해 기온은 따뜻한 편이지만, 일교차가 커서 반팔, 긴팔, 얇은 패딩까지 다 챙겨야 한다. 강수량은 적지만 간혹 안개와 스모그가 자주 생겨 하늘이 하얀색인 날도 많다. 우리의 설날(구정)에 해당하는 시기에는 길게 휴무하는 곳도 많고, 투어비도 더 비싸지니 참고하자.

TIP
베트남의 공휴일

한국의 연간 평균 공휴일은 15일인 반면, 베트남은 총 10로 다른 동남아 지역에 비해서도 월등히 적은 편이다. 다만 베트남 최대 명절인 뗏 기간에는 작은 가게도 짧게는 일주일, 길게는 한 달가량 쉬므로 방문 전에 확인이 필요하다.

날짜	명칭
1월 1일	신정(Tết Dương lịch)
12월 31일~1월 3일(음력)	구정(Tết Nguyên đán)
3월 10일(음력)	베트남 건국 시조 '홍브엉' 기일
4월 30일	해방기념일
5월 1일	노동절
9월 2일	독립기념일

01
밤낮으로 크고 작은 이벤트가 열리는
호안끼엠 호수 산책 P.104

02
쌀국수의 고향은 하노이. 내 입맛에 딱 맞는
인생 쌀국수 찾기

05
베트남에서 만나는 유럽풍 건축물
성 요셉 성당 P.108

하노이에 가면
이것만은 꼭
BEST 10

07
진짜 맛집은 골목에 있다!
길거리 음식 투어 P.144

08
베트남의 아버지, 호치민이 실제로 안장된 곳
호치민 묘소 P.196

아날로그 감성 가득한 기찻길 마을에서
인생 사진 남기기 P.110

따히엔 맥주 거리에서 목욕탕 의자 비집고 앉아
로컬 맥주 마시기 P.118

> 밤낮으로 역동적인 도시 하노이!
> 볼거리도 먹거리도 많은 하노이에서
> 꼭 추천하고 싶은 것만 꼽았다.

하노이 도심을 한눈에
롯데센터 전망대 P.190

베트남 여성들의 생활, 문화, 역사가 궁금하다면
베트남 여성 박물관 P.166

에그 커피는 하노이가 원조!
1일 1카페 투어

01
숙박이 곧 체험이 되는 곳
사파 감성 숙소 P.263

02
소수민족 전통 의상 입고 사진 찍기
깟깟 마을 P.245

05
바다 위에 떠 있는 리조트
하롱베이 크루즈 P.282

하노이 근교 여행
BEST 10

07
들판과 암벽이 눈을 편안하게 하는 곳
닌빈 뱃놀이 P.222, 223

08
그릇 쇼핑부터 도자기 만들기 체험까지
밧짱 도자기 마을 P.184

03
인도차이나에서 가장 높은 산
판시판 케이블카 P.248

04
베트남 최대의 소수민족 수공예품 시장
박하 시장 P.271

> 산과 바다가 어우러진 베트남 북부에는
> 가볼 만한 근교 여행지가 많다.
> 바다와 기암절벽이 보고 싶다면
> 하롱베이로, 트레킹 하고 소수민족을
> 만나고 싶다면 사파로 가자.

06
배낭여행자를 위한 작은 어촌 마을
깟바섬 스쿠터 드라이브 P.296

09
알록달록한 우산 마을
반푹 실크 빌리지 P.200

10
녹차밭에 소수민족이 사는 마을
목쩌우·마이쩌우 투어 P.226

027

실전 하노이
여행 팁 10가지

베트남 전압은
220V

베트남도 우리와 같은 220V를 사용한다. 콘센트가 많지 않은 숙소도 있으니 가족 여행이라면 멀티 탭을 챙기자.

베트남에서 팁이 필수는 아니지만...

베트남에서 팁이 필수는 아니지만, 관광 및 서비스업 종사자에게 매너 팁 정도는 주는 것이 좋다. 특히 투어 가이드, 마사지사, 크루즈 숙박 후에는 소정의 금액이라도 마음을 표현하는 것이 예의. 마사지의 경우 매너 팁은 50,000동 내외가 적당하며, 공휴일이나 설날에는 최소 두 배는 더 챙겨줘야 한다.

베트남 팁 문화,
얼마가 적당?

호텔에서는
달러도 OK

화폐 단위가 크다 보니 미국 달러도 겸용해서 쓴다. 예산이 많이 드는 투어사나 호텔에서는 달러 결제도 가능하니 미리 준비해두자. 아직까지는 카드보다 현금 사용이 더 빈번하다. 카드 결제 시 수수료 3%가 추가되는 경우도 있다.

출국 전
'그랩' 앱 필수 설치

우리의 카카오 택시와 같은 그랩은 대중교통이 없는 하노이에선 필수다. 회원 가입 후 결제 카드 등록과 문자로 인증번호를 받아야 하니 한국에서 미리 설치하고 가자. P.030

베트남어로
인사하기

베트남어는 중국어와 프랑스어의 영향을 받았다. 중국어처럼 성조가 있고, 프랑스어처럼 알파벳을 쓴다. 일단은 알파벳으로 쓰여 있어 메뉴판 정도는 대충 읽을 수 있다는 건 장점! 하지만 본격적으로 언어를 배우려면 성조가 6개라 노래하듯 말해야 한다. 참고로 베트남어로 '안녕하세요'는 '신 짜오(Xin chào)', 감사합니다는 '신 깜언(Xin cảm ơn)'이다.

> 베트남이 처음인 당신을 위해 여행 시 꼭 알아야 하는
> 기본 정보를 간략히 정리했다.

베트남에서
무사히 길 건너기

거리에 신호등이 거의 없고 있다 하더라도 신호를 잘 지키지 않는다. 과연 오늘 안에 길을 건널 수 있을까 싶을 만큼 오토바이 물결이 위협한다. 이 때 오토바이 운전자와 눈을 맞추며 천천히 걸어가면 알아서 피해 간다. 어렵다면 다른 사람이 길을 건널 때 따라 건너자.

경적 소리는
뒤에 내가 있다는 뜻

처음 하노이에 도착하면 오토바이들이 빵빵거려 혼이 빠지는 듯한 느낌이 든다. 한국에서는 비켜달라는 뜻으로 경적을 울리지만, 베트남에서는 뒤에 내가 있으니 주의하라는 뜻으로 울리기 때문.

베트남 20,000동
= 우리 돈 1,000원

환전 시 미국 달러(USD)를 베트남 동(VND)으로 이중 환전하는 것이 좋다. 화폐 단위가 매우 큰 데다가 동전 없이 지폐만 써서 더욱 헷갈리기 쉽다. 그럴 수록 더욱 꼼꼼히 잘 구분해야 한다. 베트남의 20,000동은 우리 돈으로 약 1,000원인데, 베트남 지폐를 오른쪽 손에 쥐고 엄지 손가락으로 마지막 동그라미를 가린 후 2로 나누면 계산이 쉽다. 베트남 화폐 한눈에 보기 P.031에서 지폐 단위와 모양에 대해 미리 알아보고 눈으로 익히는 시간을 가지면 좋다.

치안은 비교적
안전한 편

태국이나 필리핀 등 다른 동남아 국가에 비해 베트남은 치안이 좋은 편에 속한다. 거리마다 공안이 지키고 있고 술자리도 밤새 이어지지 않도록 제지한다.

기사 포함
프라이빗 렌터카

하노이 호안끼엠 구시가지는 오토바이가 많고 길이 복잡하다. 3~4인 가족 여행이라면 하루쯤은 렌터카를 이용해 보면 어떨까. 렌터카라고 해서 우리가 직접 운전하는 것은 아니고, 코스를 정해주면 현지인 기사가 직접 운전해 주는 방식이다. 특히 한국으로 돌아가는 날에는 밤 비행기를 이용하는 경우가 많으니, 호텔 체크아웃 후에 차에 짐을 실어두기도 좋다. 가격은 하루 5~10만 원 정도로 합리적인 편.

REAL GUIDE

베트남 여행 필수템,
그랩 애플리케이션 사용 방법

베트남 여행에서 그랩은 가장 편리한 교통 수단이다. 우리나라의 카카오택시와 비슷한 서비스인데 일반 자가용과 오토바이 중 선택해서 이용할 수 있다. 베트남어를 몰라도 목적지를 영어로 입력할 수 있고 요금도 명확하기 때문에 마음을 졸일 필요도 없어 편리하다.

1 애플리케이션 설치 및 회원가입

안드로이드 플레이스토어 혹은 아이폰의 앱스토어에서 '그랩(Grab)'을 다운로드한다. 회원 가입 시 문자로 받은 인증번호를 입력해야 하므로 한국에서 미리 설치해두는 것이 좋다.

2 출발지와 도착지 입력

애플리케이션을 설치하면 주변에 대기 중인 택시를 확인할 수 있다. 보통은 GPS를 통해 출발지가 자동 검색되는데, 찾기 쉬운 위치로 정확하게 입력하는 것이 좋다.

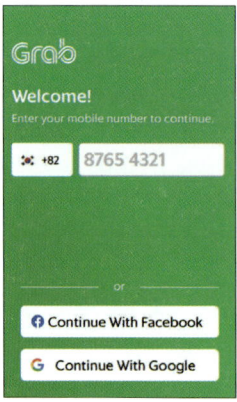

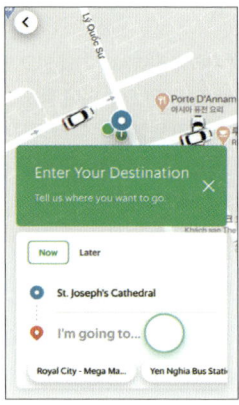

3 드라이버 호출

원하는 목적지를 지도 검색 후 차량을 요청하면 드라이버가 출발지로 픽업 온다. 출발 전에 택시 요금을 미리 알려주기 때문에 바가지 쓸 일이 없다.

4 목적지 이동 후 결제

목적지로 이동하는 동안 실시간 지도를 통해 이동 경로를 확인할 수 있다. 도착 후 미리 저장한 카드나 현금으로 요금을 지불하면 되고, 앱에서 기사를 평가할 수 있다.

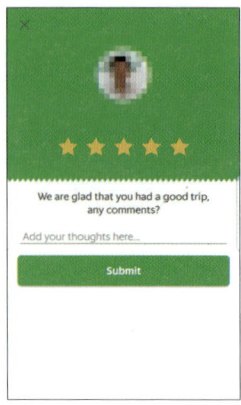

REAL GUIDE

우리 돈으로 얼마?
베트남 화폐 한눈에 보기

베트남 화폐에는 동전이 없다. 또한 화폐 단위가 크기 때문에 미리 숙지해둘 필요가 있다.

*2023년 8월 기준 100,000동은 약 5,530원이지만, 계산이 쉽도록 절사해 표기했다.

500,000동 = 약 25,000원   **200,000동** = 약 10,000원

100,000동 = 약 5,000원   **50,000동** = 약 2,500원

20,000동 = 약 1,000원   **10,000동** = 약 500원

여행이 깊어지는
베트남 역사 키워드

고려
918~1392

조선
1392~1897

일제강점기
1910~1945년

~939년
중국의 지배
약 1,000년 동안 이어진 중국의 지배와 베트남의 끊임없는 항전.

1010년~
★ 하노이, 천 년의 수도가 되다
리 왕조 전설에 따르면 호안끼엠 호수에서 거북이가 나타나 검(칼)을 빌린 후 중국과의 오랜 전쟁에서 큰 승리를 거두었다고 한다. 이후 수도를 하노이(당시 이름 탕롱)로 정해 지금까지 1,000년째 역사를 이어오고 있다.

📷 호안끼엠 호수 P.104, 응옥썬 사당 P.107, 탕롱 황성 P.198, 문묘 P.199

1257년
몽골 전쟁
총 3차에 거친 몽골의 침입이 있었다. 베트남은 지리적 특성을 이용해 몽골군을 무찌르기도 했는데, 가장 유명한 것이 3차 하롱베이 전투다. 안개 낀 날 3,000여 개의 암벽 섬 뒤에 전투함을 숨겨 몽골군이 가까이 오자 기습 공격해 큰 승리를 거두었다.

📷 하롱베이 P.276

1858년~
프랑스 전쟁과 불평등 조약
프랑스는 베트남이 자국의 선교사를 탄압했다는 이유로 베트남 중부 해안 도시 다낭을 침공한다. 초기 방어에 실패한 베트남은 이후 불평등 조약인 '사이공 조약'을 체결하고, 프랑스의 승인 없이는 서양의 다른 나라와 외교적 관계를 맺을 수 없게 된다.

1887~1954년
★ 프랑스 식민 지배
프랑스가 60여 년간 베트남을 지배한다. 유적이 있던 자리에 서양식 건축물이 세워지고, 독립운동가를 탄압하며 형무소까지 세운다. 이후 베트남군은 놀라운 정신력으로 산악 게릴라 전투에 성공해 판세를 뒤집는다. 당시 베트남 군인들은 밥을 지으면 연기가 나 발각될 것을 우려해 생쌀을 먹어가며 주로 밤에 이동해 프랑스군을 물리쳤다.

📷 성 요셉 성당 P.108, 하노이 오페라 하우스 P.164, 호아로 수용소 P.167

1890~1969년
★ 독립을 위해 평생을 바친 '호치민'
호치민은 프랑스, 일본, 미국과의 전쟁 최전선에서 활동하며 국가 주석(대통령)까지 지낸 인물이다. 반프랑스 사상을 가졌다는 이유로 고등학교에서 퇴학당한 뒤 세계를 떠돌며 공산주의를 배웠고, 이후 베트남의 독립을 위해 평생을 바쳤으나 끝내 통일은 보지 못하고 건강 악화로 눈을 감았다.

📷 호치민 묘소 P.196, 호치민 박물관 194, 호치민 관저 P.197

1940~1945년
일본군의 습격과 독립
제2차 세계 대전에서 프랑스가 패망하자 일본이 베트남을 습격했다. 당시 독립운동가 호치민을 중심으로 한 비엣민은 결국 5년 만에 일본과의 전쟁에서 승리한다. 1945년 9월 2일 마침내 베트남의 독립을 선포하며 광복을 맞는다.

> 베트남의 역사는 우리와 닮은 점이 많다. 식민과 분단, 전쟁과 통일을 경험한 베트남. 그러나 중국, 일본, 프랑스, 미국, 몽골과 같은 강대국과의 전쟁에서 이겨낸 나라이기도 하다. 아래 연대표는 본 책에서 다루는 주요 유적지가 어떤 역사를 담고 있는지 한국 역사에 비교해 간략하게 참고할 수 있도록 정리했다.

대한민국
1948년~

한국 남북 분단
1948년

한국의 군정기
1945~1948년

1954년
베트남 남북 분단
베트남의 독립을 탐탁지 않게 여기는 국가들의 간섭이 시작된다. 당시 미국은 호치민을 중심으로 한 공산당의 기세가 더 커지면 근교 동남아 국가도 공산주의화 될 것이란 우려가 있었다.
결국 북쪽은 소련과 중국, 남쪽은 미국과 영국이 지원하며 대립이 팽팽해진다. 결국 베트남은 북위 17도 선을 경계로 남북으로 분단되었다.

1965~1975년
★ 미국과의 전쟁
흔히 베트남 전쟁 혹은 월남전이라고 부르는 그 전쟁이다. 전투력은 미국이 더 높았지만 베트남식 정글 게릴라전은 쉽지 않았다. 미군은 정글에 대량의 고엽제를 뿌리고 민간인을 무자비하게 학살한다. 이 과정에서 미군의 지원 부대로 한국인도 동원되었다.
📷 호아로 수용소 P.167, 베트남 군 역사박물관 P.198

1976년
베트남 남북 통일
미군이 물러난 후 북베트남이 남베트남을 흡수 통일한다. 이때 사이공이라는 도시 이름도 호치민으로 바뀌었다.

1986년
도이 머이 정책
공산주의로 통일된 베트남은 좀처럼 경제가 살아나지 않았다. 오랜 전쟁으로 자본과 기술이 부족했기 때문이다. 결국 베트남은 정치는 공산주의를 유지하되, 경제는 자본주의 체제를 도입하기로 한다. 이것이 개혁 개방해서 '쇄신한다'라는 뜻의 도이 머이(Đổi Mới)다.

1992년~
대한민국 국교 정상화
베트남은 미래를 위해서라면 과거는 잠시 묻어둔다는 주의다. 오랫동안 대립해온 중국, 미국과 과감하게 외교를 시작했고, 한국과도 1992년부터 외교를 정상화했다. 베트남 자유 여행이 가능해진 것도 1997년부터다.

2019년
북미 정상회담
베트남 하노이에서 2차 북미 정상회담이 진행되었다. 양측의 합의를 끌어내지 못한 채 결렬되긴 했지만, 세계의 많은 도시 중에서 하노이를 택했다는 이유만으로도 주목을 받았다.
📷 소피텔 레전드 메트로폴 P.319, 카페 지앙 P.135

COURSE 01

핵심 명소만 콕 집어 떠나는
3박 4일 하노이 집중 코스

하노이 핵심 권역 4곳을 모두 둘러볼 수 있는 코스다. 시간 순서대로 1일 차는 하노이의 탄생,
2~3일 차는 베트남 근현대사, 4일 차는 현재의 모습을 만날 수 있다.
한 나라의 수도가 주는 역사와 문화의 진한 향기를 느껴보고 싶다면 추천한다.

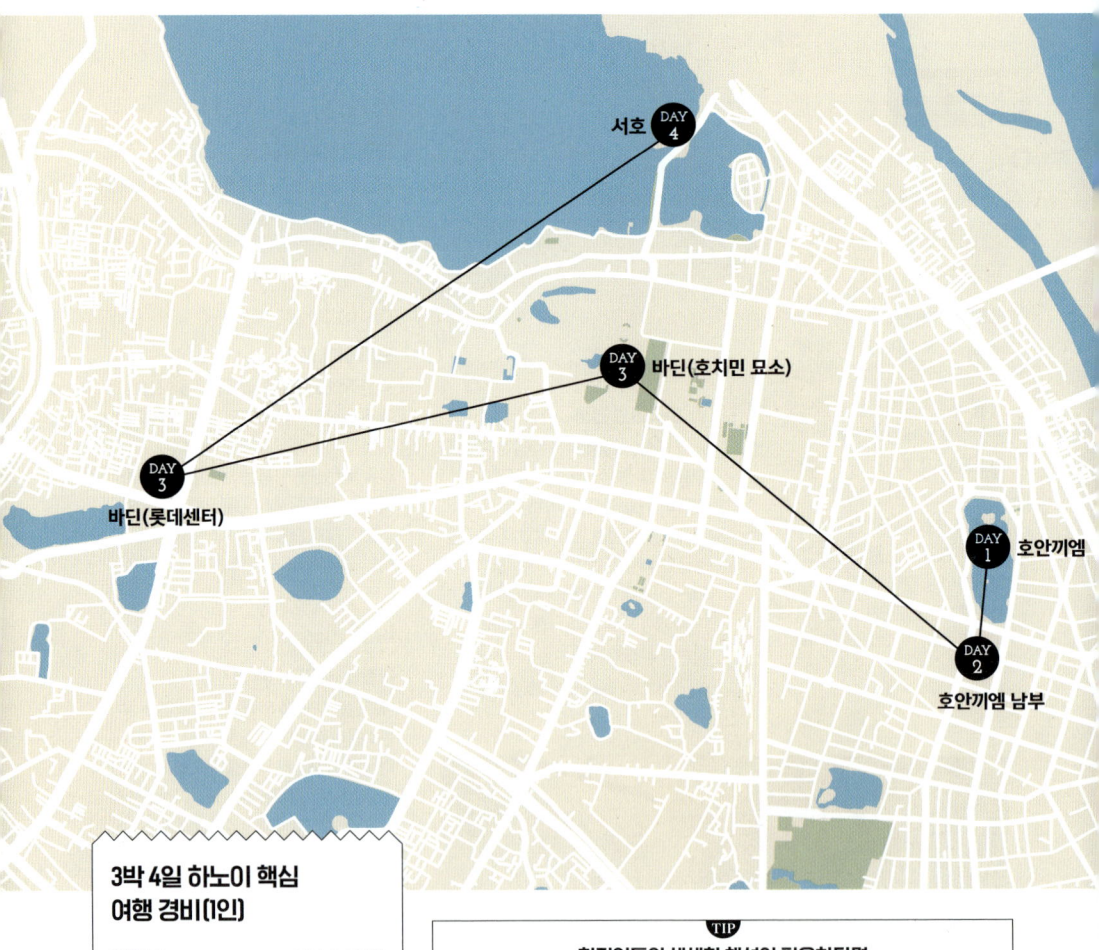

3박 4일 하노이 핵심 여행 경비(1인)	
항공권	350,000원
숙박비	150,000원
식비 및 교통비	200,000원
쇼핑	100,000원
총합계	**800,000원**

TIP
현지인들의 생생한 해설이 필요하다면

무료 가이드 투어도 눈여겨보자. 하노이 대학생들이 자원봉사로 활동하는데, 대부분 영어로 소통하지만 간혹 한국어 전공도 있다. 코스는 호치민 박물관, 프렌치 쿼터, 길거리 음식 등 테마와 지역별로 나뉜다. 홈페이지에서 신청하며 소소한 간식비나 교통비는 여행자 부담이다.

🏠 예약 및 신청 hanoifreewalkingtours.com, hanoifreetourguides.com

DAY 1 호안끼엠	DAY 2 호안끼엠+호안끼엠 남부	DAY 3 바딘·동다	DAY 4 서호
비행기 인천 – 하노이 (4시간 30분)	하노이 기찻길 마을 P.110  소파 카페 P.137 롱비엔 다리 P.113 	호치민 묘소 P.196  호치민 박물관 P.194  호치민 관저 P.197	쩐꾸옥 사원 P.209  
퍼 지아 쭈옌 P.123 	분짜 흐엉리엔 P.175 	코토 레스토랑 P.201 	페페 라 폴레 P.211  **비행기** 하노이 – 인천 (4시간 30분)
호안끼엠 호수 P.104  성 요셉 성당 P.108  콩 카페 P.134	호아로 수용소 P.167 베트남 여성 박물관 P.166  하노이 오페라 하우스 P.164 	문묘 P.199  롯데센터 전망대 P.190  롯데마트 P.192	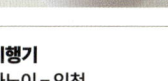
피자 포피스 P.126 	우담 차이 P.177 	팀호완 P.201 	
따히엔 맥주 거리 P.118 	빈민 재즈 클럽 P.182 	톱 오브 하노이 P.191 	

오전 · 점심 · 오후 · 저녁 · 밤

COURSE 02

관광과 휴식 둘 다 놓칠 수 없다면
3박 5일 부모님과 하노이 + 하롱베이 여행

침대에 누워만 있어도 창밖 풍경이 영화처럼 변한다. 그동안 호캉스 좀 해본 사람이라면
이제는 크루즈도 욕심내 보자. 하롱베이는 전 세계에서 가장 가성비 좋은 크루즈 여행지로 꼽힌다.

3박 5일 부모님과 하노이 +하롱베이 여행 경비(1인)

항공권	350,000원
숙박비	150,000원
크루즈	300,000원
식비 및 교통비	300,000원
쇼핑	100,000원
총합계	**1,200,000원**

TIP 부모님과의 여행 시 염두에 둘 것

출발과 도착 모두 밤 비행기라 체력 소모가 크다. 일정에 카페나 마사지를 넣어 잠시라도 쉬는 시간을 갖자. 또한 입맛 까다로운 부모님과 함께하는 여행일수록 식사에 신경 써야 한다. 쿠킹 클래스나 크루즈 투어 예약 시 특별 요청을 할 수 있으니 고수를 못 먹는다면 반드시 사전에 얘기하자.

DAY 1	DAY 2	DAY 3	DAY 4	DAY 5	
출국	호안끼엠+호안끼엠 남부	하롱베이	하롱베이+바딘	귀국	
	호안끼엠 호수 P.104 	**버스** 하노이 – 하롱베이 (2시간 30분)	**하롱베이 크루즈** **+ 버스** 하롱베이 – 하노이 (2시간 30분)	**비행기** 하노이 – 인천 (4시간 30분)	오전
	성 요셉 성당 P.108 **하노이 기찻길 마을** P.110 				
	홈목 레스토랑 P.181 	**하롱베이 크루즈** P.282 	**롯데센터 전망대** P.190 		점심
	호아로 수용소 P.167 		**롯데마트** P.192 		오후
	탕롱 수상 인형극장 P.120 				
비행기 인천 – 하노이 (4시간 30분)	**오마모리 스파** P.152 		**고려식당** P.202 		저녁
					밤

COURSE 03

산골에서 쉬고 싶을 때
4박 5일 친구와 하노이 + 사파 여행

오직 사파를 위한 코스다. '사파 때문에 하노이에 간다'는 말이 있을 정도로 사파는 젊은 여행자들에게 버킷 리스트와 같은 곳이다. 전통 의상을 입은 소수민족을 직접 만나보고 하루쯤은 공기 좋은 산골에서 홈스테이도 해보자.

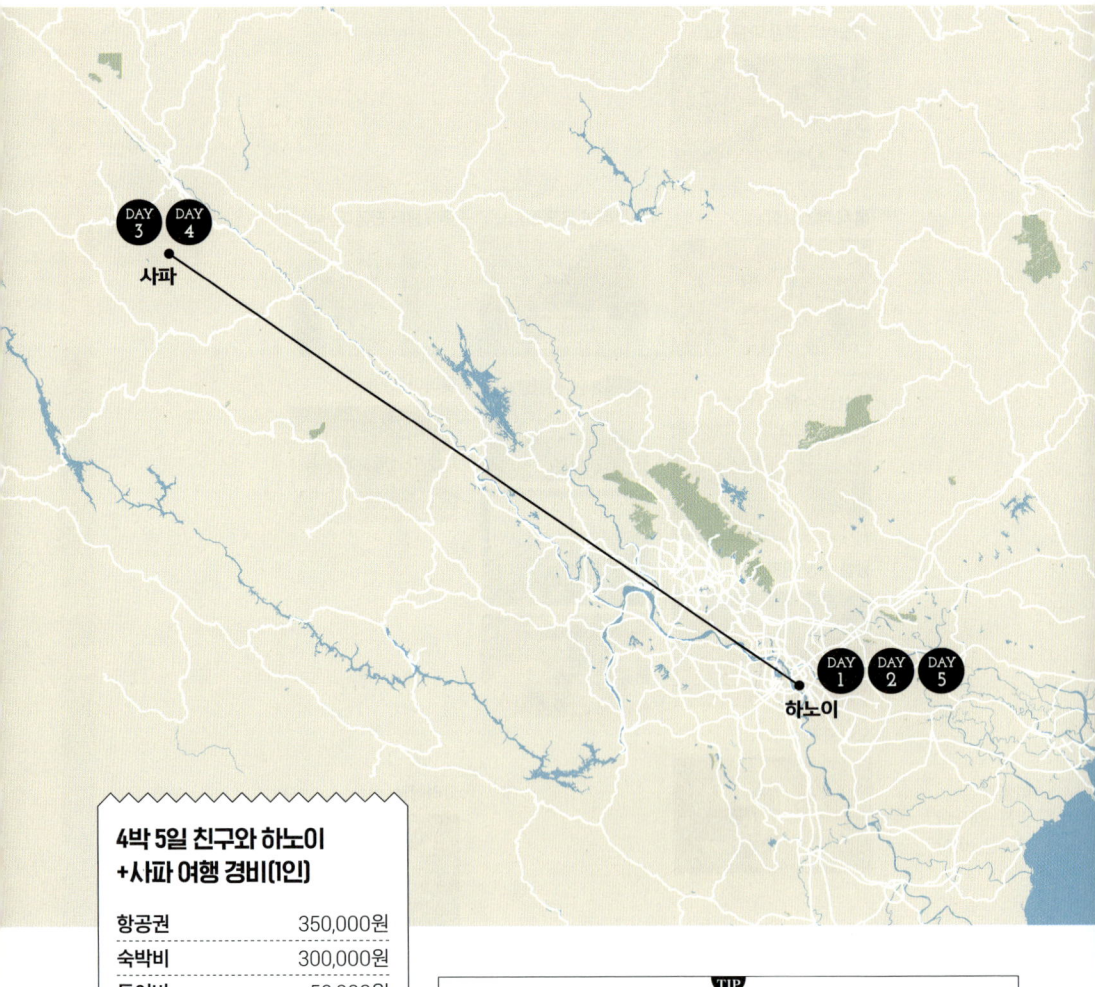

4박 5일 친구와 하노이 + 사파 여행 경비(1인)

항공권	350,000원
숙박비	300,000원
투어비	50,000원
식비 및 교통비	300,000원
쇼핑	100,000원
총합계	**1,100,000원**

TIP 사파 이동 시간을 줄이고 싶다면

하노이 근교 여행이라는 말이 무색할 만큼 사파로 가는 길은 멀고 험하다. 버스로 6시간, 기차로는 8시간이나 걸린다. 가급적 밤에 이동하거나 사파에서 하노이 공항으로 바로 이동하는 버스를 이용하면 시간을 절약할 수 있다.

	DAY 1 호안끼엠	**DAY 2** 호안끼엠	**DAY 3** 사파	**DAY 4** 사파	**DAY 5** 사파~하노이	
오전	**비행기** 인천 – 하노이 (4시간 30분)	쿠킹 클래스 P.156 or 길거리 음식 투어 P.144 	사파 도착, 숙소 휴식 판시판 테라스 카페 P.255  깟깟 마을 P.245 	함롱산 전망대 P.240	에코 팜 하우스 P.265 	
점심	퍼틴 P.176		리틀 베트남 P.256	아니스 사파 레스토랑 P.258 	통동 비건 P.257	
오후	호안끼엠 호수 P.104 성 요셉 성당 P.108 더 노트 커피 P.136 	하노이 기찻길 마을 P.110 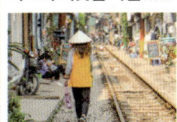소파 카페 P.137 센 스파 하노이 P.151 	판시판 케이블카 P.248 	에코 팜 하우스 P.265 	**버스** 사파 – 하노이 (6시간)	
저녁	피자 포피스 P.126 따히엔 맥주 거리 P.118 1900 클럽 P.143	**야간 열차** 하노이 – 라오까이 (8시간 소요) 	레드 자오 하우스 P.258 사파 광장(야시장) P.239 		**비행기** 하노이 – 인천 (4시간 30분)	
밤						

COURSE 04

배낭여행자를 위한
4박 5일 혼자 하노이 + 깟바섬 여행

'쌀국수 먹으러 하노이 간다'는 말이 이제는 낯설지 않다. 베트남에서도 미식으로 유명한 하노이는 주머니 사정 가벼운 여행자들에겐 낙원 같은 곳이다. 길거리 음식부터 공정무역 카페까지 애써 찾아갈 만한 스폿만 모은 코스다. 여기에 배낭여행자들의 아지트 깟바섬까지 함께 즐기면 더할 나위 없다.

4박 5일 혼자 하노이 + 깟바섬 여행 경비 (1인)

항공권	350,000원
숙박비	100,000원
투어비	50,000원
식비 및 교통비	300,000원
쇼핑	100,000원
총합계	**900,000원**

TIP 그랩 앱 적극 활용!

대중교통이 불편한 하노이에서는 그랩 앱을 적극 이용하자. 혼자 여행한다면 오토바이 뒷좌석에 타는 옵션도 있는데 가격이 절반 정도 저렴하다. 한편 깟바섬에서 국립공원에 갈 때는 스쿠터를 빌리는 것도 방법이다.

DAY 1 호안끼엠	DAY 2 깟바섬	DAY 3 깟바섬	DAY 4 호안끼엠 남부	DAY 5 서호	
비행기 인천 – 하노이 (4시간 30분)	**버스** 하노이 – 깟바섬 (3시간)	 깟바섬 보트 투어 P.295	**버스** 깟바섬 – 하노이 (3시간)	 쩐꾸옥 사원 P.209 기안 돈 P.216	오전
 반미 25 P.121	 야미 2 레스토랑 P.303		 퍼틴 P.176	 코토 빌라 P.211	점심
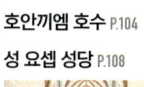호안끼엠 호수 P.104 성 요셉 성당 P.108  하노이 기찻길 마을 P.110 트랜퀼 북스&커피 P.138	 캐논 포트 P.300 병원 동굴 P.301 깟바 국립공원 P.301		호아로 수용소 P.167 베트남 여성 박물관 P.166 메종 마루 P.181 	**비행기** 하노이 – 인천 (4시간 30분)	오후
 분보남보 P.122	 꽌 깟바 레스토랑 P.303 휴식	 까사 보니따 P.303	분짜 흐엉리엔 P.175		저녁
 탕롱 수상인형극장 P.120			 하노이 소셜 클럽 P.142		밤

041

COURSE 05

우리들의 달콤한 시간
5박 6일 커플끼리 베트남 북부 완전 일주

하롱베이와 사파 모두 가고 싶은 욕심쟁이 여행자를 위한 코스다. 우리에게는 하롱베이 크루즈가 효도 여행으로 알려져 있지만, 외국인들 사이에선 커플 여행지로 더 인기다. 하루는 크루즈에서 일몰을 보며 칵테일 한잔하는 여유를 즐기고, 또 하루는 사파 소수민족 마을에서 전통 의상을 입고 커플 사진을 찍는 이색 체험을 해보자.

5박 6일 커플끼리 베트남 북부 완전 일주 경비(1인)

항공권	350,000원
숙박비	300,000원
크루즈	300,000원
식비 및 교통비	450,000원
쇼핑	100,000원
총합계	**1,500,000원**

TIP 짐 보관 팁

도시 간 이동이 잦아 짐을 들고 다니는 게 번거로울 수 있다. 하노이에는 무료 짐 보관이 가능한 숙소가 많으니 하롱베이나 사파로 이동하기 전에 문의해 보자.

DAY 1 호안끼엠	DAY 2 하롱베이	DAY 3 하롱베이+하노이	DAY 4 사파	DAY 5 사파	DAY 6 사파~하노이	
비행기 인천 – 하노이 (4시간 30분)	**버스** 하노이 – 하롱베이 (2시간 30분)	**하롱베이 크루즈 + 버스** 하노이 – 하롱베이 (2시간 30분)	**버스** 하노이 – 사파 (6시간)	사파 호수 P.238 사파 시장 P.241	함롱산 전망대 P.240	오전
퍼 10 리꿕수 P.124	하롱베이 크루즈 P.276	피자 포피스 P.126	판시판 테라스 카페 P.255	리틀 베트남 P.256	레이디 버드 레스토랑 P.259	점심
 성 요셉 성당 P.108  하노이 기찻길 마을 P.110  호안끼엠 호수 P.104		만지 P.139  라벨 비 스파 P.152  쩐꾸옥 사원 P.209	깟깟 마을 P.245	판시판 케이블카 P.248	**버스** 사파 – 하노이 (6시간)	오후
 하노이 가든 레스토랑 P.128		더 팻 피그 P.214	레드 자오 하우스 P.258	통동 비건 P.257	**비행기** 하노이 – 인천 (4시간 30분)	저녁
빈민 재즈 클럽 P.182		서밋 라운지 P.215	호텔 수영장	사파 광장 P.239		밤

PART 02

하노이를 가장 멋지게 여행하는 방법

HANOI

지금 SNS에서 가장 핫한 곳
하노이 포토 스폿

하노이는 아날로그 감성이 잘 남아 있는 지역이다. 굳이 랜드마크 관광지가 아니더라도, 빈티지하면서도 아기자기한 매력이 있는 포토 스폿으로 눈길을 돌려보면 어떨까. 도심 곳곳 감성 사진 잘 나오는 명소만 싹 모았다.

01 성 요셉 성당 P.108
하노이 여행 인증샷 필수 코스! 베트남에서 만나는 유럽풍 건축물이라니 더 이색적이다. 성 요셉 성당은 프랑스 식민 시대에 파리 노트르담 성당을 그대로 본떠 만들었으며, 빈티지한 멋을 내기 위해 벽면을 일부러 더 검게 칠했다.

02 하노이 기찻길 마을 P.110
아기자기한 골목길에 매력을 느낀다면 하노이 기찻길 마을로 향하자. 철로를 따라 아슬아슬하게 기차가 지나가는데, 사진도 영상도 무조건 잘 나오는 곳.

03 세레인 카페 앤 라운지 P.112
롱비엔 다리를 가장 시원하게 내려다볼 수 있는 카페로 해 질 녘의 5층 야외 루프톱이 명당이다.

04 롱비엔 기차역 & 롱비엔 다리 P.112, P.113
베트남에서 가장 긴 철교인 롱비엔 다리의 기차역은 현지인들도 웨딩 촬영을 할 정도로 많이 찾는다. 시간을 잘 맞추면 출발 대기 중인 기차 앞에서도 사진 찍을 수 있다. 주변에 풍흥 벽화 거리 P.112도 있으니 함께 둘러보자.

05 메종 드 에떼 P.202
흔히 '인스타 감성'이라 칭하는 수직 수평 딱 떨어지는 깔끔한 카페. 애써 찾아가지 않으면 모를 만큼 골목 안쪽에 숨어있지만, 입소문 듣고 찾아온 여행자들로 항상 붐빈다. 단정한 외관에 체리색 대문이 포인트! 카페에서 판매하는 스무디 볼도 깜찍하다.

06 냐 싸익 마오 P.169
하노이 헌책방 거리에서도 가장 오래된 서점으로 천장 끝까지 책으로 가득하다. 골목 안쪽에 있어 찾기 어렵지만 들어서는 순간 감탄을 자아낸다.

07 반푹 실크 빌리지 P.200
하노이 외곽에 위치하지만 인생샷을 건지고 싶다면 갈 만하다. 하늘에 알록달록 우산이 걸려 있는 대표 이미지로 유명해져 떠오르는 포토 스폿이다. 곳곳에서 천을 짜거나 염색하는 모습도 구경할 수 있다.

감성을 채우는 여행
문화 예술 공간

언어는 달라도 예술은 통한다. 여행지에서 공연장이나 미술관을 가는 이유다.
문화의 수도라 불리는 하노이는 천 년 동안 이어져온 전통 공연부터 프로파간다 미술,
인디 밴드들의 공연까지 도시 곳곳이 다채롭다.

탕롱 수상인형극장 P.120

탕롱 수상인형극장에서는 세계에서 유일한 수상인형극이 열린다. 과거 베트남 홍강의 농민들이 논에서 인형극을 펼치던 것에서 유래했으며 주로 농사, 가족, 전설 등에 대한 내용을 다룬다. 베트남어를 못해도 관람하는 데 큰 문제가 없으니 베트남 대표 공연을 한 번쯤 경험해 보자.

> **TIP**
> **주말 저녁엔 호안끼엠 호수로**
> 광장이나 길거리에서도 자발적으로 예술을 즐기는 사람을 만날 때 진정한 활기를 느낄 수 있다. 주말 저녁엔 호안끼엠 호수로 향해 보자. 버스킹부터 댄스 공연까지 하노이 현지인들이 한데 모여 작은 축제를 연다.

랑 또이 쇼 P.165

하노이 오페라 하우스의 대표적인 공연이다. '랑 또이'는 '나의 마을'이라는 뜻으로 베트남 북부 농촌의 삶을 다룬다. 대나무를 이용해 맨몸으로 곡예를 펼치는 모습을 만나 보자.
★ 2023년 8월 현재 임시 휴업 중

통킨 쇼 P.200

수상인형극을 현대식으로 발전시킨 것으로 실제 호수에서 공연을 펼친다. 등장인물이 무려 200명이나 되는데 이 가운데 150명은 인근 지역 주민이라는 점이 흥미롭다.
★ 2023년 8월 현재 임시 휴업 중

베트남 여성 박물관 P.166

베트남 여성은 생활력이 강하고 사회 활동에도 적극적이다. 가난과 전쟁에 맞선 베트남 여성의 생활상이 궁금하다면 이곳으로 향하자. 하이라이트는 프로파간다 포스터!

베트남 예술 박물관 P.199

프랑스 식민기의 공보부 청사가 예술 박물관으로 변신했다. 예술로 승화한 베트남의 근현대사를 살펴보고 싶다면 가볍게 들러보자.

빈민 재즈 클럽 P.182

베트남에서 가장 유명한 색소폰 연주자가 운영하는 재즈 클럽이다. 수십 년간 이어져온 그의 재즈 사랑이 배어나는 이곳에선 매일 저녁 멋진 공연이 열린다.

하노이 소셜 클럽 P.142

베트남의 인디 밴드 공연을 보고 싶다면 하노이 소셜 클럽이 제격이다. 낮에는 브런치 카페, 저녁엔 라이브 클럽으로 변신한다.

트랜퀼 북스 앤 커피 P.138

낮에는 노트북을 가져가 작업하기 편하고 책도 가득한 카페지만, 저녁 6시 이후엔 영화를 상영한다. 인디 밴드 공연이 열리기도 하는 아지트 같은 곳이다.

만지 P.139

베트남 신진 작가들의 작품을 볼 수 있는 카페다. 1층은 카페, 2층엔 그림 액자가 빈틈없이 차있다. 사진 찍기에도 좋아 가끔 웨딩 촬영을 하기도 한다.

현지인에게 도움이 되는 착한 소비
공정무역&사회적 기업

코토 레스토랑 P.201

베트남 최초의 사회적 기업이다. 코토는 레스토랑에서 일자리는 물론 교육, 숙식을 제공하며 길거리 청소년들의 자립을 돕는다.

오마모리 스파 P.152

시각장애인들의 자립을 돕는 마사지 숍으로 마사지는 물론 영어 실력까지 뛰어나다. 시각장애인들의 자존감 향상을 위해 영어 교육을 따로 진행하기 때문이라고.

다오스 케어 마사지 스파 P.203

사파 소수민족 레드 다오족의 전통 치료법을 이어오는 동시에 직원의 70%를 시각장애인으로 고용해 일자리를 창출한다. '레드 다오 허벌 배스'를 추천한다.

토헤 스타일 P.203

언뜻 보면 낙서인지 예술인지 헷갈린다. 이곳은 예술 치유 교육을 통해 저소득층, 자폐 아동들이 완성한 그림을 옷과 소품으로 만든다. 주로 패브릭 제품이 많다.

> 베트남은 오랫동안 함께 잘 살기 위해 고민한 나라다. 그 덕에 공정무역 가게나 사회적 기업을 쉽게 찾아볼 수 있다. 같은 소비라도 이왕이면 현지 소수자들에게 도움이 되는 쪽으로 관심을 가져보면 어떨까.

크래프트 링크 P.203

베트남 소수민족의 수공예품을 유통·판매하는 공정무역 단체다. 궁극적으로 소수민족 문화를 복원하기 위해 활동한다. 파우치, 에코 백 등을 추천한다.

메종 마루 P.181

현지 농민에게 공정한 이윤을 주는 초콜릿 전문점으로 밀가루, 버터, 크림 외에는 모두 베트남 재료만 사용하는 것을 목표로 하고 있다. 포장도 세련되어 선물용으로도 좋다.

히든 잼 카페 P.139

버려진 물건을 재활용한 친환경 카페로 카페 인테리어의 95%를 재활용품으로 디자인했다. 폐타이어로 만든 테이블이 재미있다.

인디고 캣 P.262

흐몽족이 최근까지 문자 대신 기하학적인 무늬를 사용한 데에 착안해 그 패턴을 상품화한 곳. 바느질을 잘하는 흐몽족에게 일자리를 제공하며, 그들의 전통 문화가 지속될 수 있도록 돕는 소품 숍이다.

하노이를 즐기는 또 하나의 방법
체험&투어

온몸으로 직접 체험하는 투어는 더욱 기억에 남는 법! 하노이 시내 골목 구석구석을 누비는 시티 투어부터, 시야가 탁 트이는 근교 투어까지! 뭘 좋아할지 몰라 다 준비했으니, 취향껏 골라보자.

01 스쿠터 시티 투어
현지인 가이드 오토바이 뒷좌석에 타고 일대일로 진행되는 시티투어다. 골목길 구석구석을 누빌 수 있고, 맞춤형 가이드를 받을 수 있는 것이 장점!

02 지프차 시티 투어 👍
2023년 7월 〈배틀트립2〉 하노이편에 나와 화제가 되었다. 오픈카 형식의 군용 지프차인데, 타는 순간부터 시선 집중! 인증 사진 찍기 좋게 군용 모자까지 빌려준다. 가족끼리 3~4명 프라이빗 투어로 하기 좋다.

03 베트남 쿠킹 클래스
베트남에서도 미식의 도시로 꼽히는 하노이. 쌀국수, 분짜, 에그 커피 등 원조의 맛을 제대로 느껴보고 싶다면 쿠킹 클래스에 참여하면 어떨까. 재료 구매부터 요리, 시식까지 한 끼의 식사가 완성되기까지 전 과정을 체험해볼 수 있다.

04 스트리트 푸드 투어 👍
요리 연구가 백종원의 '스트리트 푸드 파이터'를 흥미롭게 봤다면 꼭 추천하고 싶은 투어. 현지인 가이드와 함께 TV 속에서 봤던 길거리 음식을 하나씩 맛볼 수 있다. 약 5~7개의 간식을 먹기 때문에 식사 대용으로도 좋은 투어.

05 밧짱 도자기 만들기
베트남 최대의 도자기 생산지 밧짱. 하노이에서 택시로 약 40분 거리에 떨어져 있는 곳으로, 아이와 함께 체험할 만한 곳을 찾는다면 가볼 만하다. 당일에 제작해서 당일에 바로 가져갈 수 있는 것이 장점.

06 닌빈 투어
하롱베이처럼 기암괴석이 가득한 닌빈은 '육지의 하롱베이'라고 불린다. 짱안이나 땀꼭에서는 강 따라 유유자적 뱃놀이도 할 수 있고, 항무아 전망대에서는 노을도 볼 수 있어 하노이 근교 투어 중에서 가장 인기 있는 투어다.

07 하롱베이 당일치기 보트 투어
1박 2일은 부담스럽지만 하롱베이는 한 번쯤 가보고 싶다면 당일치기 투어를 추천한다. 당일치기 투어는 대부분 크루즈라기 보다는 보트 투어가 많고, 선내 부대시설이 없는 대신 주변 기항지 관광에 더 집중한다.

08 하롱베이 1박 2일 크루즈 👍
크루즈는 '바다 위를 떠다니는 리조트'라고 불린다. 배 안에 객실, 레스토랑, 수영장 등 부대시설이 싹 다 있기 때문. 심지어 객실에 누워 있으면 풍경도 시시각각 변한다. 하롱베이는 전 세계에서 가장 가성비 좋은 크루즈 여행지로 꼽히니, 특별한 숙박을 해보고 싶다면 적극 추천한다.

09 하롱베이 헬리콥터 투어
바다 위로 갑자기 툭 튀어 오르는 암벽이 많은 하롱베이. 바다에서 보는 것도 근사하지만, 하늘에서 내려다보면 더 장관이다. 헬리콥터 투어 가격도 1인 10만 원대로 비교적 합리적인 편.

10 목쩌우, 마이쩌우 1박 2일 투어
베트남의 때 묻지 않은 순박한 시골 마을에 방문해 보고 싶다면 목쩌우, 마이쩌우로 향하자. 고산지대 녹차밭과 소수민족을 만나볼 수 있다. 베트남 현지 여행사에서 주말에 출발하는 1박 2일 투어를 운영 중이다.

> **TIP**
> **투어 예약하기**
> 전 세계 투어 예약 플랫폼 클룩, kkday를 이용하면 투어별 일정표, 가격, 여행자 후기를 참고할 수 있다. 한인 여행사 중에서는 베트남스토리 홈페이지에서 투어별 일정을 상세하게 볼 수 있고, 한국어 가능한 현지 가이드의 프라이빗 투어도 진행한다.

REAL GUIDE
베트남 북부 전통 의상 체험

하노이에서 아오자이를 입고 싶다면

아오자이는 베트남 여성이 착용하는 전통 의상으로 허리부터 발목까지 양쪽으로 찢어진 치마와 속바지를 함께 입는다. 바람이 불면 치마가 살짝 날리는데 우아한 멋은 물론 활동성까지 좋아 현지인들도 평소 즐겨 입는다. 여행자들 사이에선 친구나 가족끼리 아오자이를 맞춰 입고 스냅 사진 찍는 것이 인기! 하노이에서 아오자이를 입을 수 있는 방법은 기성품 구매, 대여, 맞춤 제작 3가지다.

1 동쑤언 시장에서 맞춤 제작

동쑤언 시장 P.116 2층에서 마음에 드는 원단을 구매한 다음 테일러 숍으로 직접 찾아간다. 테일러 숍은 항가이 거리나 따히엔 맥주 거리 주변에 모여 있다. 몸의 치수를 잰 후 원하는 디자인을 주문하면 완성까지 보통 3~5일이 소요된다. 가장 비싸고 약간은 번거로운 방법

이지만 내 몸에 꼭 맞는, 세상에 하나뿐인 옷을 제작할 수 있다. 아오자이 외에 셔츠, 정장, 코트도 맞출 수 있다.

2 항가이 거리에서 구매

하이랜드 커피 호안끼엠 지점 근처인 항가이 거리는 실크 거리라고도 부른다. 그만큼 다양한 원단 가게가 있는데 여기서도 기성복 아오자이를 구매할 수 있다. 가격은 한 벌에 400,000~600,000동. 여러 벌 산다면 흥정도 가능하다. 근처에 베트남 모자 '농'과 라탄백을 파는 매장도 있으니 동쑤언 시장까지 갈 시간이 부족하다면 들러보는 것도 좋다.

3 항가이 거리에서 대여

항가이 거리에서는 판매뿐만 아니라 대여도 해준다. 위치도 기찻길 마을로 가는 길목에 있기 때문에 하루 빌려서 사진을 찍고 바로 반납하기 좋다. 일부 매장에는 한국어로 "아오자이 대여합니다"라고 쓰여 있다. 아오자이와 모자 종일 대여 기준 하루 200,000~300,000동.

사파에서 소수민족 전통 의상을 입고 싶다면

베트남에는 다양한 소수민족이 산다. 그만큼 문화도 다양한데, 문화의 지표라 할 수 있는 의복 역시 다채롭다. 독특한 소수민족 의상을 체험해 보고 싶다면 아래를 참고하자.

1 사파 깟깟마을 매표소 주변에서 대여

베트남의 전통 의상 아오자이는 베트남 전역에서 입을 수 있지만 소수민족 전통 의상은 주로 베트남 북부 사파 지역에서 입을 수 있다. 특별한 사진을 남기고 싶다면 한 번쯤 빌려보자. 옷, 모자, 우산까지 모두 빌리는 데 하루 150,000~300,000동 정도다. 사파 깟깟마을 매표소 주변에 소수민족 의상 대여점이 들어서있다.

2 박하 시장에서 구매

보통 우리가 체험하는 소수민족 전통 의상은 관광용으로 개량된 옷이다. 소수민족들이 직접 염색하고 한 땀 한 땀 바느질로 패턴을 만든 화려한 옷을 구매하고 싶다면 박하 시장으로 가자. 일요일에만 열리는 베트남의 최대 소수민족 시장이다.

숙박이 곧 체험이 되는 곳
하노이 호캉스 vs 사파 감성 숙소

우리가 숙소를 좋아하는 이유는 1박 2일 동안 오감을 체험할 수 있는 시간이기 때문이 아닐까. 잠만 잘 수 있는 평범한 숙소가 아니다. 지역 감성 꾹꾹 눌러 담은 개성 있는 숙소만 모았다.

하노이 호캉스 5

전 세계에 마냥 럭셔리한 호텔은 많지만 지역색 가득 담은 호텔은 귀하다. 어딜 가든 뻔한 인테리어 말고, 개성으로 똘똘 뭉친 콘셉트 명확한 호캉스 한번 해보고 싶다면 하루쯤 하노이에서 시간을 내보면 어떨까. 한국의 반값으로 5성급 최상의 서비스를 누릴 수 있다.

오페라 하우스 콘셉트 5성급 신상 호텔
카펠라 하노이

- ✓ 오페라 여주인공 '디바'와 함께 해피아워 즐기기
- ✓ 백스테이지 콘셉트 레스토랑 & 포토 존에서 사진 찍기

100년의 기품이 느껴지는 말 그대로 레전드!
소피텔 레전드 하노이

- ✓ 베트남 전쟁 당시 지어진 지하 벙커 투어 체험하기
- ✓ 에그 커피가 탄생한 곳! 조식당에서 에그 커피 맛보기

시그니엘 서울 반값에 즐기는 법
롯데호텔 하노이

- ✓ 우리 입맛에 잘 맞는 조식, 클럽 라운지 즐기기
- ✓ 롯데마트, 전망대, 루프톱 바까지 부지런히 관광하기

휴양지 부럽지 않은 수상가옥 콘셉트 호텔
인터컨티넨탈 웨스트 레이크

- ✓ 하노이에서 가장 넓은 야외 수영장에서 물놀이
- ✓ 수상 가옥 콘셉트 바에서 선셋 보며 칵테일 한잔

위치는 애매해도 식음료에는 진심인
JW 메리어트 호텔

- ✓ 클럽 라운지에서 즉석으로 끓여주는 한국 라면 맛보기
- ✓ 재즈 바에서 라이브 공연 보며 칵테일 한잔

> **TIP**
> ### 하노이 호캉스, 야무지게 즐기는 법
>
> **① 숙소에도 강약이 필요하다.**
> 관광과 휴식을 구분하자. 관광할 때는 호안끼엠 근처 위치 좋은 3, 4성급 숙소를 추천. 5성급 호캉스 하는 날은 프렌치 쿼터, 서호에 머무르면 좋다.
>
> **② 겨울에는 야외 수영하기 힘든 날씨**
> 베트남 북부에 있는 하노이는 겨울(11~2월)에는 얇은 패딩을 입고 다닐 정도로 꽤 쌀쌀하다. 야외 수영 즐기기는 힘든 날씨로, 실내 수영장 혹은 온수 풀을 운영하는 호텔로 예약하자.
>
> **③ 무료 짐 보관을 적극 이용하자.**
> 하노이 관광 후에 사파, 하롱베이로 넘어갈 생각이라면 큰 짐은 하노이 숙소에 맡겨두는 것이 좋다. 특히 사파는 언덕과 돌길이 많아 무거운 캐리어는 버거울 수도 있다.

사파 감성 숙소 5

때로는 한 장의 사진으로 여행을 결심하기도 한다. 멀지만 충분히 찾아갈 가치가 있는 사파 감성 숙소! 하루쯤은 논 뷰가 펼쳐진 인피니티풀에서 수영하는 시간을 가져보면 어떨까. SNS '좋아요' 폭발하는 인생 사진을 건질 수 있다. 단, 이런 숙소들은 시내에서 차로 30분~1시간가량 떨어져 있으므로, 사파에서 최소 2박 3일 이상 머무를 수 있는 사람들에게 추천한다.

페이스북 창업자가 선택한 휴가지
토파스 에콜로지

☑ 하늘과 맞닿은 논 뷰 인피니티 풀에서 인생 사진 찍기
☑ 하루 쯤은 디지털 디톡스 체험하기

사파 소수민족 미싱룸을 테마로 한 5성급 호텔
호텔 델 라 쿠폴 바이 엠갤러리

☑ 알록달록 거대 실타래가 걸린 로비 구석구석 구경하기
☑ 겨울에도 따뜻한 실내 수영장 즐기기

신서유기 팀이 다녀간 그 곳
클레이하우스

☑ 테라스에서 쏟아지는 별 멍 때리기
☑ 한국식 전기장판 깔려 있는 침대에서 꿀잠 자기

한국인 여행자들에게 입소문 난 숙소
에코 팜스 홈스테이

☑ 사파 가정식으로 삼시 세끼 맛보기
☑ 소수민족 의상 체험하기

위치도 전망도 놓치고 싶지 않다면
피스타치오 호텔 사파

☑ 하늘과 맞닿은 판시판 산 전망 수영장 즐기기
☑ 체크인 첫날 부터 편하게 짐 보관하고 부지런히 관광하기

> **TIP**
> ### 사파 감성숙소, 야무지게 즐기는 법
>
> **① 날씨가 관건, 취소 가능한 숙소로 예약하자.**
> 사파의 별명은 '안개의 도시'다. 산중턱에 구름과 맞닿아 있어 안개가 자주 끼는데, 이럴 땐 바로 앞 2m도 보이지 않는다. 날씨에 따라 일정을 변경할 수 있도록 가급적 무료 취소 가능한 숙소로 예약하자.
>
> **② 사파만 최소 2박 3일 머물러야 한다.**
> 사파 감성 숙소는 시내에서 약 30분~ 2시간가량 떨어져 있다. 일정을 짤 때 하루는 관광할 시간, 하루는 숙소를 오롯이 즐길 시간으로 나누어 계획하자.
>
> **③ 슬리핑 버스 타고 간다면 첫날은 가성비 숙소로!**
> 하노이에서 밤 12시에 슬리핑 버스를 타면 사파에 새벽 5시에 떨어진다. 춥고 깜깜하다. 새벽 도착 시 샤워, 짐 보관, 쪽잠이라도 잘 수 있는 가성비 숙소를 예약해두면 여행이 더 편해진다.

바다 위 떠다니는 리조트
하롱베이 크루즈

하롱베이는 전 세계에서 가장 가성비 좋은 크루즈 여행지로 꼽힌다. 일정도 1박 2일로 짧은 편이라 처음 크루즈 여행을 체험해 보기에 좋은 곳. 무엇보다 하롱베이는 곳곳에 암벽이 방파제 역할을 해서 파도가 덜하다.

하롱베이 최초 6성급 신상 크루즈
엘리트 오브 더 시

- ☑ 최고급 서비스! 최상급 식음료 즐기기
- ☑ 무료로 찍어주는 드론 샷 사진 남기기

하롱베이 유일 미끄럼틀 있는 크루즈
카펠라 크루즈

- ☑ 워터 슬라이드 타고 바다 스노클링 즐기기
- ☑ 선상 위에서 즐기는 디너 코스 요리 맛보기

뭐 하나 흠잡을 것 없는 5성급 크루즈
스텔라 오브 더 시

- ☑ 하롱베이 크루즈 중 제일 넓은 수영장 즐기기
- ☑ 야외 갑판에서 디너 BBQ 즐기며 선셋 보기

휴양보다는 관광형 크루즈 찾는다면
앰배서더 크루즈

- ☑ 하롱베이 절경 승솟 동굴, 티톱섬 관광하기
- ☑ 갑판 스카이워크에서 인증샷 찍기

가족끼리 객실 넓은 가성비 크루즈 찾는다면
에라 크루즈

- ☑ 기본 객실이라도 다른 크루즈 객실 두 배 크기
- ☑ 옥상 시네마룸에서 영화보기

> **TIP**
> ### 하롱베이 크루즈, 야무지게 즐기는 법
>
> **① 당일치기 보트투어와 1박 2일 크루즈는 완전 다르다.**
> 너무 저렴한 가격에 당일치기로 다녀오는 것은 대부분 크루즈가 아니라 보트 투어다. 1박 2일 크루즈는 객실이 있고, 식사 4회 제공, 부대시설, 액티비티 프로그램이 포함되어 있다.
>
> **② 기본 객실 보다는 한단계 높은 객실로**
> 기본 객실은 크루즈 맨 밑층이다. 반지하 같은 전망이라 답답하다. 심지어 바다 위 지나가는 매점 보트의 호객 행위에 시달리기도 한다. 프라이버시, 전망이 중요하다면 최소 한 단계 높은 객실로 예약하자.
>
> **③ 바다 위에서 놀거리 챙기기**
> 1박 2일 동안 인터넷은 물론 전화도 잘 안 터진다. 읽을 책이나 영화를 다운로드 받아가면 좋다. 물론 크루즈 내 부대 액티비티가 다양해 이것만 즐겨도 충분하긴 하다.

이것만은 꼭 먹어보자!
베트남 기본 메뉴

고급 레스토랑이나 베트남 가정식을 파는 식당을 방문한다면 소책자처럼 두꺼운 메뉴판에 당황할 수 있다. 어떤 걸 선택해야 할지 고민된다면 아래 메뉴를 눈에 익혀두자. 우리 입맛에도 잘 맞는 요리만 모았다.

01
고이꾸온 Gỏi cuốn
흔히 월남쌈이라 부르는 음식. 채소와 면을 라이스페이퍼에 돌돌 싸서 소스를 찍어 먹는다.

👍 하노이 가든 레스토랑 P.128

02
넴 Nem
바삭하게 튀긴 월남쌈이다. 북부에서는 넴, 남부에서는 짜조라 부른다.

👍 두옹스 레스토랑 P.129

03
반미 Bánh mì
베트남식 바게트 샌드위치. 쌀로 만든 바게트라 겉은 바삭하고 속은 촉촉하다.

👍 반미 25 P.121

04
반쎄오 Bánh xèo
바삭한 식감이 일품인 베트남식 부침개. 보통 해산물과 숙주나물을 넣고 반을 접어 판매한다.

👍 꽌 안 응온 P.179

05
놈두두 Nộm đu đủ

상큼한 그린 파파야에 새콤달콤 느억맘 소스를 감칠맛 나게 무친 샐러드. 간혹 알새우칩과 함께 곁들여 먹기도 한다.

👍 홈목 레스토랑 P.181

06
껌찌엔 짜이텀 Cơm chiên trái thơm

파인애플 속을 파내고 그 안에 볶음밥을 넣어 달콤 고소한 맛을 낸다.

👍 우담 차이 P.177

07
똠느엉 사테 Tôm nướng sa tế

부담 없이 먹기 좋은 새우구이. 베트남에선 반쯤 태워주는데 껍질을 벗기고 먹으면 된다.

👍 하노이 가든 레스토랑 P.128

08
하우느엉 Hào nướng

굴 구이로 땅콩이나 치즈를 뿌려주기도 한다.

👍 꽌 깟바 레스토랑 P.303

09
넴루이 Nem lụi

돼지고기로 만든 떡갈비 맛 꼬치. 라이스페이퍼에 채소와 함께 싸 먹는다.

👍 꽌 안 응온 P.179

10
자우므엉 Rau muống

영어로는 모닝글로리, 우리말로는 공심채. 짭조름하면서 깔끔한 나물로 밥에 비벼 먹으면 입맛이 산다.

👍 에센스 레스토랑 P.129

하노이에서 찾은 원조의 맛
베트남 북부 별미

퍼 Phở
하노이 사람들의 솔 푸드인 쌀국수. 프랑스 식민 시대 공장 노동자들이 국물에 면을 말아 먹던 것이 지금의 모습으로 발전했다. 북부 쌀국수는 국물이 맑고 담백하며 깔끔한 맛이 특징이다.
👍 퍼틴 P.176, 퍼 지아 쭈웬 P.123

분짜 Bún Chả
얇은 쌀국수를 뜻하는 '분(Bún)'과 다진 돼지고기 완자를 뜻하는 '짜(Chả)'를 합친 하노이의 대표 음식. 소스에 고기 완자를 적셔 면과 채소를 함께 넣고 쌈을 싸 먹는다.
👍 분짜 흐엉리엔 P.175, 두옹스 레스토랑 P.129

짜가 Chả cá
가물치 튀김에 향채를 넣고 볶아낸 요리. 바다가 없는 하노이에서 몇 안 되는 해산물 요리로 하노이 사람들의 보양식으로 꼽힌다.
👍 짜가 탕롱 P.127

> 하노이는 재료 본연의 맛을 살린 깔끔하고 담백한 요리가 특징으로 베트남에서도 미식의 도시로 꼽힌다. 우리가 베트남 음식 하면 떠올리는 쌀국수, 분짜, 에그 커피 모두 하노이에서 시작되었다. 원조의 맛을 느끼고 싶다면 하노이로 떠나자.

반똠 호떠이 Bánh tôm hồ Tây

하노이 서호에서 시작된 새우튀김. 깜찍한 한입 크기로 하노이를 대표하는 간식이다. 서호 길거리에서 흔히 만나볼 수 있다.

👍 홈목 레스토랑 P.181, 꽌 안 응온 P.179

반꾸온 Bánh cuốn

촉촉한 물만두 같은 쌀 전병. 라이스페이퍼에 다진 고기와 목이버섯을 넣고 대충 말아 따뜻하게 먹는다. 베트남 북부에서 주로 아침 식사 대용으로 먹는다.

👍 반꾸온 바오칸 P.132

카페 쯩 Cà phê trứng

베트남식 에그 커피. 커피에 넣을 우유가 부족해 달걀을 대신 넣던 것이 지금의 모습으로 발전했다. 커스터드처럼 부드러운 식감이 특징.

👍 카페 지앙 P.135, 카페 딩 P.135

코코넛 커리 Coconut Curry

코코넛 열매를 그릇 삼아 통째로 내어주는 커리. 주로 베트남 사파에서 많이 먹으며, 달콤하고 은은한 향이 배어 묘하게 중독되는 맛이다.

👍 리틀 베트남 P.256, 굿모닝 뷰 레스토랑 P.256

알고 먹으면 더 맛있는
베트남 쌀국수

쌀국수의 고향이 하노이라는 사실을 알고 있는 사람은 많지 않다. 100년 남짓, 유명세에 비해 역사가 짧다는 것도 마찬가지다. 쌀국수가 가장 처음 생긴 곳, 하노이에서 쌀국수의 유래와 종류까지 알고 먹으면 더욱 맛있다.

쌀국수는 어떤 음식인가

쌀국수는 쌀가루를 이용해 만든 국수로, 촉촉한 면발에 육수와 각종 향채를 넣어 후루룩 간편하게 먹는 요리를 말한다. 우리는 밀가루로 된 면 요리가 많은 반면 베트남은 쌀을 이용한 면 요리가 발달했는데, 이는 기후 환경과 관련 있다. 베트남은 쌀을 재배하기 위한 최적의 조건을 지닌 곳으로 1년에 최대 3모작이 가능한 나라다. 덕분에 쌀이 흔하고 이를 활용한 요리도 다양한 편이다. 퍼(Phở)라 부르는 쌀국수도 그중 하나다.

쌀국수의 탄생, 세 가지 이야기

첫째로는 19세기 말 하노이 근교 남딘(Nam Định)에서 공장 노동자들이 국수에 국물을 말아 먹던 것이 지금의 쌀국수의 시초라는 설이다. 당시 산업화와 함께 간편하고 빠르게 먹어야 할 음식이 필요했고 그러면서 자연스레 쌀국수가 생겼다는 것이다. 두 번째 설은 프랑스 식민시대를 거치며 프랑스 요리에 영향을 받았다는 설이다. 특히 쌀국수 프랑스 요리 '포토피(pot-au-feu)에서 Pot은 쌀국수의 Phở와 유사하며, 국물을 내는 조리 방법 또한 비슷하다. 마지막은 중국의 영향을 받았다는 설이다. 면 요리 자체가 중국에서 먼저 발달했고, 하노이는 중국 국경과 인접해 광둥계 화교가 많이 거주했기 때문. 그들이 먹은 '응아우육판(牛肉粉)'도 소고기 쌀국수란 뜻이다.

한국에서의 쌀국수

2000년대 초까지만 해도, 한국에서 베트남 음식 하면 '월남쌈' 정도일 뿐 쌀국수는 거의 찾아볼 수 없었다. 이후 웰빙이 트렌드가 되면서 밀가루보다 쌀을 선호하는 식문화로 변했고, 세계 각국의 요리가 한국에 상륙하면서 쌀국수 프랜차이즈 음식점도 증가한다. 그러다 2015년부터는 생면 쌀국수를 쓰는 체인점이 등장, 현지 쌀국수의 맛을 최대한 유사하게 재현하며 '한국 쌀국수 제2의 전성기'를 맞이하게 된다. 지금은 국내 5성급 호텔에서도 조식 메뉴로 베트남 쌀국수를 내놓을 정도로 인기를 얻고 있다.

전 세계인들의 솔 푸드, 쌀국수

100년 남짓한 짧은 역사에도 불구하고, 쌀국수가 이토록 전 세계로 퍼질 수 있었던 이유는 전쟁 때문이다. 100년의 역사 중 50년간은 주로 베트남 북부 대표 음식으로 인식되었으나, 베트남 남북이 통일되며 남쪽으로 빠르게 퍼졌다. 한편 전쟁과 분단의 과정에서 정치적 이념이 맞지 않아 해외로 망명하는 사람이 늘었는데, 이들 중 대부분이 생계를 위해 타국에서 음식점을 차리면서 세계 곳곳에 쌀국수집이 늘어나는 계기가 되었다.

> **TIP**
> **하노이 vs 호치민 쌀국수 차이**
>
> 하노이식 쌀국수는 재료 본연의 맛을 추구하며 깊은 육수 맛을 중요시한다. 반대로 호치민을 비롯한 남부 지역은 무더운 날씨 때문에 단맛이 강하며 숙주나 향채도 많이 넣는다. 해산물이 풍부한 남부에서는 오징어와 새우 완자를 넣은 쌀국수도 별미다.

쌀국수 재료

쌀국수라고 해서 다 같은 쌀국수가 아니다. 면, 육수, 고명 종류에 따라 부르는 이름도 천차만별. 다행히도 재료 이름을 알면 메뉴도 쉽게 고를 수 있다. 예를 들어 쌀로 만든 면은 퍼(phở), 소는 보(bò)라고 하니 '퍼보'는 소고기 쌀국수인 셈.

면
- **퍼 Phở** 쌀가루를 얇게 구워낸 뒤 말려서 가늘게 썰어낸 면
- **분 Bún** 베트남식 쌀 소면
- **후띠우 Hủ Tiếu** 베트남식 당면, 쫄면
- **미 Mì** 중국식 노란색 면

고명
- 소 bò
- 닭 gà
- 돼지 heo
- 해물 hải sản
- 미트볼 bò viên
- 오징어 mực

향채
- 고수 Rau mùi
- 베트남 고수 Rau răm
- 바질 Húng quế
- 쿨란트로 Ngò gai
- 소엽 Tía tô

양념장
- 칠리소스
- 베트남식 칠리소스
- 간장

곁들임
- 라임
- 고추
- 절인 마늘
- 식초

TIP 쌀국수 맛있게 먹는 법
① 고명은 살짝 덜 익은 고기를 시킨다.
② 음식이 나오면 가장 먼저 국물을 한 숟가락 맛본다.
③ 뜨거운 국물에 매운 고추 5개를 국물에 넣는다.
④ 숟가락에 라임즙을 짜서 씨를 걸러내고 국물에 푼다.
⑤ 면발을 몇 젓가락 맛본다.
⑥ 칼칼하게 매워진 국물을 맛본 후 고추는 건져낸다.

* 기호에 따라 튀긴 빵(꿔이)이나 고수, 절인 마늘을 첨가해도 좋다.

꿔이

쌀국수의 종류

퍼보 Phở Bò

소고기 쌀국수. 고명으로 양지, 차돌박이, 소 옆구리살 등을 주로 올린다.

퍼가 Phở Gà

닭 가슴살 쌀국수. 담백하고 깔끔한 맛이 특징이다.

퍼하이산 Phở hải sản

해산물 쌀국수. 새우, 오징어, 조개 등을 넣어 시원한 국물 맛이 일품.

퍼싸오 Phở xào

쌀국수 면에 채소를 넣고 기름에 볶은 요리. 고명으로 소고기나 해산물을 넣는다.

분보남보 Bún bò Nam bộ

베트남식 비빔국수. 요리 이름은 남부를 뜻하지만, 하노이에서 더 쉽게 찾아볼 수 있다.

분옥 Bún Ốc

국수처럼 얇은 면에 고명으로 삶은 우렁이를 넣는다. 해산물이 부족한 하노이에서 자주 먹는다.

미꽝 Mì Quảng

중부 지방 국수 요리. 국물이 자작하고, 넓은 면을 쓴다. 고명으로 개구리 뒷다리를 넣기도 한다.

분꿔이 Bún Quậy

오징어 쌀국수. 다진 새우 완자를 넣기도 한다. 해산물이 풍부한 푸꾸옥에서 접할 수 있다.

> **TIP**
> **현지인처럼 퍼보 주문하기**
>
> 현지인처럼 쌀국수를 맛보고 싶다면 뜨거운 국물에 덜 익은 소고기 고명을 서서히 익혀 먹어보자. 마치 스테이크처럼 쌀국수 고기 고명도 레어, 미디엄, 웰던을 선택할 수 있다.
>
> · **퍼따이남 Phở tái nạm** 덜 익은 소고기+소 옆구리살
> · **퍼따이 Phở tái** 덜 익은 소고기
> · **퍼친 Phở chín** 완전히 익은 소고기

추천 쌀국수 맛집 5

퍼틴 P.176

하노이의 3대 쌀국수 맛집 중 한 곳으로 직화 고기 고명에 쪽파를 듬뿍 넣은 것이 특징이다. 국물에 퍼지는 불맛이 일품이다.

퍼 지아 쭈웬 P.123

요리 연구가 백종원도 인정한 소고기 쌀국수로 하노이의 쌀국수 맛집 No.1이다. 깊은 육수 맛이 돋보이는 곳으로 언제 방문해도 변함없이 일정한 맛을 낸다.

분보남보 P.122

베트남식 비빔 쌀국수의 특징은 감칠맛이다. 이 집은 샐러드에 가까울 정도로 면보다 고명이 많은데, 다양한 재료를 조합해 달짝지근한 맛을 낸다.

퍼 10 리꿱수 P.124

처음 쌀국수에 도전한다면 체인점에서 깔끔하게 즐기는 것도 좋다. 우리에겐 문재인 대통령이 방문한 집으로 알려진 곳.

두옹스 레스토랑 P.129

국물 따로 면 따로 내줘 면에 바로 뜨거운 육수를 원하는 만큼 부어 먹을 수 있다. 단품보다는 쌀국수, 분짜 등이 포함된 세트 메뉴가 구성이 좋다.

> **TIP**
> **로컬 쌀국수가 먹고 싶다면**
>
>
>
> **'똥쭈이뗜 Tống Duy Tân' 먹자골목**
> 토마토와 우렁이를 넣은 분옥! 막상 찾으려면 일반 음식점에선 보기 힘들다. 현지인들은 주로 길거리에서 야식으로 먹기 때문. 로컬 쌀국수를 맛보고 싶다면 똥쭈이뗜 먹자골목으로 향하자. 하노이 기찻길 마을 근처 소파카페 P.137가 있는 골목길에 있으며, 매일 저녁 6시 무렵부터 먹자골목이 형성된다.

요리가 주는 따뜻한 위로
파인 다이닝

좋은 음식은 좋은 대화로 이어진다. 모처럼 소중한 사람과 떠나온 여행이라면 한 끼 정도는 정성스레 요리한 고급 정찬을 맛보면 어떨까? 오래전부터 관공서가 많았던 하노이는 접대 문화가 발달한 덕분에 수준급 레스토랑도 많다.

하노이 가든 레스토랑 P.128

20년 넘게 전통을 이어온 고급 레스토랑으로 프랑스 어느 가정집 마당에서 식사하는 기분이 든다. 인기 메뉴인 '구운 오리와 튀긴 빵'은 꼭 주문하자. 껍질은 바삭하고 속은 촉촉하다.

홈목 레스토랑 P.181

하노이 도착 첫날 다양한 베트남 음식을 코스로 맛보고 싶다면 추천한다. 프랑스 옛 저택을 개조해 만든 레스토랑으로 아늑한 분위기에 맛깔난 음식, 그릇 플레이팅에까지 정성이 담겨있다. 베트남 음식 코스 요리도 우리돈 2~3만 원대로 가격 대비 구성이 좋다.

두옹스 레스토랑 P.129

베트남의 백종원이라 불리는 '즈엉스 호앙 반 즈엉'의 레스토랑이다. '트립어드바이저'에서 순위 상위권을 유지하는 곳답게 맛과 서비스는 훌륭한 반면 인테리어는 단출하다. 인기 메뉴는 베트남 트래디셔널 세트로 4가지 코스 요리를 맛볼 수 있다.

우담 차이 P.177

보통 채식이라 하면 소박하게 먹는 한 그릇 식사를 떠올리기 쉽지만, 이곳은 여럿이서 음식을 나눠 먹는 고급 레스토랑이다. 모든 메뉴는 불교의 정신에 따라 인공 조미료와 고기를 사용하지 않고, 술도 판매하지 않는다.

살모노이드 P.202

간판에 '연어(Salmon)'를 내건 것처럼 모든 요리에 연어를 첨가했다. 연어로 이렇게 다양한 요리법을 창조할 수 있다는 게 놀랍다. 가능하면 단품보다는 런치 메뉴를 주문하는 것이 가격 대비 만족도가 높다.

페페 라 폴레 P.211

서호 전망 아시안 퓨전 요리 레스토랑이다. 일본에서 자란 주인이 베트남에 정착하며 유럽과 아시아를 아우르는 퓨전 요리를 하는데 우리 입맛에도 잘 맞는다. 런치 타임에 방문하면 한화 9,000원 내외로 3코스 요리를 맛볼 수 있다.

T.U.N.G 다이닝 P.130

2023년 미슐랭 셀렉티드에 선정된 파인 다이닝 레스토랑. 북유럽에서 유학한 젊은 셰프의 독창적인 메뉴를 맛볼 수 있는 곳으로, 총 12가지 테이스팅 코스 메뉴를 선보인다.

여행자의 허기를 채워주는
길거리 음식

놈팃버코 Nộm thịt bò khô

소고기 육포를 올린 그린 파파야 샐러드. 태국의 솜땀은 주로 밥과 함께 반찬으로 먹는다면, 베트남의 놈팃버코는 맥주 안주로 더 많이 먹는다.

반짱 느엉 Bánh tráng nướng

베트남식 라이스페이퍼 피자. 밀가루 도우 대신 얇은 라이스페이퍼를 사용해 식감이 바삭하다. 하노이보다는 고산지대 사파에서 더 많이 볼 수 있다.

옥 Ốc

삶은 우렁이. 따히엔 맥주거리에서 종종 볼 수 있으며, 주로 야식 혹은 안주로 먹는다. 우렁이에 레몬그라스, 라임, 고추를 넣고 삶아 국물까지 시원하다.

반깐 Bánh canh

한국에 붕어빵이 있다면 베트남에는 반깐이 있다. 동그란 틀에 부침개를 만들어주는데 마치 소꿉장난 하듯 앙증맞다. 토핑은 소시지, 계란, 고기, 새우 등 다양하다.

마른 오징어

방망이로 때려 숯불에 굽는다. 오징어의 식감은 부드럽고, 매콤한 칠리소스에 찍어 먹기 때문에 우리 입맛에도 잘 맞는다. 망고주스 혹은 맥주와 함께 먹으면 환상의 궁합.

철판 아이스크림

야시장 단골 메뉴. 차가운 철판에 아이스크림을 얇게 눌러 편 다음 굴려 말아주는데, 일반 아이스크림보다 쫀득하다. 망고, 패션 프루트, 블루베리 등 과일청을 첨가할 수도 있다.

> 베트남은 맞벌이 문화로 집밥보다는 외식이 더 발달했다. 덕분에 길거리 어디서든 저렴하고 간편하게 먹을 수 있는 음식을 만나볼 수 있다. 동서양 문화의 영향을 받은 만큼 음식의 종류도 다양한 편. 보기에는 투박해도 막상 먹으면 절로 고개가 끄덕여지는 맛깔난 길거리 음식을 찾아 떠나보자.

백종원 〈스트리트 푸드 파이터〉 따라잡기

여러 여행 프로그램에서 하노이를 다녀갔지만 〈스트리트 푸드 파이터〉는 테마가 뚜렷했다. 현지인들도 입소문을 듣고 겨우 찾아가는 로컬 맛집을 찾아낸 것! 현지 감성 가득한 길거리 음식을 맛보고 싶다면 아래 메뉴를 참고해 식당을 방문해 보자. 가격도 저렴하고 맛도 좋다. 단, 위생 상태는 감안할 것.

쏘이 쎄오 Xôi xéo

베트남식 찹쌀 주먹밥. 밥 위에 튀긴 양파, 말린 돼지고기, 어묵 등의 토핑을 얹어주는데 무척 조화롭다.

식당명 Xôi Mây

솟방 Sốt vang

와인을 넣은 소고기 스튜. 걸쭉한 고기 수프에 빵을 찍어 먹는다. 프랑스의 영향을 받았다.

식당명 Bánh Mỳ Trâm

반쎄오 Bánh xèo

〈스푸파〉에 나온 곳은 아니지만 한국인들 사이에서 빠르게 입소문을 타고 있다. 진정한 로컬 반쎄오를 맛보고 싶다면 추천!

식당명 Bánh Xèo Sáu Phước

분옥 Bún ốc

우렁이와 다슬기를 넣은 국수. 토마토로 잡내를 잡는다. 여름엔 시원하게 먹기도.

식당명 Bún ốc Giang phố cổ

반꾸온 Bánh cuốn

따끈하게 찐 라이스페이퍼에 다진 고기와 버섯을 넣고 돌돌 말아준다. 심심한데 묘하게 중독되는 맛.

식당명 Bánh Cuốn Bà Xuân

하노이에서 즐기는 남국의 맛
열대 과일

망고
부드럽고 달콤한 맛에 호불호 없이 누구나 좋아하는 과일이다. 우리가 알고 있는 망고는 노란 망고지만, 베트남에서는 딱딱하고 신맛이 나는 그린 망고도 즐겨 먹는 편. 그린 망고는 길게 썰어 소금에 찍어 먹기도 한다.

망고스틴
열대 과일의 여왕이라 불리는 망고스틴. 딱딱한 껍질을 손으로 눌러 반으로 쪼개면 마늘처럼 하얀 과육이 빼꼼 얼굴을 내민다. 과즙이 많고 달콤한, 역시 실패 없는 열대 과일 중 하나. 단 너무 달콤해 간혹 개미가 들어 있을 수 있으니, 세척을 꼼꼼히 할 것.

코코넛
버릴 것이 없는 실속 만점 열대 과일. 대부분은 코코넛 주스로 가장 많이 먹지만, 다 먹고 난 후 반으로 쪼개면 하얀 과육을 긁어먹을 수 있다. 길거리에서 종종 코코넛 아이스크림도 판매하니 꼭 맛보자. 은은하게 달콤한 맛이 묘하게 중독적이다.

파파야
콜럼버스는 파파야를 처음 맛본 뒤 '천사의 열매'라 칭했다고 한다. 예쁜 이름만큼 맛도 부드럽고 달콤하다. 다만 망고나 망고스틴만큼은 달지 않아서, 인기는 살짝 떨어진다. 수박, 용과, 파파야, 패션 프루트는 호텔 조식 코너에서 가장 자주 볼 수 있는 대중적인 과일이다.

두리안
호불호가 명확하게 갈리는 과일. 냄새가 고약해 입에 대기조차 꺼려지지만, 막상 맛을 보면 부드러운 식감에 반해 좋아하는 사람이 많다. 냄새가 지독하다 보니, 호텔에는 반입 불가한 곳이 많으니 참고하자.

> 식사 후 달콤한 입가심 디저트를 찾는다면 과일 만한 것도 없다.
> 게다가 한국 보다 저렴하게, 더 다양한 열대 과일을 맛볼 수 있다니!
> 베트남에선 달콤한 과일로 비타민 충전 제대로 해보자.

TIP
열대 과일 한국으로 반입 가능한가요?

씨앗이 있는 외래 과일은 세관에서 엄격히 규제한다. 간혹 씨앗을 제거하고 과육만 냉동해서 가져가면 괜찮다는 후기도 있지만, 실제로는 이 역시 반입 불가다. 만약 꼭 사고 싶다면 건망고처럼 말려서 포장된 완제품 정도는 괜찮으니 참고하자.

패션 프루트

자주색 열매를 반으로 가르면 마치 개구리 알처럼 노란 씨앗이 꽉 차있다. 브라질이 원산지인 과일로 무척 상큼하고 신맛이 특징. 씨앗은 그대로 씹어 먹는다. 신맛을 덜 좋아한다면 주스로 맛봐도 좋은데, 특히 패션 프루트에 망고를 섞은 주스는 달콤, 상큼 환상의 궁합이다.

잭 프루트

세상에서 가장 큰 과일이다. 열매의 직경이 1M에 달하기도 한다. 다만 이 열매를 통째로 먹는 것은 아니고, 단단한 껍질을 잘라내고 나온 노란 과육을 먹는다. 두리안처럼 특유의 향이 있으나, 쫄깃한 식감이 재미있어 역시 마니아층이 뚜렷한 과일이다.

용과

나뭇가지에 열매 달린 모습이 마치 용이 여의주를 품은 모습과 비슷하다고 해 붙여진 이름이다. 반으로 쪼개면 과육이 흰색 혹은 빨간색 두 종류가 있는데 맛은 비슷하다. 단 빨간 용과는 손에 색이 물드니, 포크나 숟가락으로 먹는 걸 추천한다.

용안

용의 눈 같다고 해서 붙여진 이름. 영어로도 롱간(Longan)이다. 나뭇가지에 구슬 같은 열매가 주렁주렁 달려있는데, 마치 꽃다발처럼 나뭇가지를 잘라 통째로 판매한다. 덕분에 하나씩 떼어먹는 재미가 있다. 어금니로 열매를 살짝 깨물어서 반으로 쪼갠 다음 하얀 과육을 먹고 씨앗을 뱉어내면 된다.

람부탄

빨간 열매에 마치 밤송이처럼 털이 무성하게 달린 모습이 시선을 끈다. 손으로 과일을 누르면 껍질이 벗겨지며 안에 있는 하얀 과육이 나온다. 참고로 람부탄과 리치를 헷갈려하기도 하는데, 람부탄은 껍질에 털이 달려있고 리치보다 당도도 더 높다.

열대 과일 제철 달력

과일은 제철에 먹어야 더 맛있는 법 이왕이면 내가 여행하는 시기에 가장 맛있는 과일로 맛보자.
다만 망고는 의외로 하노이에서 쉽게 접하기 어려운데, 베트남에서도 가장 서늘한 기온 때문에 풍부하게 재배되지 않기 때문이다.
제철이 아닐 때는 건축 남부에서 수입한 망고를 즐기기도 한다.

	1월	2월	3월	4월	5월	6월	7월	8월	9월	10월	11월	12월
망고												
망고스틴												
코코넛												
파파야												
두리안												
패션프루트												
잭프루트												
용과												
용안												
람부탄												
아보카도												
포멜로												
슈거애플(식가)												

한입의 행복
이색 디저트 열전

밥 배와 디저트 배는 따로 있다고 했던가. 두둑하게 배를 채우고도 달콤한 디저트만 보면 절로 발길이 멈춘다. 우리 입맛에도 익숙한 주스부터 아이스크림까지 실패 없는 디저트만 모았다.

신또 Sinh tố
베트남식 과일 주스. 가장 무난한 건 역시 망고, 패션 프루트, 수박 주스다. 추천은 초콜릿 시럽을 넣은 아보카도 주스.

호아꾸아잠 Hoa quả đầm
베트남식 과일 샐러드. 망고, 잭 프루트, 리치 등 다양한 열대 과일을 먹기 좋게 1인분으로 내어준다. 간혹 푸딩을 얹기도.
👍 신또 호아베오 P.141

쩨 Chè
베트남식 팥빙수로 종류가 무척 다양하다. 콩, 타피오카, 젤리 등 재료에 따라 변화무쌍하며, 베트남 북부에서는 따뜻하게 먹기도 한다.
👍 리틀 볼 P.140, 쩨 본 무어 P.140

껨즈아 Kem dừa
코코넛 껍질 속에 과육, 코코넛 칩, 아이스크림을 쌓아 올린다. 시원하고 쫀득한데 맛도 훌륭하다.

카라멘 Caramen
베트남식 푸딩. 달콤한 푸딩에 베트남식 진한 커피를 한 숟가락 얹어 단맛과 쓴맛이 묘하게 조화롭다.
👍 껨 카라멘 즈엉 호아 P.141

달콤한 휴식 시간
하노이 베스트 카페

여행에도 들숨과 날숨이 필요하다. 때로는 유명 관광지보다 마음에 꼭 드는 카페에서 더 큰 만족감을 느끼는 것처럼. 복잡한 하노이에서 잠시나마 여유를 만끽하고 싶다면 아래 카페에서 쉬어가자.

콩 카페 P.134

베트남 전쟁을 테마로 한 카페. 2007년 하노이에서 시작한 프랜차이즈 카페로 코코넛 커피가 인기다.

카페 지앙 P.135

베트남 에그 커피 원조의 맛! 커피에 넣을 우유가 부족해 달걀을 넣던 것이 지금의 모습으로 발전했다.

소파 카페 P.137

콩 카페보다 맛있는 코코넛 커피로 유명하다. 기찻길 마을에서 2분 거리에 있어 함께 들르기 좋다.

세레인 카페 앤 라운지 P.112

롱비엔 다리를 내려다볼 수 있는 카페. 4층 테라스에서 다리를 배경으로 사진 찍기 좋은 곳.

더 노트 커피 P.136

4층 건물 전체가 포스트잇으로 둘러싸여 장관을 이룬다. 직접 포스트잇에 글귀를 써서 여행의 흔적을 남길 수 있다.

히든 잼 카페 P.139

재활용을 테마로 한 카페. 꼭대기 층에 하노이 풍경 벽화가 그려져 있어 사진 찍기 좋다.

트랜퀼 북스 앤 커피 P.138

아지트 삼고 싶은 북 카페. 저녁엔 영화 상영이나 인디 밴드 공연이 열리기도 한다.

만지 P.139

베트남 신진 화가들의 작품으로 채운 갤러리 카페. 흰색 톤이라 깔끔하고 창문이 커서 채광이 좋다.

메종 마루 P.181

공정무역 초콜릿 카페. 포장이 세련되어 선물용으로 좋다. 내부에 작은 초콜릿 공장도 있다.

메종 드 뗏 데코 P.213

서호에 위치한 유기농 브런치 카페. 사파 소수민족과 공정무역을 통해 일부 소품은 판매도 한다.

REAL GUIDE

개성 만점! 베트남 커피 종류

브라질에 이어 세계 커피 생산량의 2위를 차지하는 베트남! 덕분에 어디서든 커피를 즐기는 사람들의 모습을 볼 수 있다. 베트남 사람들에겐 커피가 국민 음료인 만큼 종류도 다양하니 취향껏 골라 마셔보자.

베트남 커피 역사

1857년 프랑스 선교사들이 베트남 북부에 정착해 교회에서 아라비카 원두를 재배하면서 시작됐다. 기후 여건상 베트남 남부 달랏(Dalat) 근교 지역이 재배에 더 적합하다는 걸 알게 되었고, 이때부터 대규모 로부스타 커피 농장이 빠르게 성장했다. 로부스타는 주로 인스턴트커피에 쓰이는데 우리나라에 수입되는 커피의 40%가 베트남산이다.

한약보다 쓴 베트남 커피

처음 베트남에서 블랙커피를 마시면 한약만큼 쓴맛에 깜짝 놀란다. 베트남에선 산미가 강한 아라비카 원두가 아니라, 구수하고 쓴맛이 강한 로부스타 원두를 쓰기 때문. 쓴맛을 완화하기 위해 연유나 설탕을 넣기도 한다.

> **TIP**
> **기다림의 미학 '핀(Phin) 커피'**
> 베트남에서 커피는 느긋하게 여유를 즐기는 문화다. 따뜻한 커피를 주문하면 컵에 금속 필터 '핀'을 얹어주는데, 커피 액이 한 방울씩 떨어지는 모습이 마치 모래시계처럼 보인다. 다 떨어지기까지 10분 정도 기다려야 한다.

베트남 커피 종류

뜨거운 커피

1
카페 덴 농
Cà phê đen nóng Hot Black Coffee

커피+물 100%
'덴(Đen)'은 블랙, '농(Nóng)'은 뜨거운 것을 뜻한다. 양이 적고 쓴맛이 강해 흡사 에스프레소 같다. 갈색 설탕을 함께 준다.

2
카페 쓰어농
Cà phê sữa nóng Hot Black Coffee with Milk

커피+물 80% / 연유 20%
'쓰어(Sữa)'는 우유를 뜻하는데 실제로는 연유를 넣는다. 연유는 열대 기후에서도 오래 보관할 수 있기 때문이다.

Hanoi only

3
카페 쯩
Cà phê trứng Egg Coffee

달걀노른자+연유 40% / 커피+물 60%
우유가 귀하던 시절 달걀노른자 거품을 대신 넣은 데서 유래했다. 커스터드처럼 부드럽고 달콤해 꽤 잘 어울린다. 거품이 응고되는 것을 방지하기 위해 잔을 따뜻하게 데워준다.

차가운 커피

4
카페 덴 다
Cà phê đen đá Iced Black Coffee

커피+물 50% / 얼음 50%
베트남식 아이스커피. 북부에서는 사각 얼음을 쓰고 남부에서는 빨리 녹을 수 있도록 잘게 부순 얼음을 넣어준다.

5
카페 쓰어다
Cà phê sữa đá Iced Black Coffee with Milk

커피+물 50% / 얼음 40% / 연유 10%
단맛과 쓴맛이 묘하게 조화롭다. 베트남 커피 중 가장 호불호 없이 마실 수 있는 음료다.

6
카페 꼿 즈어
Cà phê cốt dừa Coconut Coffee

코코넛 슬러시 15% / 커피+물 35% / 얼음 40% / 연유 10%
과일 슬러시와 커피를 섞은 음료 중 가장 인기 있다. 간혹 코코넛 과육을 올려주기도 한다. 코코넛 외에 아보카도 커피도 먹을 만하다.

TIP
하노이 vs 호치민 스타일 커피
베트남 북쪽과 남쪽 스타일의 커피 맛이 다르다. 하노이에서는 커피의 쓴맛을 연유로 중화시키는데, 호치민에서는 연유 대신 우유를 넣으며 얼음도 잘게 부숴준다.

분위기에 취하는 루프톱 바에서
칵테일 한잔

이대로 잠들기엔 아쉬운 밤. 동행과 함께 칵테일 한잔 곁들이며 소소한 대화를 나누는 시간을 가져보면 어떨까.
하노이에서 가장 전망 좋은 루프톱 바부터, 이색적인 쌀국수 칵테일을 맛 볼 수 있는 곳도 소개한다.

톱 오브 하노이 P.191

술보다 분위기에 취하는 사람이라면 꼭 가봐야 할 곳. 롯데센터 65층에 있는 루프톱 바다. 도심 야경을 한 눈에 조망할 수 있고, 칵테일도 수준급. 바로 옆에 있는 롯데타워 전망대와 똑같은 전망이나, 입장료를 내지 않고 야외에서 풍경을 감상할 수 있으니 더 이득인 셈이다.

서밋 라운지 P.215

사실 너무 높은 곳에 위치한 루프톱 바는 현실감이 없다. 하노이 호수 뷰를 가까이에서 내려다보고 싶다면 팬 퍼시픽 호텔 20층에 있는 루프톱 바로 향하자. 해 질 녘 노을이 아름다우며, 서호부터 쩐꾸옥 사원까지 한눈에 내려볼 수 있다.

하노이 소셜 클럽 P.142

하노이에서 가장 이색적인 칵테일을 맛보고 싶다면 꼭 가야할 곳이다. '쌀국수 칵테일'을 판매하는데, 쌀국수 재료인 라임, 팔각, 고추 등을 넣어 맛을 낸다. 모히또와 비슷한 맛이라 꽤 마실 만하다. 주말 저녁에는 인디밴드의 공연도 수시로 열린다.

TIP 로컬 감성 생맥주 '비어 하이(Bia hơi)'

베트남판 생맥주 호프집이라 생각하면 된다. 뻔한 생맥주가 뭐가 특별할까 싶겠지만 이는 하노이 사람들의 솔(soul) 넘치는 문화 중 하나다. 주로 길거리나 천막에서 판매하며 우리돈 500원 정도로 무척 저렴하다. 맥주 도수도 3도밖에 안되니 가볍게 마시기도 좋다.

시원하고 청량하게
맥주 한잔

무더운 여름 밤 청량한 맥주 한잔이면 하루의 피로가 씻은 듯 사라진다. 1인당 맥주 소비량이 아시아에서 두 번째로 많은 국가답게 어디서든 쉽게 맥주를 마실 수 있다. 오죽하면 맥주 거리까지 있을까. 베트남 재료로 만든 수제 맥주도 맛보고 싶다면 브루어리도 놓치지 말자.

따히엔 맥주 거리 P.118

서울에 을지로 노가리 골목이 있다면 하노이에는 따히엔 맥주 거리가 있다. 밤이면 차량을 통제하고 목욕탕 의자에 옹기종기 모여 앉아 맥주를 마시는 분위기가 닮았다. 인기 맥주는 비아 하노이, 비아 사이공, 타이거 크리스털.

터틀 레이크 브루어링 컴퍼니 P.214

하노이 탄생 전설의 주인공인 거북이와 호안끼엠 호수를 뜻한다. 동서양의 재료를 혼합한 색다른 맥주를 맛볼 수 있다. 야외 테이블이 있는 2층 구조로 작은 양조장도 볼 수 있다.

파스퇴르 스트리트 브루잉 P.142

2014년 미국 출신 오너가 처음 창립한 수제 맥주 체인점. 초콜릿이나 패션 프루트 등 베트남에서 생산된 재료를 써서 독창적인 맛이 나는 것이 특징. 에어컨이 있어 쾌적하고 주말에는 라이브 공연도 열린다.

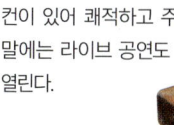

센스 있다 칭찬받는
선물하기 좋은 아이템

라탄 소품
라탄은 식물의 나무줄기에서 채취한 가볍고 거친 섬유를 말한다. 주로 바구니, 쟁반, 티 코스터로 만드는데, 최근 인기가 높아지며 디자인도 다양해지고 있다.

ⓓ 라탄 쟁반 120,000동~ 👍 네이처 기프트 P.216

아오자이 향수
아오자이 모양을 한 병에 하노이, 사이공, 후에 등 각 도시에서 영감을 받은 베트남의 향기를 담았다.

ⓓ 아오자이 향수 650,000동~ 👍 호아리엔트 P.149

세라믹 그릇
베트남 그릇은 특유의 패턴이 있어 포인트 그릇으로 살 만하다. 근교에 도자기 마을 '밧짱'이 있어 가격도 저렴한 편.

ⓓ 작은 그릇 40,000동~ 👍 세렌더 세라믹 P.148, 리틀 키친 스토어 P.183

스카프 & 머플러
실크로 유명한 베트남! 잠옷부터 아오자이까지 선택의 폭이 넓지만 가장 무난한 건 스카프다. 색상별로 여러 개 사면 흥정도 가능하다.

ⓓ 단색 스카프 100,000동~ 👍 항 가이 거리 P.115, 반푹 실크 빌리지 P.200

파우치
베트남 북부는 소수민족이 많이 거주하는 지역으로 수공예품이 발달했다. 질 좋은 패브릭 제품을 찾는다면 전문 숍을 찾아가는 것도 추천.

ⓓ 작은 파우치 100,000동~ 👍 크래프트 링크 P.203

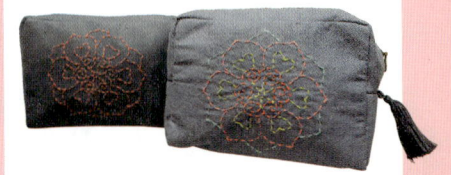

> 여행의 추억을 떠올리게 하는 아기자기한 나만의 기념품부터 소중한 사람을 위한 선물까지.
> 하노이 감성 가득한 기념품 리스트를 정독하자.

공정무역 초콜릿

베트남 재료로 만든 초콜릿 전문 숍이라면 솔깃하다. 포장까지 예쁘고 의미까지 더해졌다면 더욱더. 호불호 없이 무난하게 선물하기 좋다.

ⓓ 초콜릿 세트 50,000동~
👍 메종 마루 P.181

베트남 모자 쓴 곰인형

베트남의 전통 모자 농을 쓴 테디 베어 인형이다. 나구 베어의 곰인형은 발바닥에 원하는 문구를 새겨주기도 한다.

ⓓ 곰인형 385,000동~
👍 스타벅스 리저브 P.138, 나구 베어 P.150

쭝응우옌 레전드 커피

G7과 같은 회사로 명품 커피로 불린다. 양주처럼 패키지까지 고급스럽다. 매장에서 무료 시음이 가능하니 직접 맛보고 구매하자.

ⓓ 커피세트 32,600~989,000동
👍 쭝 응우옌 레전드 P.150

바람막이 & 운동화

짝퉁 같은 진품이다. 눈썰미가 있어야 '득템'할 수 있다. 유명 아웃도어 브랜드 공장이 베트남에 있어 상품 가치가 살짝 떨어진 A급 제품을 저렴하게 판매한다.

ⓓ 바람막이 400,000동~   👍 하노이 야시장 P.117, 항 가이 거리 P.115, 사파 선플라자 P.249

초상화 도장

세상에 단 하나뿐인 도장이다. 사진을 보여주면 나무에 초상화를 그려주기 때문. 한글로 이름까지 써준다.

ⓓ 70,000~200,000동
👍 항 꽂~토 띡 거리 P.115

TIP 똑똑한 하노이 쇼핑 팁!

① 베트남은 화폐 단위가 커서 헷갈린다. 흥정할 때는 계산기에 숫자를 정확하게 표시해 협상하자.

② 라탄, 도마 같은 핸드메이드 제품은 마감이 아쉬운 것들이 있으니 꼼꼼하게 살펴보고 고르자.

③ 선물용 기념품을 산다면 누구에게 어떤 것을 선물할지 미리 리스트를 만들자. 아니면 뭔가 많이 사긴 했는데 막상 줄 만한 선물이 없다.

④ 바가지와 흥정 사이를 잘 오가야 한다. 터무니없는 가격을 부른다면 감정 소비할 필요 없이 다른 곳으로 향하면 된다.

⑤ 하노이 호안끼엠 구시가지에 있는 기념품 숍은 디자인이 비슷비슷하다. 개성 있는 아이템을 찾고 싶다면 편집 숍 위주로 눈을 돌리자.

취향을 판매합니다
라이프스타일&편집 숍

컬렉티브 메모리 P.146

여행작가와 사진작가 둘이서 시작한 편집 숍이다. 그동안 독립 잡지를 출간해오면서 접했던 스토리 있는 브랜드만 모아 소개한다. '기억을 모은다'라는 이름처럼 베트남의 과거, 현재, 미래를 모티프로 했다.

더 크래프트 하우스 P.147

엽서, 수첩, 에코 백 등 하노이를 기억할 수 있는 소품으로 가득하다. 한 지붕당 한 브랜드만 진열해 내부는 마치 하나의 마을처럼 꾸며져 있다. 재치 있는 일러스트 소품이 많다.

네이처 기프트 P.216

라탄에 진심인 인테리어 소품 숍. 라탄으로 만든 티 코스터, 쟁반, 그릇, 전등, 꽃병, 가방까지 다양한 종류의 라탄 소품을 만날 수 있다. 서호에 있어서 애매한 위치가 단점.

> 라이프스타일 편집 숍에서 산 제품은 여행의 여운을 채워준다. 누군가 알아봐주는 기념품은 아니더라도, 불현듯 지난 하노이 여행에서 사온 그릇을 사용하다 소소한 행복을 느낄 수 있다면 그걸로 만족! 라탄 백, 그릇, 도마 등 실생활에도 사용 가능한 물건들을 파는 개성 만점 상점들만 엄선했다.

리틀 키친 스토어 P.183

작정하고 그릇 쇼핑만 하겠다는 사람들에게 추천하는 곳. 위치도 애매하고 간판도 없지만, 구석구석 살펴볼수록 보물처럼 빛나는 그릇이 있다. 유니크하고 언밸런스한 디자인이 많다.

세렌더 세라믹 P.148

하노이 근교 도자기 마을, 밧짱 스타일로 만든 그릇 전문점이다. 얇고 가벼우며 패턴이 과감한 것이 특징. 하나만 사는 것 보다 세트로 여러 개 사야 더 예쁘다.

안 스토어 P.183

핸드메이드 가죽 제품을 판매한다. 묵직한 재료에 대담하게 바느질한 카드 지갑, 가방, 부츠가 살 만하다.

기안 돈 P.216

도톰한 천에 정성껏 바느질한 에코백을 판다. 인기 상품은 에코백 끈 부분만 가죽으로 연결한 것인데, 자칫 평범할 수 있는 디자인에 포인트를 줘 멋스럽다.

현지인들의 일상을 볼 수 있는 곳
재래시장

현지인들에게 시장은 단순히 물건을 사고파는 장소를 넘어 소통 창구이자 작은 축제의 장이다. 특히 매주 주말에 열리는 하노이 야시장과 박하 일요시장은 꼭 들러보자. 일주일 중 가장 활기찬 모습을 볼 수 있다.

TIP 재래시장에서 살만한 것들

- 라탄백
- 라탄 소품
- 세라믹 그릇
- 코코넛 그릇
- 논(베트남 모자)
- 아오자이
- 바캉스 원피스
- 마그넷

동쑤언 시장 P.116

서울에 남대문 시장이 있다면 하노이에는 동쑤언 시장이 있다. 총 3층 구조로 1층은 잡화, 2층은 천, 3층은 의류를 판매한다. 종류가 많은 편은 아니지만 위치가 좋아 가볍게 구경하기 좋다.

하노이 야시장 P.117

매주 금·토·일 저녁이면 차량을 통제하고 야시장이 펼쳐진다. 여행자들이 주로 찾는 기념품은 물론 길거리 음식도 가득해 구경하는 재미가 쏠쏠하다. 쇼핑 후 따히엔 맥주 거리도 놓치지 말 것!

꽝안 꽃시장 P.210

여행지에서도 일상처럼 꽃 한 다발 사보면 어떨까? 베트남 북부에서 가장 큰 꽃시장이 서호 가는 길에 있다. 다만 도매 시장이라 가장 활기찬 시간은 밤 10시부터 새벽 2시 사이다.

박하 시장 P.271

베트남에서 가장 규모가 큰 소수민족 시장이다. 알록달록한 수공예품 쇼핑을 좋아한다면 꼭 방문해 보자. 소수민족이 정성껏 만든 가방, 파우치, 쿠션 커버 등 종류도 다양하고 가격도 저렴하다. 사파에서 100km 정도 떨어져 있다.

사파 시장 P.241

베트남 북부 산골 마을 사파에서 가장 큰 상설 시장이다. 총 2층 규모로 주로 과일, 약초, 옷을 판다. 여행자들이 살 만한 기념품은 부족한 편이지만, 숙소에서 가볍게 먹을 수 있는 과일 정도는 살 만하다.

인기 쇼핑 리스트를 한 번에
대형 마트

• 롯데마트 P.192   • BRG 마트 P.151

캐슈너트
알이 굵고 가격도 저렴한 베트남 견과류.

195,200동~

커피 조이
따뜻한 커피와 찰떡궁합인 크래커.

54,900동~

게리 치즈 크래커
크래커 사이에 치즈를 넣고 한 번 더 전체 코팅!

35,000동~

아치 카페
코코넛 커피로 유명한 브랜드. 이 색 커피를 찾는다면 말차, 딸기, 두리안 커피도 있다.

64,000동~

G7 커피
베트남 대표 믹스 커피. 커피와 설탕이 들어간 2 in 1 아이스가 인기!

51,000동~

콘삭 커피
다람쥐 똥 커피로 불린다. 헤이즐넛을 좋아하는 다람쥐 로고를 사용할 뿐 배설물과는 관련 없다.

77,500동~

리치즈 - Ahh'
겉에도 안에도 치즈가 듬뿍 들어 있는 막대 과자.

23,900동~

하오하오 라면
끓인 물만 부으면 되는 초간단 쌀국수.

3,600동~

> 편하고, 저렴하고, 다양하다. 짧은 일정에 기념품을 한 번에 쓸어 담고 싶다면 대형 마트로 향하자. 카트 가득 담아도 한국 물가의 반값!

잭 프루트 칩
바삭하게 말린 열대 과일.

31,900동~

건망고
촉촉하게 말린 열대 과일.

31,700동~

달리 치약
라임 맛 치약 추천! 오리지널보다 덜 자극적이고 시원 상큼한 맛이 난다.

41,100동~

62,300동~

과일청
탄산수에 한두 스푼 넣으면 바로 과일 에이드가 되는 마법! 패션 프루트 청이 가장 인기 있다.

옥수수 우유
이름만 들으면 이상할 것 같지만 달달, 고소해서 의외로 괜찮은 조합.

20,200동~

100,000동~

달랏 와인
베트남 남부 고산지대에서 생산한 와인.

푸꾸옥 통후추
푸꾸옥은 베트남의 뜨는 휴양지이자 세계 최대 후추 생산지다. 고기 구워 먹을 때 바로 으깨 넣으면 최고!

66,800동~

37,900동~

노니 비누
열대 과일 노니로 만든 비누.

여행 중 힐링 타임
마사지&스파

베트남은 마사지보다는 뷰티 케어가 포함된 '스파'가 발달했다. 태국이나 중국의 압력 있는 정통 마사지를 기대했다면 아쉬울 수도 있다. 또한 아무리 유명한 곳이라도 마사지사에 따라 편차가 있으니, 몸 상태에 맞춰 요구 사항을 정확하게 전달하자. 잘만 찾으면 저렴한 가격에 인생 마사지를 만날 수 있다.

마사지 vs 스파
마사지(Massage)는 신체의 일부나 도구를 사용해 근육을 부드럽게 풀어주고 혈액 순환을 돕는 것으로 '안마'라고도 한다. 스파(Spa)는 마사지, 사우나, 미용, 건강 관리까지 포함하는 상위 개념이다. 벨기에의 '스파' 지역 이름에서 비롯되었다.

내 몸에 꼭 맞는 마사지 찾는 팁!
❶ 숍의 시그니처 마사지가 뭔지 물어보자. 숍마다 가장 인기 있는 마사지가 있다.
❷ 집중 관리가 필요한 부위를 체크하자. 60분 전신+30분 다리처럼 시간을 배분할 수도 있다.
❸ 선호하는 압력을 미리 말하자. 원하는 압력이 아니라면 마사지 중 더 세게 혹은 부드럽게 변경할 수 있다.
❹ 마사지가 만족스러웠다면 직원 이름을 기억해두자. 다음 방문 시 마사지사를 지정할 수 있다.
❺ 하노이에는 사회적 기업이 운영하는 시각 장애인 마사지 숍이 꽤 있다. 확실히 손의 감각이 남다르다.

마사지 종류

❶ 베트남 마사지
Vietnam Massage
압력 ■■■□□

주로 오일 마사지로 진행한다. 시향을 통해 레몬그라스, 라벤더, 파인트리 등의 식물성 오일을 선택할 수 있다. 강한 압력보다는 오일을 이용해 근육과 관절을 부드럽게 풀어주는 마사지로 피부 보습 효과가 있다.

❷ 타이 마사지
Thai Massage
압력 ■■■■■

태국 전통 의학의 일부로 혈관을 따라 지압과 스트레칭을 한다. 오일은 쓰지 않으며 배꼽에서 시작해 몸 전체로 기를 순환시키고 뭉친 근육을 풀어준다. 압력이 강한 마사지를 선호하는 사람들에게 추천한다.

❸ 핫스톤 마사지
Hot Stone Massage
압력 ■■■□□

동그랗고 평평한 돌을 뜨겁게 달궈 척추 위에 올려놓거나 몸을 문지르는 마사지다. 뜨거운 돌은 혈관을 확장시켜 몸 전체의 노폐물과 독소를 제거하는 데 도움을 준다. 따뜻한 기운으로 긴장을 완화시키고 수면을 유도한다.

❹ 딥 티슈 마사지
Deep Tissue Massage
압력 ■■■■□

딥 티슈는 우리말로 '심부 조직'을 뜻한다. 심부 조직이란 근육 사이에 그물망처럼 연결된 얇은 막으로 이 부위를 풀어주면 만성적인 근육통, 자세 교정에 좋다. 2000년대 초 독일 및 유럽 곳곳에서 치료 목적으로 활용되기 시작했다.

❺ 네 손 마사지
Four Hands Massage
압력 ■■■□□

상체와 하체를 각각 담당하는 두 명의 마사지사가 배정된다. 말 그대로 손이 4개라는 뜻. 1,000년 전 인도에서 처음 시작했으며 이후 중국에서 빠르게 성장했다. 두 명의 마사지사가 팀워크를 조화롭게 이루기 쉽지 않은 게 아쉽다.

❻ 레드 다오 허벌 배스
Red Dao Herbal Bath
압력 ■□□□□

사파 소수민족 '레드 다오족'의 치료 요법으로 120가지 약초를 넣은 따뜻한 물에 몸을 이완시키는 치료성 목욕이다. 오래 끓인 약초를 사용하기 때문에 물이 검은색에 가깝다. 혈액 순환, 피부의 불순물 제거, 피부 미용에 좋다.

추천 마사지 & 스파 숍 리스트

베트남 마사지는 태국이나 발리에 비해 뒤늦게 발전했지만, 빠른 속도로 확장하는 추세다. 특히 귀 청소, 각질 제거, 네일 케어 등 뷰티 쪽이 가성비 좋은 편. 마사지 숍도 고급 스파부터 로컬 클리닉까지 다양한데, 여러 번 가보고 꾸준히 잘하는 곳만 꼽았다.

센 스파

오마모리 스파

마사지는 테라피스트가 누구냐에 따라 편차가 큰 편이지만, 여러 번 방문해도 꾸준히 만족스러운 마사지를 받을 수 있는 곳은 센 스파다. 센(Sen)은 연꽃이라는 뜻으로, 웰컴 푸드로 연꽃씨와 연잎차를 내어주는 것이 이색적이다.

시각 장애인들에게 교육과 일자리를 제공하는 사회적기업이다. 단순히 마사지 기술을 익히는 것뿐만 아니라, 고급 영어 교육을 통해 자존감과 표현력을 높이는 것이 목적. 그래서 모든 테라피스트들이 영어에 능통하다. 마사지 실력도 확실히 세심한 손길이 남다르다.

다오스 케어 마사지 스파

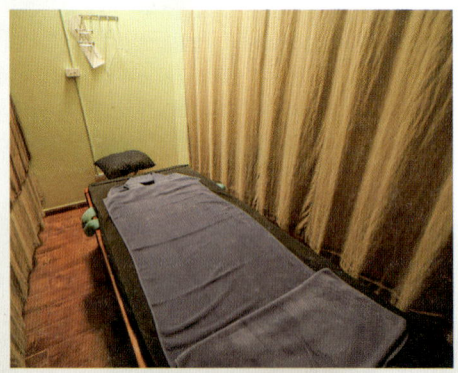

야쿠시 센터

베트남 북부 소수민족 마을 사파 전통 마사지 요법을 쓴다. 빨간 모자를 쓴 레드 다오족은 약초를 잘 다루기로 유명한데, 이를 스파 요법에 활용했다. 마사지를 받은 후 검은 약초 물에서 목욕하는 시간을 꼭 추가하자.

허름한 인테리어지만, 하노이 주재원들의 입소문을 제대로 타 단골이 많은 곳이다. 단순히 마사지를 넘어 이곳은 치료(클리닉)를 지향한다. 팁도 받지 않고 사진 촬영도 불가. 서호 지역에 있어 위치가 애매하지만, 일부러 찾아갈 만한 가치가 있다.

TIP
마사지 받을 때 주의할 것

① 최소 하루 전에 예약하자. 홈페이지의 이메일이나 카카오톡 메시지도 가능하다.
② 전신 마사지는 속옷을 벗어야 한다. 오일이나 핫스톤을 피부에 직접 문지르기 때문이다. 준비해둔 일회용 팬티나 바지로 갈아입으면 된다.
③ 하노이 마사지 숍의 실내는 대부분 어두운 편이다. 수면을 유도하기 위해서다.
④ 민감성 피부라면 얼굴 마사지는 제외하자. 오일로 인한 피부 트러블이 일어날 수 있다.
⑤ 가짜 평점을 가려내자. 일부 업체는 후기 작성 시 할인권을 주는 등 홍보를 위한 대가성 포스팅이 많은 경우도 있다. 현지인이 운영하는 전문 마사지 숍으로 가자.
⑥ 팁을 준비해 가자. 50,000동 정도가 적당하다. 미리 잔돈을 준비해 두면 좋다.

TIP
밤 비행기 타기 전 마사지 받기

하노이에서 한국으로 돌아가는 항공편은 대부분 밤 비행기다. 비행기 타기 전 샤워할 곳이 필요하다면 마사지를 받는 것도 고려할 만하다. 마사지를 예약하면 무료 짐 보관, 샤워가 가능하며, 인기 마사지 숍은 카카오톡 예약도 가능하다.

PART 03

진짜 하노이를 만나는 시간

HANOI

호안끼엠
BEST 5

01 호안끼엠 호수 산책
02 기찻길 마을에서 사진 찍기
03 따히엔 맥주 거리에서 맥주 한잔
04 인생 쌀국수 맛보기
05 1일 1카페 투어

AREA 01

여행자의 거리
호안끼엠
(구시가지)
Old Quarter

🔊 쿠 포 꼬 Khu phố cổ

호안끼엠 호수 북쪽 구시가지는 하노이에서 가장 큰 재래시장과 주요 관광지가 모여 있어 항상 활기가 넘치는 곳이다. 특히 차량이 통제되는 주말이면 야시장, 맥주 거리 등에서 다양한 이벤트가 펼쳐져 현지인은 물론 각국의 여행자로 붐빈다. 구시가지는 '36거리'라고도 불리는데, 36개의 상인 조합이 각 거리에서 특화된 상품을 판매하며 시작되었기 때문. 최근에는 고급 레스토랑, 소규모 카페, 감각적인 편집 숍 등이 들어서는 추세다.

ACCESS

공항에서 호안끼엠(구시가지) 가는 법

소요시간 40~50분

1 86번 버스

공항 ↔ 하노이 06:18~22:58, 20~30분 간격 배차

① 노이바이 국제공항 1층 입국장 A1 출구로 나간다.
② 횡단보도를 한 번 건넌 다음 1번 기둥 방향으로 왼쪽 끝까지 간다. 'Bus Stop'이라고 표시된 곳에서 86번 버스를 기다린다.
③ 좌석에 앉으면 안내원이 버스 요금(45,000동)을 걷는다.
④ 차내에서 무료 와이파이가 가능하므로 구글 맵스로 실시간 위치를 확인한다.
⑤ 호안끼엠 호수 근처 고가 도로에서 하차한다(주소: 162 Trần Quang Khải, Lý Thái Tổ, Hoàn Kiếm). 호수 근처 응옥썬 사당까지는 걸어서 8분이 소요된다.

＊주말에는 차없는 거리 운영으로 공항행 버스 정류장 위치가 바뀐다. 평일에는 하노이 우체국 앞, 주말에는 베트남 국가은행 앞에서 탑승한다.

2 베트남항공 미니버스(직행)

공항 ↔ 하노이 06:20~23:00, 30~60분 간격 배차

① 86번 버스 승강장 바로 앞에 대기하고 있는 미니버스를 확인한다. 정원이 채워져야 출발하므로 잔여 좌석이 얼마나 남았는지 문의하자.
② 운전기사에게 50,000동을 지불한다. 인원이 차지 않으면 금액을 더 요구하기도 한다.
③ 경유지 없이 호안끼엠 베트남항공 사무소 앞에 바로 하차한다(주소: 2 Quang Trung, Trần Hưng Đạo, Hoàn Kiếm).
④ 버스 정류장에서 성 요셉 성당까지는 걸어서 4분이 소요된다.

＊하노이 시내에서 공항으로 갈 때는 인원이 차지 않아도 정시에 출발한다. 대신 다른 버스 정류장에 들러 승객을 더 태우기도 한다.

3 그랩 택시

그랩 예약 → 공항 탑승 → 숙소 앞 하차
400,000~500,000동

4 픽업 서비스

클룩 혹은 kkday 예약 → 공항 픽업 → 숙소 앞 하차
350,000~600,000동

REAL COURSE

욕심쟁이 여행자를 위한
호안끼엠(구시가지) 핵심 코스

낯선 여행지도 두 발로 걸어보고 헤매다 보면 어느새 익숙해진다. 하노이에 도착한 첫날 부지런히 관광지를 둘러보고 싶은 여행자에게 추천하는 코스다. 현지인들에게도 유명한 곳이라 어딜 가든 활기 넘치는 모습을 볼 수 있다.

아날로그 여행자를 위한
기찻길 마을 코스

하노이는 작은 골목길도 빈티지한 멋이 있다. 관광지보다 소소한 감성 공간을 발견하는 데서 매력을 느낀다면 기찻길 마을로 발길을 옮겨보자. 베트남의 전통 의상 아오자이까지 입는다면 더욱 이색적인 사진을 남길 수 있다.

13:00 분보남보에서 점심 식사 P.122

도보 7분

14:00 성 요셉 성당에서 사진 찍기 P.108

도보 4분

14:30 호안끼엠 호수 산책 P.104

도보 3분

15:30 응옥썬 사당 둘러보기 P.107

도보 3분

16:00 수상인형극 관람 P.120

도보 1분

17:30 카페 딩에서 에그 커피 한잔 P.135

도보 3분

18:00 하노이 야시장 구경 P.117

도보 4분

19:00 따히엔 맥주 거리에서 BBQ로 저녁 식사 P.118

 * 야시장은 금~일요일에만 열린다.

13:00 기찻길 마을 사진 찍기 P.110

도보 2분

13:30 소파 카페에서 코코넛 커피 마시기 P.137

택시 6분

14:30 풍흥 벽화 거리 잠깐 들르기 P.112

도보 5분

15:00 동쑤언 시장 구경하기 P.116

도보 4분

16:00 롱비엔 기차역 사진 찍기 P.112

도보 1분

17:00 세레인 카페에서 전망 즐기기 P.112

택시 9분

18:00 피자 포피스에서 저녁 식사 P.126

도보 1분

19:00 센 스파 하노이에서 피로 풀기 P.151

———— 롱비엔 다리

호안끼엠
상세 지도

ㅣ든 잼 카페

양

🚌 86번 공항버스 하차

🚌 86번 공항버스 승차(주말)

0 100m

01

호안끼엠 호수 Hoan Kiem Lake 🔊 호 호안끼엠 Hồ Hoàn Kiếm

하노이 시민들의 휴식처

구시가지에서 길을 잃었다면 일단 호안끼엠 호수로 향하자. 하노이 중심의 이정표 역할을 하는 곳으로 관광지와 숙소도 대부분 이곳에 모여 있다. 무엇보다 정신없는 오토바이 무리에서 잠시 떨어져 쉴 수 있어 좋다. 호안끼엠 호수는 시간대별 풍경이 다른데 새벽에는 기체조를 하는 어르신들, 밤에는 줌바 댄스를 추는 여성들, 주말에는 K-POP을 연습하는 청소년들을 만날 수 있다. 가능하면 여러 번 들러보자. 호수는 남북으로 긴 타원형으로 둘레는 1,750m다. 천천히 한 바퀴를 돌면 20분 정도 소요되니 하루쯤은 여유롭게 호수를 따라 산책해 보자. 호수 안에 작은 섬이 2개 있는데 북쪽에 있는 것은 응옥썬 사당, 남쪽에 있는 것은 거북 탑이다.

📍 Hàng Trống, Hoàn Kiếm 🚶 홍강(Red River)에서 남쪽으로 갈라지는 물줄기 부근. 하노이 노이바이 국제공항에서 남쪽 방향 차로 45분. 호안끼엠 구역 중심에 호수가 있다.
🌐 21.02963, 105.85247

> **TIP**
> ### 호안끼엠 호수에 사는 거북이
> 베트남어로 호안끼엠(還劍)은 '검을 돌려주다'라는 뜻. 전설에 따르면 태조 '레러이'가 호수에 사는 거북이로부터 검을 얻었고, 이 검으로 명나라와의 전투에서 크게 승리했다. 이후 레러이는 하노이를 수도로 정하고 거북이에게 검을 돌려주었다. 실제로 이 호수에는 100살이 넘는 희귀종 거북이가 살았는데, 지난 2016년 고령의 나이로 인해 생을 마감했다. 당시 길이 185cm, 몸무게는 169kg였다.

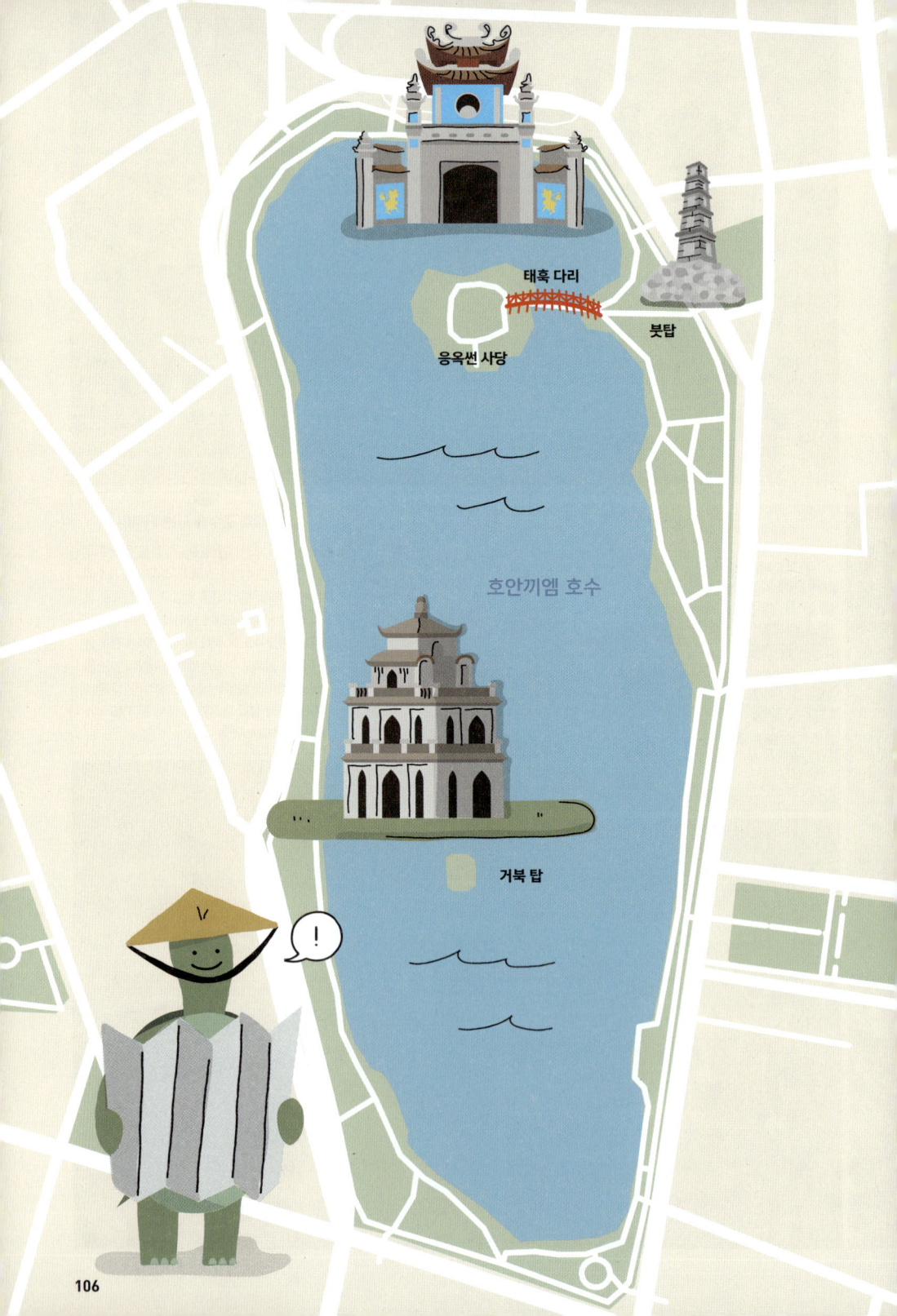

02 응옥썬 사당 Temple of the Jade Mountain 🔊 덴 응옥썬 Đền Ngọc Sơn

호안끼엠 호수 안에 섬처럼 떠 있는 사당

조상의 위패를 모신 사당으로, 13세기에 몽골군을 무찌른 영웅 쩐흥다오(Trần Hưng Đạo)의 업적을 기리기 위해 만들었다. 이후에 문(文)·무(武)·의(醫) 세 성인을 모시고 있다. 사당 입구에 5층 석탑인 '붓탑(Tháp Bút)'이 있는데, 이곳에서 기도를 하면 시험에 합격한다고 전해진다. 사당 내부로 들어가려면 입장료를 내고 붉은 '태훅 다리(Cầu Thê Húc)'를 건너야 한다. 밤이면 태훅 다리의 붉은 조명 빛이 호수에 데칼코마니처럼 반사되어 무척 아름답다. 현재 모습은 1864년에 다시 만든 것으로 호수 위에 떠 있는 모양이 옥으로 만든 산처럼 보인다 하여 응옥썬(玉山)이라 불렀다. 내부에는 호수에서 발견된 거대 거북이 2마리가 박제되어 있다.

📍 Đinh Tiên Hoàng, Hàng Trống, Hoàn Kiếm 🚶 탕롱 수상인형극장에서 도보 1분. 길 건너 호수 안 작은 섬에 보이는 사원 💰 30,000동(성인), 15,000동(학생) 🕐 월~목 07:00~19:00, 금~일 07:00~22:00 📍 21.0307, 105.85238

TIP 제물로 초코파이를?
베트남에서는 제사를 지낼 때 개별 포장된 과자, 커피, 열대 과일 등을 올린다. 제사가 끝나면 시민들에게 나눠주기 위해서다.

03 거북 탑 Turtle Tower 🔊 탑 루어 Tháp Rùa

유럽과 베트남 건축 양식이 결합된 독특한 형태의 탑

원래 이름은 바바 김 탑(Ba Ba Kim Tower)이다. 프랑스 전쟁 때 양국의 중재 역할을 했던 응우옌 김(Nguyễn Ngọc Kim)의 공로를 기리기 위해 만들었다. 현재는 호안끼엠 호수의 전설에 따라 '거북 탑'으로 부른다. 탑의 지붕은 베트남 전통 방식이지만, 1~2층은 유럽 고딕 양식의 영향을 받았다. 탑의 높이는 8.8m이며, 직사각형 모양의 문 10개가 있다. 평소에는 노란색 조명을 쓰지만 특별한 날은 붉은 조명을 켠다.

📍 Hàng Trống, Hoàn Kiếm, Hà Nội 🚶 하노이 국제 우체국에서 도보 1분. 길 건너 호수 남쪽 작은 섬에 보이는 탑
📍 21.02781, 105.85226

04 성 요셉 성당 St. Joseph's Cathedral 📢 냐 터 런 하노이 Nhà Thờ Lớn Hà Nội 💛

프랑스 식민지 시절에 지은 하노이 최초의 성당

하노이 최고의 중심가에 유럽식 성당이 크게 자리하고 있다는 것만으로도 눈길을 끈다. 성 요셉 성당은 1886년 프랑스 식민 시절에 지은 건축물로 가로 20m, 높이 64.5m에 달한다. 양쪽으로 첨탑 2개가 하늘을 향해 우뚝 솟아 있는데, 이는 파리 노트르담 성당의 건축 양식과 매우 흡사하다. 프랑스가 베트남 점령을 기념하기 위해 이 성당을 세웠기 때문. 1975년 베트남 공산화 이후 일부 기간 폐쇄했으나 1990년부터 미사를 재개했다. 현재는 하노이에서 가장 큰 성당으로 매일 베트남어로, 일요일에는 영어로 미사가 진행된다. 양쪽 문을 통해 성당 내부로 들어갈 수 있고, 내부는 프랑스에서 제작한 화려한 스테인드글라스 장식과 아치형 천장 구조가 돋보인다.

📍 40 Nhà Chung, Hàng Trống, Hoàn Kiếm 🚶 호안끼엠 호수 하이랜드 커피에서 서남쪽으로 도보 6분 📍 21.02879,105.849

TIP
성 요셉 성당과 바오띠엔 탑

원래는 이곳에 '바오띠엔 탑(Tháp Báo Thiên)'이 800년 넘게 자리를 지키고 있었다. 베트남어로 '바오(Báo)'는 알리다, '티엔(Thiên)'은 하늘이란 뜻. 당시 베트남 사람들에게는 하늘에 소원을 비는 곳으로, 하노이 어디서든 볼 수 있는 12층 석탑이 있었다. 그러나 전쟁으로 인해 바오띠엔 탑은 차차 무너졌고 그 자리에 성 요셉 성당이 들어섰다.

05

하노이 기찻길 마을 Hanoi Train Street

골목길 사이로 아슬아슬하게 기차가 지나가는 마을

하노이역에서 롱비엔역까지 가는 길에 형성된 작은 동네다. 하노이 필수 코스인 '기찻길 마을'은 불과 500m 거리. 실제로 하루 3~8회가량 기차가 지나가는 마을로, 철로 양옆으로는 낡은 주택이 다닥다닥 붙어 있다. 대부분 부엌이 따로 없는 집이라 기찻길에서 요리나 빨래를 하는 현지인들의 일상을 엿볼 수 있다. 처음 마을이 형성된 건 프랑스 식민시대 이후. 물자 운반을 위한 기차가 생기면서 철도 노동자들이 일터 근처의 저렴한 주거지를 찾아 모여든 것이 지금의 모습으로 발전했다. 이후에는 기찻길을 따라 소규모 카페와 벽화 거리가 생기면서 전 세계 여행자들의 포토 스폿으로 인기를 얻었다.

◎ 74A, đường tàu, P. Trần Phú, Cửa Đông, Hoàn Kiếm
🚶 성 요셉 성당에서 서쪽으로 도보 11분
◎ 21.03009,105.84402

TIP

① 하노이 기찻길 마을은 2019년 10월 안전상의 이유로 폐쇄한 적 있다. 달려오는 기차를 피하지 않은 관광객으로 인해 기차가 급정거하는 사건이 있었기 때문이라고. 이후 입구를 폐쇄하고 공안이 출입을 통제했으나, 기찻길 마을에서 카페 영업을 하는 현지인들의 반발로 재오픈과 폐쇄를 반복하고 있다. 만일 출입을 막는다면 '카페를 이용하겠다'라고 말하면 입장 가능하다. 사진도 자유롭게 사진 찍을 수 있다.

② 기차 시각표는 평일, 주말이 다르고 수시로 변경된다. 가장 정확한 것은 베트남 철도청 홈페이지에서 확인하거나, 직접 방문해 주민에게 물어보는 것이니 아래 시간은 참고만 할 것.

2023년 7월 개편된 기차 시각표
- 하노이 ▷ 하이퐁 방향
  06:00 / 07:15 / 09:20 / 15:15 / 19:10
- 하이퐁 ▷ 하노이 방향
  08:49 / 11:52 / 17:40 / 19:03 / 21:15

③ 공안과 출입 때문에 실랑이하는 게 꺼려진다면 대체 스폿도 있다. 하노이 역에서 남쪽에 있으며 더 한적하다.
- 구글 검색: Train street coffee
- 주소: 1 P. Khâm Thiên, Khâm Thiên, Đống Đa

REAL GUIDE

기찻길 마을에서 롱비엔 기차역까지 도보 여행

100년 넘게 한자리를 지켜온 롱비엔 다리는 하노이의 현대를 상징하는 랜드마크 중 하나다. 견고하면서도 낡고 녹슨 멋이 세월의 흐름을 고스란히 보여주기 때문. 오래된 것에 매력을 느끼는 사람이라면 아래 스폿도 함께 들러보자.

❶
현지인 추천! 사진 출사 코스
롱비엔 기차역 Long Bien Station
🔊 가 롱비엔 Ga Long Biên

현지인들이 동호회 출사나 웨딩 촬영을 위해 많이 방문하는 곳이다. 하루에 운행하는 기차가 많지 않아 사진 촬영은 물론 철로를 따라 롱비엔 다리까지 걸어볼 수도 있다. 시간대를 잘 맞추면 출발 대기 중인 기차 앞에서 사진 촬영도 가능하다.

📍 Trần Nhật Duật, Đồng Xuân, Hoàn Kiếm 🚶 동쑤언 시장에서 북동쪽으로 도보 3분. 근처에서 계단이 보이면 올라가면 된다. 📞 21.03992, 105.85015

❷
롱비엔 다리 전망 루프톱 카페
세레인 카페 앤 라운지
Serein Cafe & Lounge

롱비엔 다리를 가장 시원하게 내려다볼 수 있는 카페다. 인기 있는 시간은 해 질 녘. 주황빛으로 물드는 홍강(Red River)과 롱비엔 다리를 따라 줄지어 퇴근하는 오토바이 무리가 이색적이다. 전망에 비해 음료 맛이나 가성비는 살짝 아쉽다.

📍 16 Trần Nhật Duật, Đồng Xuân, Hoàn Kiếm 🚶 롱비엔 기차역 바로 옆
💰 아메리카노 80,000동, 에그커피 139,000동
🕘 09:00~23:00
📞 21.03999, 105.85044

❸
한-베 합작 공공미술 벽화 거리
풍흥 벽화 거리 Phung Hung Street
🔊 포 빅 호아 풍흥 Phố Bích hoạ Phùng Hưng

한국과 베트남 수교 25주년을 기념해 조성한 공공미술 벽화 거리다. 규모는 크지 않지만 주로 1980~1990년대 베트남 골목길이 그려져 당시의 소소한 풍경을 엿볼 수 있다. 벽화는 아치형 돌담을 배경으로 그려져 있는데 원래 길이 있던 곳을 막아 유휴 공간이 된 곳을 그림으로 덮은 것이다.

📍 40 Phùng Hưng, Hàng Bồ, Hoàn Kiếm
🚶 반미 25에서 서북쪽으로 도보 5분. 기찻길을 따라 걸으면 보이는 벽화 📞 21.03757, 105.84627

06 롱비엔 다리 Long Bien Bridge 꺼우 롱비엔 Cầu Long Biên

길이 1,680m의 베트남에서 가장 긴 철교

프랑스 식민 시대에 설계해 1902년에 완성했다. 하노이와 하이퐁 간의 전쟁 물자 운반을 목적으로 만들었으며, 일부는 미군의 폭격으로 손실된 채 남아 있다. 롱비엔(龍編)은 '용이 뛰는'이라는 의미로 모양새도 용처럼 길고 구불구불하다. 현대에 들어서 롱비엔 다리가 의미 있는 이유는 다리 하나에 기차, 자동차, 오토바이, 자전거, 도보 이동까지 베트남의 모든 교통수단이 한 번에 지나갈 수 있기 때문인데, 현재는 노후화 문제로 일부는 제한하고 있다. 파리 에펠탑을 디자인한 귀스타브 에펠이 설계했다는 설도 있지만 이는 사실과 다르다. 그는 롱비엔 다리 아이디어 착수 전에 사임했다.

📍 Cầu Long Biên, Ngọc Thụy, Long Biên 🚶 롱비엔 기차역에서 홍강으로 이어지는 다리 🌐 21.04373, 105.85973

07 모자이크 벽화 거리 Ceramic Mosaic Mural 꼰 드엉 곰 스 Con đường gốm sứ

기네스북에도 오른 세상에서 가장 긴 모자이크 벽화

2010년 하노이가 수도로 승격한 지 1,000년이 되는 것을 기념해 완공한 길이 6.5km의 세라믹 벽화다. 흔히 벽화라 하면 페인트칠한 그림을 떠올리기 쉽지만, 이곳은 깨진 도자기를 모자이크 형식으로 하나씩 붙여 그림을 만들어낸 정성이 돋보인다. 가까이에서 보면 조각 하나에도 무늬나 그러데이션이 있는데 이는 하노이 근교 도자기 마을 밧짱에서 공수해온 것. 벽화 내용은 주로 하노이의 역사, 전통 문화, 전쟁, 노동, 관광 명소까지 다양하게 다루고 있으며 남쪽으로 내려갈수록 현대 이미지로 넘어간다. 오토바이가 빠르게 지나다니는 왕복 4차선 도로에 벽화가 있어 일부러 찾아가기엔 다소 위험하므로 공항에서 구시가지로 들어가는 차량에서 가볍게 스치듯 구경해보자. 롱비엔 철교부터 오페라 하우스 근처까지 이어진다.

📍 Hồng Hà, Phúc Tân, Hoàn Kiếm 🚶 롱비엔 기차역부터 오페라 하우스까지 이어지는 쩐 녓 주엇(Trần Nhật Duật) 거리 🌐 21.03686, 105.85382

REAL GUIDE

36가지 매력, 여행자를 위한 구시가지 골목길

구시가지가 형성된 것은 1,000년 전 리 왕조가 하노이를 수도로 정하면서부터다. 당시 36개의 상인 조합은 서로의 물품이 겹치지 않도록 거리를 나눴는데 이후 시장으로 발전하면서 지금은 70여 개의 골목길이 생겼다. 서울 남대문 시장처럼 복잡하고 미로 같아 보이지만 거리 이름을 알면 무엇을 파는지도 바로 알 수 있어 쇼핑하기는 편하다.

❶ 마른오징어

거리명 항 보(Hàng Bồ)

밤마다 마른오징어에 맥주를 파는 골목으로 변신한다. 오징어는 망치로 여러 번 두들겨 숯불에 구워주기 때문에 식감이 부드럽다. 돗자리나 목욕탕 의자에 앉아 먹을 수 있다.

❷ 아웃도어

거리명 항 다오(Hàng Đào)

한국에서 인기 있는 아웃도어 브랜드 '노스페이스(North Face)'의 생산 공장이 베트남에 있다. A+급은 수출하고 완성도가 약간 떨어지는 A급은 하노이 길거리에서 판매한다. 바람막이, 경량 패딩, 운동화를 우리 돈 3만 원대에 살 수 있다.

❸ 도장 & 그릇

거리명 항 꽛(Hàng Quạt)~토 띡(To Tich)

세상에 하나뿐인 초상화 도장을 제작할 수 있다. 사진을 보여주면 얼굴 그대로 조각해 한글 이름까지 새겨준다. 가격은 기본 70,000동, 초상화 한명 250,000동, 초상화 두 명 45,000원이다. 근처에 도자기 그릇과 제기 용품을 파는 상점도 모여 있다.

추천 가게
· Phúc lợi Stemp Shop 나무 도장

❹ 아오자이 & 라탄

거리명 항 가이(Hàng Gai)

실크 거리라고 불린다. 천을 팔던 거리가 현재는 맞춤복, 기성복, 액세서리를 파는 쇼핑 거리로 발전했다. 부티크 숍이 많으니 질 좋은 기념품을 사고 싶다면 꼭 들러보자.

추천 가게
· Vietnam Handicraft 라탄 백, 라탄 바구니

❺ 금은방 & 환전

거리명 항 박(Hàng Bạc)

항은 '물건(Hàng)', '박(Bạc)'은 하얀 은(Silver)를 뜻하는 말로 금은방이 모여 있는 거리다. 구시가지에서 가장 오래된 거리로 지폐가 없던 시절 물품과 금을 교환을 하던 데서 발전해 지금의 환전까지 담당하고 있다.

08
동쑤언 시장 Dong Xuan Market 쩌 동 쑤언 Chợ Đồng Xuân

한국의 남대문 시장을 닮은 재래시장

1889년부터 시작된 베트남 북부 최대 규모의 시장이다. 외관은 프랑스 식민 시대의 영향을 받아 5개의 아치형 문으로 장식되어 있고, 내부는 3층 구조로 중앙에 분수대가 있다. 여행자들에게 인기 있는 라탄 백, 베트남 모자(농), 그릇 등의 기념품은 주로 1층에 모여 있다. 다만 종류가 많지 않아 가볍게 구경하며 물가를 확인하는 정도가 적당하다. 아오자이를 맞추고 싶다면 마음에 드는 천을 구매한 후 근처 테일러 숍으로 가져가야 한다. 천 위주로 판매하는 도매 시장이라 많이 사면 흥정도 가능하다. 기성품도 판매하지만 종류가 한정적이라 원하는 디자인이 없다면 항가이 거리나 따히엔 맥주 거리 근처에서 사는 것을 추천한다. 열대 과일은 시장 건물 뒤쪽 길거리에서 살 수 있다. 다른 곳에 비해 가격도 저렴하고 싱싱한 편이다.

📍 Đồng Xuân, Hoàn Kiếm 🚶 롱비엔역에서 서남쪽으로 도보 3분 🕐 06:00~19:00
📍 21.0381, 105.84942

09 하노이 야시장 Hanoi Night Market 쩌 뎀 퍼 코 하노이 Chợ Đêm Phố Cổ Hà Nội

기념품 쇼핑과 길거리 음식을 한 번에

하노이 여행에 주말을 꼭 포함시켜야 하는 이유는 야시장 때문이다. 평일엔 오토바이 소음으로 가득하지만, 주말 저녁이면 차량을 통제하고 골목길 가득 가판대로 채워진다. 여행자들이 주로 찾는 라탄 백, 과일 무늬 잠옷, 베트남 모자도 여기서 한 번에 쇼핑하는 게 편하다. 눈썰미가 좋다면 운동화, 바람막이, 경량 패딩도 눈여겨보자. 베트남에 생산 공장을 둔 브랜드 제품을 저렴하게 판매하기도 한다. 길거리 음식으로는 닭꼬치, 열대 과일, 철판 아이스크림은 물론 떡볶이랑 김밥도 있다. 위치는 호안끼엠 호수 앞 하이랜드 커피부터 동쑤언 시장까지. 주말엔 야시장 쇼핑 후 맥주 거리까지 함께 즐겨도 좋다.

📍 Hàng Đào, Hoàn Kiếm 🚶 하이랜드 커피에서 북쪽으로 도보 2분
🕐 금~일 18:00~24:00 📍 21.0334, 105.85093

10 따히엔 맥주 거리 Ta Hien Beer Street 포 비아 따 히엔 Phố bia Tạ Hiện

하노이에서 가장 활기 넘치는 맥주 골목

서울 을지로에 노가리 골목이 있다면, 하노이에는 따히엔 맥주 거리가 있다. 밤이면 차량을 통제하고 수많은 인파가 시끌벅적하게 어울려 길거리에서 맥주 한잔 마시는 분위기가 닮았다. 한국인 여행자들에게는 tvN 〈짠내투어〉에서 박나래가 우리 돈 250원으로 맥주를 마시는 장면이 나와 유명해졌다. 지금은 우리 돈 2,000원 내외로 가격이 올랐다. 베트남 스타일로 마시고 싶다면 얼음이 든 컵을 요청하자. 맥주에 얼음을 타 마시면 더욱 시원하다. 골목길 뒤쪽으로 갈수록 호객 행위가 매우 심한 편이니 원치 않는다면 거절은 제대로 하는 것이 좋다. 매일 운영하지만 가장 붐비는 때는 금·토·일 저녁 7시 전후다.

 Tạ Hiện, Lương Ngọc Quyến, Hàng Buồm, Hoàn Kiếm 하노이 에센스 디오리엔트 호텔에서 도보 1분 맥주 1병 4,000동, BBQ 1인 200,000동 19:00~23:00 21.03468,105.85216

REAL GUIDE

따히엔 맥주 거리 안주 페어링

좋은 맥주에는 좋은 안주도 필요한 법! 따히엔 맥주 거리에 들어섰는데 어떤 것을 먹어야 할지 막막하다면 다음을 참고하자. 지역별 맥주와 잘 어울리는 안주를 더했다.

저녁 식사 대용으로 든든하게!

페어링 비아 하노이 × BBQ   **도수** 5.1%   **종류** 라거
특징 홉 특유의 쌉쌀한 맛이 나며 끝 맛이 건조하고 깔끔하다.

하노이의 대표 맥주. 맥주만 마시면 단조로운 편이지만, 특유의 잡내가 있는 요리와 함께 마시면 끝 맛을 깔끔하게 잡아준다. 추천 안주는 저녁 식사 대용으로 먹기 좋은 BBQ 메뉴다. 미니 프라이팬에 고기, 새우, 오징어, 채소 등이 나오는데, 별미는 한쪽에 버터를 바르고 구워 먹는 바게트이니 이 또한 놓치지 말자(BBQ 200,000동).

맥주엔 튀김 안주지!

페어링 비아 사이공 × 반쎄오(Bánh xèo)   **도수** 4.9%   **종류** 페일 라거
특징 첫맛은 고소하며 가볍고 목 넘김이 부드럽다.

베트남 맥주 판매율 1위 '비아 사이공'은 남부 지역의 대표 맥주다. 고소한 맛과 탄산이 강한 것이 특징이며 튀김류와 잘 어울린다. 안주는 우리 입맛에도 잘 맞는 베트남식 부침개 '반쎄오'를 추천한다. 찹쌀가루로 반죽해 식감이 바삭하다. 새로운 튀김 안주에 도전하고 싶다면 베트남식 돼지고기 튀김 '넴쭈어란'도 잘 어울린다(반쎄오 95,000동, 넴쭈어란 100,000동).

가볍게 딱 한 잔만!

페어링 타이거 크리스털 × 오징어   **도수** 4.5%   **종류** 미국식 페일 라거
특징 가볍고 깔끔하며 청량감이 강하다.

타이거 맥주 본사는 싱가포르지만, 공장은 베트남에 있어 저렴하게 즐길 수 있다. 그중 젊은 층에게 인기 있는 것은 타이거 크리스털. 라임을 추가로 요청할 수 있는데 맥주병 입구에 한 조각 넣으면 상큼한 맛이 더해진다. 안주는 짭조름한 구운 오징어를 추천한다. 양이 많지 않아 부담 없고, 칠리소스도 함께 주기 때문에 친근한 맛으로 먹을 수 있다(구운 오징어 200,000동).

11 탕롱 수상인형극장 Thang Long Water Puppet Theatre 냐 핫 무어 로이 탕롱 Nhà hát múa rối Thăng Long

베트남 북부의 삶이 담긴 '물 위의 인형극'

베트남 말로 '무어 로이 느억(Múa rối nước)'은 물에서 춤추는 인형들이란 뜻. 과거 베트남 북부 홍강(Red River) 지역 농민들이 물이 찬 논에서 인형극을 펼치던 것이 지금의 공연으로 발전했다. 내용은 주로 농사, 가족, 하노이의 전설 등 베트남 문화와 관련된 짧은 단막극이다. 베트남에서 유일하게 365일 운영되는 수상인형 전용 극장이며 총 300석 규모로 매일 3~4회 공연한다. 인형이 30~100cm 내외로 크지 않기 때문에 가능하면 앞좌석에 앉는 것이 좋다. 무대 중앙에는 연못이 있고 양쪽으로 배경음악을 라이브로 연주하는 악사들이 있다. 베트남어를 이해하지 못해도 인형들의 연기가 익살스러워서 한 번쯤 볼 만하다.

📍 57B Đinh Tiên Hoàng, Hàng Bạc, Hoàn Kiếm 🚶 하이랜드 커피에서 동쪽으로 도보 3분
₫ 200,000동(Type1), 150,000동(Type2), 100,000동(Type3) 🕐 16:10, 17:20, 18:30(월~일), 20:00(금~일) 📞 +84-24-3824-9494 🏠 thanglongwaterpuppet.org
📍 21.0317, 105.85334

TIP 탕롱 수상인형극 순서
① 전통 악기 독주 및 합주 공연
② 인형극 및 공연을 이끄는 사람 소개
③ 본격적인 행사의 시작
④ 4마리의 용이 불을 뿜으며 춤
⑤ 물소 등 위에서 피리 부는 소년
⑥ 농부들의 밭 갈기, 모심기
⑦ 개구리 잡기
⑧ 오리 잡는 여우 쫓아내기
⑨ 낚시
⑩ 장원 급제와 금의환향
⑪ 물놀이 하는 어린이
⑫ 봉황춤
⑬ 레러이 왕과 호안끼엠 호수의 전설
⑭ 물 위에서 노는 소녀
⑮ 배 경주
⑯ 중국 용춤
⑰ 선녀춤
⑱ 4가지 신비한 생물(용, 기린, 거북이, 봉황)의 춤

01 반미 25 ◀) 반미 하이 므어이 람 Bánh Mì 25

쌀로 만든 베트남식 바게트 샌드위치

반미는 바게트를 반으로 갈라 절인 채소와 고기를 넣은 베트남식 샌드위치다. 일반 바게트와 달리 쌀로 만들어 겉은 바삭하고 속은 부드럽다. 채소는 베트남의 더운 날씨를 고려해 피클처럼 절여서 넣는다. 대부분 반미는 길거리에서 파는데 '반미 25'는 오랜 인기 덕에 정식 매장으로 자리 잡았다. 채소부터 파테(Pâté, 돼지나 닭의 간을 갈아 만든 소스)까지 종류가 매우 다양해 처음 먹는 사람도 취향껏 선택할 수 있다. 한국인 여행자 입맛에 잘 맞는 건 돼지고기 반미 믹스. 고수는 빼달라고 할 수도 있다. 지도를 따라 찾아가면 두 곳이 마주 보고 있는데 25번지에서 주문하고 대각선 맞은편 매장에서 먹는 방식이다. 포장도 가능.

📍 25 Hàng Cá, P, Hoàn Kiếm 🚶 따히엔 맥주 거리에서 북동쪽으로 도보 5분 🍴 돼지고기 반미 믹스 40,000동, 아보카도 스무디 40,000동 🕐 07:00~21:00 📞 +84-97-766-88-95 🌐 21.03604, 105.84864

02 분보남보 Bún Bò Nam Bộ ♥

감칠맛으로 먹는 베트남식 비빔국수

우리나라 비빔국수는 매콤한 맛이 특징이라면 베트남 비빔국수의 특징은 감칠맛이다. 샐러드에 가까울 정도로 면보다 고명이 많은데 얇게 구운 소고기, 숙주, 땅콩 가루, 마늘 플레이크, 절인 파파야 등의 재료에 피시 소스를 조합해 달짝지근한 맛을 낸다. 분보남보는 '남쪽 스타일 소고기 쌀국수'라는 뜻. 이름 그대로 남부 지방 비빔국수 분팃보싸오(Bún thịt bò xào)에서 영향을 받아 북부식으로 변형되었다는 의견도 있고, 원래 남보(Nam Bộ)가 하노이의 옛 거리라는 의견도 있어 정확한 유래는 엇갈린다. 현지인들에게도 인기가 많아 점심때는 대기할 수도 있다. 아무리 바빠도 고기는 주문 즉시 굽는다. 튀긴 빵(Bánh bao)이 별미.

📍 67 Hàng Điếu, Cửa Đông, Hoàn Kiếm 🚶 베트남 텅 극장(Vietnam Tuong Theatre)에서 북쪽으로 도보 1분 🍴 소고기 쌀국수 샐러드(Beef Noodle Salad) 65,000동, 튀긴 빵(Dumpling Cake) 6,000동 🕐 07:30~22:30 📞 +84-24-3923-0701 🌐 21.03216, 105.84691

03 퍼 지아 쭈웬 *Phở gia truyền*

백종원도 인정한 하노이 솔 푸드 쌀국수

요리 연구가 백종원이 EBS 〈세계견문록〉에서 이곳의 쌀국수 국물을 맛보고는 "이건 차원이 다르다. 거짓말 하나도 안 보태고 맛있다"고 했다. 하노이 쌀국수 맛집 No.1으로 꼽히는 퍼 지아 쭈웬은 이처럼 깊은 육수 맛이 돋보이는 곳으로 언제 방문해도 변함없이 일정한 맛을 낸다. 고명으로 나오는 소고기는 익힘 정도를 3가지로 선택할 수 있는데, 살짝 덜 익힌 고기(Tái)를 뜨거운 국물에 서서히 익혀 먹으면 풍미가 더해진다. 내부는 고깃덩어리가 치렁치렁 걸려 있어 위생적인 부분은 감안해야 하며, 워낙 바쁘다 보니 직원들도 무뚝뚝한 편이다. 식사 시간에는 항상 대기 줄이 있고 재료 소진 시 수시로 문을 닫는 것도 유의. 주문 시 선결제에 합석은 기본이다.

- 📍 49 Bát Đàn, Cửa Đông, Hoàn Kiếm　🚶 분보남보에서 북쪽으로 도보 3분. 갈색 나무 간판
- 💰 쌀국수(Phở Tái Nam) 60,000동　🕐 06:00~10:00, 18:00~20:30(재료 소진 시 마감)
- 📞 21.03358, 105.84638

TIP
퍼 지아 쭈웬 쌀국수 메뉴판
- **Phở tái nạm** 반만 익힌 고기+소 옆구리 살 👍
- **Tái nạm** 반만 익힌 고기
- **Chín** 전부 익힌 고기
- **Trứng gà** 달걀노른자 국
- **Quẩy** 튀긴 꽈배기(쌀국수 국물에 서서히 불려 먹는 것)

04
퍼 10 리꿕수 Phở 10 Lý Quốc Sư

문재인 대통령이 다녀간 하노이 대표 쌀국숫집

'퍼 지아 쭈웬'은 진한 육수 맛, '퍼 10 리꿕수'는 깔끔하고 담백한 맛으로 승부한다. 영업시간이 일정하고 식당 내부 위생도 퍼 지아 쭈웬에 비하면 무난한 편이라 쌀국수을 처음 먹는 사람들에게 권하는 식당이다. 우리에겐 문재인 대통령이 다녀간 쌀국수 맛집으로 알려져 있는데, '퍼 10 리꿕수'는 체인점으로 실제로 대통령이 방문한 곳은 서호(Hồ Tây) 지점이다. 하노이 외에 사파, 호치민에도 있으며 맛은 리꿕수 거리에 있는 본점이 가장 평이 좋다. 고기의 익힘 정도를 선택할 수 있고 영어 메뉴판이 있어 주문도 수월하다. 식탁마다 라임, 매운 고추, 절인 마늘이 있으니 취향껏 넣어 먹자.

📍 10 Lý Quốc Sư, Hàng Trống, Hoàn Kiếm 🚶 성 요셉 성당에서 북쪽으로 도보 2분, 주황색 간판 🍴 쌀국수(Phở Tái) 60,000동 🕐 06:00~22:00 📞 +84-898-259-632
📍 21.03049, 105.84878

TIP
로컬들의 쌀국수를 맛보고 싶다면

기찻길 마을 근처 먹자골목 '똥주이떤(Tống Duy Tân)'에 들르자. 매일 밤이 되면 저렴한 가격에 현지 음식을 먹을 수 있다. 다른 식당에선 쉽게 찾기 힘든 볶은 쌀국수는 물론 해산물 쌀국수도 있다.

REAL GUIDE

하노이 사람들의 솔 푸드
'쌀국수' 제대로 알고 먹자

쌀국수의 역사는 의외로 짧다. 프랑스 식민 시대였던 1900년대 초 하노이 근교 공장 노동자들이 고기 국물에 국수를 말아 먹기 시작한 것이 지금의 모습으로 발전했다. 이후 전쟁 난민들이 세계 곳곳에 정착하면서 쌀국수가 베트남을 대표하는 음식으로 자리 잡았다. 북부 스타일은 재료 본연의 맛을 살려 담백하고 깔끔한 맛이 특징이다.

베트남 고수

바질

향신 채소

고수는 먹어도 쿨란트로는 못 먹는 사람이 있다.
베트남의 향채는 종류가 매우 다양하니 입맛에 맞는 걸로 골라 먹자.

❶ 고수 Rau mùi 자우 무이
❷ 베트남 고수 Rau răm 라우 람
❸ 바질 Húng quế 홍 꿰
❹ 쿨란트로 Ngò gai 응어 가이
❺ 소엽 Tía tô 띠어 또

TIP
"고수 빼주세요!" 베트남어로!
"Không cho rau mùi" 콤 쩌 자우 무이

소엽

쌀국수 맛있게 먹는 법

❶ 뜨거운 국물부터 한 숟가락 맛본다.
❷ 국물에 튀긴 빵 '꿔이(Quẩy)'를 풀어둔다.
❸ 면발을 후루룩 먹는다.
❹ 반쯤 먹었다면 취향껏 라임, 고추, 소스를 넣는다.
❺ 국물에 풀어진 꿔이를 먹는다.
❻ 남은 국물은 진한 육수 맛으로 마신다.

고수

쿨란트로

05 피자 포피스 Pizza 4P's 🧡

화덕 피자와 달랏 치즈가 만났을 때

베트남까지 가서 굳이 피자를 먹을 이유가 있을까 싶겠지만, 꾸준히 높은 평점을 유지하는 곳은 이유가 있는 법이다. 쫄깃함과 바삭함이 공존하는 화덕 피자만으로도 충분히 맛있지만, 이곳만의 차별점은 치즈다. 초창기 베트남에선 신선한 치즈를 구하기가 매우 어려웠는데, 이에 창업주인 요스케 마스코 씨가 25가지 우유를 직접 테스트하며 자체적으로 치즈를 생산하게 되었다고. 이후 2012년 호치민에 첫 매장을 열었고, 지금은 전 매장에서 매일 베트남 달랏에서 공수한 치즈를 사용하고 있다. 가장 인기 메뉴는 치즈 한 덩이를 통째로 넣어주는 부라타 피자. 2가지 맛으로 반반 선택도 가능하다. 항상 대기 줄이 있으니 사전 예약 후 방문하자. 호안끼엠 남부 짱띠엔 지점, 롯데센터에도 있다.

📍 11B, Bao Khanh Alley, Hàng Trống, Hoàn Kiếm 🚶 호안끼엠 호수 하이랜드 커피에서 서쪽으로 도보 4분 🍴 부라타 피자 298,000동, 게살 토마토 스파게티 248,000동(서비스 차지 & 세금 15% 별도) 🕐 10:30~22:00(평일), 10:30~22:30(주말) 📞 +84-28-3622-0500 🏠 pizza4ps.com/reservation
🌐 21.03111, 105.85018

06 짜가 탕롱 Chả cá Thăng Long

하노이 사람들의 보양식 가물치튀김

현지인들에게 하노이 지역 음식을 추천해달라고 하면 하나같이 '짜가(Chả cá)'를 꼽는다. 짜가는 민물 생선인 가물치로, 피로 회복 및 산후 조리에 좋은 고단백 보양식이다. 호수가 많은 하노이에서 몇 안 되는 해산물 요리가 바로 이 가물치튀김. 주문을 하면 뜨거운 냄비에 한입 크기로 자른 생선살만 튀기듯 볶아주는데, 비린내가 거의 없고 담백하다. 맛의 비결은 '딜'이라는 향채와 파를 듬뿍 넣어 생선의 잡내를 잡아주기 때문. 여기에 땅콩, 고추, 면, 소스 등을 곁들이면 된다. 하노이에는 짜가 거리가 있을 만큼 짜가 음식점이 많지만 '짜가 탕롱'은 가물치튀김은 물론 맥주와 디저트까지 세트 구성이 좋아 여행자들에게 인기가 많다. '짜가 라봉'과 헷갈리지 않도록 주의!

📍 6B Đường Thành, Cửa Đông, Hoàn Kiếm 🚶 따히엔 맥주 거리에서 서쪽으로 도보 10분 🍴 가물치튀김 세트(1인) 176,000동
🕐 10:30~21:00 📞 +84-24-3828-6007
📍 21.03579, 105.84932

07 분짜 타 하노이 Bún Chả Ta Hà Nội

깔끔하고 에어컨 있는 분짜 식당

분짜는 얇은 쌀국수를 뜻하는 '분(Bún)'과 다진 돼지고기 완자 '짜(Chả)'를 합친 하노이의 대표 음식 중 하나다. 대부분의 분짜 식당이 노점인 데 반해 '분짜 타 하노이'는 에어컨이 있는 실내 공간에서 쾌적하게 먹을 수 있다. 처음 분짜를 맛보는 사람들이 깔끔하게 먹을 수 있는 곳을 찾는다면 추천한다. 분짜 먹는 법은 국물 소스를 듬뿍 적신 고기 완자를 쌀국수 면과 향채를 넣고 쌈을 싸서 먹으면 된다. 직원들이 직접 시범을 보여주니 참고하자. 영어 주문도 가능하다. 도보 1분 거리에 에그 커피로 유명한 '카페 지앙 P.135'이 있으니 식후에 들러보는 것도 좋다.

📍 21 Nguyễn Hữu Huân, Lý Thái Tổ, Hoàn Kiếm 🚶 탕롱 수상인형극장에서 북동쪽으로 도보 6분 🍴 분짜 타 풀 옵션(1인 세트 메뉴) 100,000동, 베트남 쌀 위스키(1잔) 30,000동 🕐 08:00~22:00 📞 +84-96-684-83-89 📍 21.03433, 105.85448

파인 다이닝

하노이는 관공서가 많아 접대용 파인 다이닝 레스토랑이 발달했다. 대부분 프랑스 식민 시절 주택을 리모델링해서 레스토랑으로 사용한다. 외관은 프랑스인데 요리는 베트남식! 메뉴도 프랑스처럼 애피타이저, 메인, 디저트 순서로 주문한다.

08 하노이 가든 레스토랑 Hanoi Garden Restaurant

도심 속 비밀 정원에서 고급 정찬

1998년에 문을 열어 20년 넘게 전통을 잇는 하노이 파인 다이닝의 원조다. 입구를 따라 들어가면 화분이 여럿 걸려 있고, 한쪽 벽면에는 물줄기가 잔잔하게 흐른다. 겉보기에는 아담한 건물이지만 최대 200명까지 수용 가능하다. 주 메뉴는 베트남 퓨전 요리. 인기 메뉴인 '구운 오리와 튀긴 빵'은 평이 좋으니 꼭 주문하자. 껍질은 바삭하고 속은 촉촉하다. 고급 레스토랑이라 가격은 2인이 요리 3개를 주문한다면 우리 돈 5만 원 정도는 예상해야 한다. 저녁 시간대에 좋은 자리를 잡고 싶으면 예약을 권한다.

📍 36 Hàng Mành, Hàng Gai, Hoàn Kiếm 🚶 퍼 10 리꿱수에서 북쪽으로 도보 1분 💵 구운 오리와 튀긴 빵 286,000동, 대나무 훈제 소고기 264,000동(서비스 차지 & 세금 15 % 별도) 🕐 11:00~22:00(브레이크 타임 14:00~17:00) 📞 +84-24-3824-3382 🏠 hanoigarden.vn 📍 21.03153, 105.84831

09
에센스 레스토랑 Essence Restaurant

베트남 음식을 깔끔한 곳에서 먹고 싶을 때

한국 여행자들에게 유명한 파인 다이닝 레스토랑이다. 깔끔한 베트남 음식을 여러 종류 맛보고 싶다면 가볼 만하다. 아리아 호텔 7층에 있으며, 창가 쪽 테이블에서는 아기자기한 베트남 주택 전망을 내려다볼 수 있다. 메뉴는 애피타이저, 메인, 디저트, 음료까지 3코스 요리로 구성된 세트 메뉴와 단품 요리가 있다. 베트남 음식 중에서도 쌀국수, 분짜, 스프링롤, 반쎄오가 평이 좋다. 식사 후에는 은근히 후기 작성을 권해서, 실제 만족도 대비 평점은 약간 높은 편.

📍 38A P. Trần Phú, Điện Biên, Ba Đình 🚶 하노이 기찻길 마을에서 도보 3분 💰 세트 메뉴(1인 3코스) 590,000동~, 한국어 메뉴판 있음 🕐 06:30~22:00 📞 +84-24-3935-2485
🏠 essencedining.com 📍 21.03063, 105.8419

> **TIP 함께 비교해 보세요**
> - **Home Mộc Restaurant** 베트남 북부의 다양한 음식을 코스 요리로 푸짐하게 먹을 수 있는 곳 P.181
> - **Quán An Ngon** 베트남 북부부터 남부까지 지역별 음식을 한 번에 맛볼 수 있는 곳 P.179

10
두옹스 레스토랑 Duong's Restaurants

베트남의 유명 셰프가 운영하는 레스토랑

베트남의 백종원이라 불리는 즈엉스 호앙 반 즈엉(Hoàng Văn Dương)이 운영하는 레스토랑이다. 그는 요리 경연 서바이벌 프로그램 <탑 셰프 베트남>의 멘토 셰프로 유명하며, 자체 쿠킹 클래스도 운영하고 있다. 여행자 후기 사이트 '트립어드바이저'에서 꾸준히 상위권을 유지하는 레스토랑답게 맛과 서비스 모두 훌륭하다. 인기 메뉴는 베트남 트래디셔널 세트. 총 4가지 코스로 전채 요리, 쌀국수, 분짜(혹은 짜가탕롱), 디저트가 순서대로 나온다. 쌀국수는 면이 퍼지지 않도록 주전자에 국물을 담아 먹기 전에 바로 부어주는 것이 특징이다. 가격대에 비해 인테리어는 단출하다.

📍 27 Ngõ Huyện, Hàng Trống, Hoàn Kiếm
🚶 성 요셉 성당에서 도보 2분 💰 트래디셔널 세트 380,000동, 웨스턴 세트 480,000동(서비스 차지 & 세금 15% 별도) 🕐 11:00~21:30
📞 +84-24-3636-4567
🏠 info@duongsrestaurant.com(예약)
📍 21.02946, 105.84258

11

T.U.N.G 다이닝 T.U.N.G Dining

진정한 미식가를 위한 테이스팅 메뉴

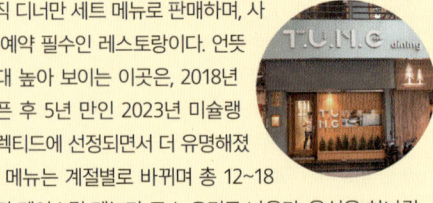

오직 디너만 세트 메뉴로 판매하며, 사전 예약 필수인 레스토랑이다. 언뜻 콧대 높아 보이는 이곳은, 2018년 오픈 후 5년 만인 2023년 미슐랭 셀렉티드에 선정되면서 더 유명해졌다. 메뉴는 계절별로 바뀌며 총 12~18가지 테이스팅 메뉴가 코스 요리로 나온다. 음식은 하나같이 섬세하고 독창적이다. 재료도 트러플, 캐비아, 비둘기 같은 고급 재료를 활용한다. 플레이팅도 예술적이라 보는 재미까지 더했다. 다만 가격이 우리 돈 1인 15~20만 원으로 베트남 물가치고는 말도 안 되는 수준이다. 그래도 한국의 100대 레스토랑 디너 코스 가격에 비하면 반값인 셈이니 경험 삼아 한 번쯤 가볼 만하다.

📍 2C P. Quang Trung, Hàng Trống, Hoàn Kiếm 🚶 성 요셉 성당에서 남쪽으로 도보 3분 💰 디너 코스 2,150,000동(계절별 가격 변동/서비스 차지 7%, 세금 10% 별도) 🕐 18:00~23:00(월 휴무) 📞 +84-859-933-970 🌐 tungdining.com 📷 @tungdi 📌 21.0269, 105.85001

12

비건 파인 다이닝 Vegan Fine Dining Nhà hàng chay Cái Mâm Bistro

채식 메뉴를 선보이는 파인 다이닝

베트남은 인구의 약 10%가 채식을 즐긴다(한국은 3%). 동물 보호보다는 종교적인 이유에서 채식을 실천하는 사람이 많지만, 덕분에 곳곳에서 채식 레스토랑을 심심찮게 볼 수 있다. '비건 파인 다이닝'은 2022년에 새로 생긴 곳으로 성 요셉 성당 근처에 있어 접근성이 좋다. 애피타이저, 메인, 디저트 순서대로 코스 요리로 주문하며, 채식으로 이렇게 다양한 요리를 만들 수 있다는 것에 다시 한 번 놀라게 된다. 다른 채식 레스토랑에 비해 가격이 비싼 편이라, 가격 대비 만족도를 원한다면 아래도 비교해 보자.

📍 09 P. Nhà Thờ, Hàng Trống, Hoàn Kiếm 🚶 성 요셉 성당에서 동쪽으로 도보 1분 💰 Deep-fied Purple Patato with Seaweed 150,000동, Organic Noodles 450,000동 🕐 10:30~22:00 📞 +84-367-908-008 🌐 finediningvegan.com 📌 21.02896, 105.85006

TIP
함께 비교해 보세요

- **Ưu Đàm Chay** 하노이 채식 레스토랑의 대중화를 이끈 원조집
- **Sadhu Vegetarian Restaurant** 베트남 채식 요리 무제한 뷔페

13

반꽁 레스토랑 Ban công Restaurant

베트남 주택을 개조한 빈티지 감성 브런치 카페

반전 매력이 있는 곳이다. 겉보기엔 입구가 작아 자칫 지나치기 쉬우나, 막상 들어서면 총 4층까지 넓은 공간이 이어진다. 원래 베트남 주택이던 곳을 개조해 만든 이곳은, 층별로 방이 나누어져 있고 테라스와 다락방도 있어 구석구석 구경하는 재미가 있다. 참고로 반꽁(Bancông)이란 발코니란 뜻이다. 메뉴는 브런치, 샐러드, 파스타, 스테이크와 같은 인터내셔널 음식과 베트남 음식을 함께 판매하며 음료 종류도 다양하다. 느긋하게 식사하고 커피까지 즐기며 아지트처럼 오래 머물고 싶은 곳이다.

📍 Số 2 P. Đinh Liệt, Hàng Đào, Hoàn Kiếm 🚶 따히엔 맥주 거리에서 남쪽으로 도보 1분 💰 에그 베네딕트 135,000동, 스파게티 145,000동 🕐 08:00~23:00 📞 +84-96-530-0860 📍 21.0337, 105.85197

14

에스 앤 엘스 다이너 S&L's Diner

1만 원대에 즐기는 미국식 스테이크

스테이크를 파는 캐주얼한 미국식 식당. 가게 이름인 'S&L's Diner'는 미국인 동업자인 스티븐과 론의 이름을 딴 것. 개업 당시 하노이에는 주로 외국인 대상 고급 레스토랑이 많았는데, 그 틈에서 최초로 캐주얼한 미국식 패스트푸드 식당을 열었다. 인기 메뉴는 수제 햄버거와 스테이크. 이 외에도 아침, 브런치, 디너 메뉴도 판매한다. 그간 하노이에서 쌀국수만 먹는 게 질렸다면 한 번쯤 갈만하다. 내부는 전체적으로 어두운 편이지만 빨간색 의자로 포인트를 줘 캐주얼한 느낌을 살렸다.

📍 24 Đường Thành, Cửa Đông, Hoàn Kiếm 🚶 성 요셉 성당에서 호안끼엠 호수 방향으로 도보 3분 💰 수제 버거 150,000동, BBQ 폭립 240,000동, 뉴욕 스테이크 320,000동(서비스 차지 & 세금 15% 별도) 🕐 10:30~22:00 📞 +84-24-3710-0529 🏠 sldiner.com 📍 21.03213, 105.84651

15 반꾸온 바오칸 Quán bánh cuốn Bảo Khánh

따뜻한 맛에 먹는 현지인들의 아침 식사

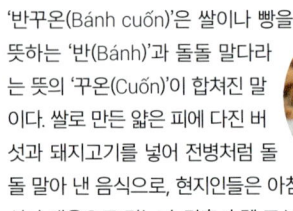

'반꾸온(Bánh cuốn)'은 쌀이나 빵을 뜻하는 '반(Bánh)'과 돌돌 말다라는 뜻의 '꾸온(Cuốn)'이 합쳐진 말이다. 쌀로 만든 얇은 피에 다진 버섯과 돼지고기를 넣어 전병처럼 돌돌 말아 낸 음식으로, 현지인들은 아침 식사 대용으로 먹는다. 간혹 호텔 조식 메뉴로 나오기도 하는데, 확실히 전문점에서 먹는 맛과는 차이가 있다. 바로 만든 반꾸온은 따뜻하면서도 촉촉한 식감이 일품! 그 맛을 유지하기 위해선 주문 즉시 쪄내야 한다. 반꾸온 바오칸은 호안끼엠 호수 근처에 있어 접근성이 좋으니, 지나가는 길이라면 가볍게 맛볼 만하다.

📍 14 P. Báo Khánh, Hàng Trống, Hoàn Kiếm 🚶 에프리콧 호텔에서 북쪽으로 도보 3분 🍴 반꾸온 30,000동, 쌀국수 40,000동, 솟방 45,000동 🕐 06:00~13:30, 16:30~21:00 📞 +84-983-342-242 🌐 21.03024, 105.85040

16 쏘이옌 Xôi Yến

소박하지만 감칠맛 나는 녹두 찹쌀밥

하노이는 길거리 음식이 발달한 나라다. 특히 생긴 건 소박해 보이지만, 막상 맛을 보면 기대 이상인 음식이 많은데 '쏘이 쎄오(녹두 찹쌀밥)'도 그중 하나. 베트남 사람들이 아침 식사로 즐겨 먹는 이 음식은 강황을 넣은 찹쌀밥에 어묵, 소시지, 말린 양파, 고기 등을 토핑해 먹는다. 길거리 음식이다 보니 정확한 위치를 찾기 어려운 경우가 많은데, 쏘이옌은 단독 점포로 운영하고 있어 찾기도 쉽고 앉아 먹기도 수월하다. 영어 메뉴판도 있는데 주문할 때는 먼저 밥 종류(강황, 기본, 옥수수)를 고른 후 토핑을 결정하면 된다.

📍 35b Nguyễn Hữu Huân, Hàng Bạc, Hoàn Kiếm 🚶 따히엔 맥주 거리에서 남동쪽으로 도보 5분 🍴 강황 찹쌀밥 20,000동, 믹스 찹쌀밥 45,000동 🕐 06:00~12:00 📞 +84-24-6259-3818 🌐 21.03373, 105.85452

17 하이랜드 커피 Highlands Coffee

호안끼엠 호수 전망! 스타벅스보다 유명한 베트남의 대표 카페

하노이에서 보기 드문 에어컨 있는 카페로, 구시가지 초입에 있고 호안끼엠 호수와 광장을 동시에 내려다볼 수 있어 오가며 들르기 좋다. 전망 좋은 좌석은 카페 3층 테라스. 해 질 녘 줄지어 퇴근하는 오토바이 떼를 내려다보고 있으면 여기가 베트남이라는 걸 실감하게 된다. 하이랜드 커피는 2000년 하노이에 처음 매장을 낸 이후 2년 만에 베트남 최대 체인 카페로 성장했다. 손으로 직접 원두를 골라내고, 베트남식 금속 필터 '핀(Phin)'을 이용해 커피 액을 천천히 떨어뜨려 추출하는 것이 특징. 셰이크 종류인 '프리즈(Freez)'는 커다란 젤리가 들어 있어 식감이 특이하다.

📍 5 Đinh Tiên Hoàng, Hàng Trống, Hoàn Kiếm 🚶 호안끼엠 호수 응옥선 사당에서 회전 교차로 쪽으로 도보 4분 💲 핀 쓰어다 35,000동, 그린티 핀 프리즈 59,000동 🕐 07:00~23:00 📞 +84-24-7106-5858 🌐 21.03211, 105.85173

18 콩 카페 Cộng Cà Phê

코코넛 커피가 일품! 베트남 공산당을 콘셉트로 한 카페

콩 카페는 2007년 하노이에서 처음 문을 연 이후 꾸준히 확장해 현재 하노이에만 26개의 매장이 있다. 덕분에 하노이 주요 관광지에선 콩 카페를 쉽게 찾아볼 수 있다. 이곳 역시 성 요셉 성당 바로 맞은편에 자리하고 있다. 콩 카페의 꽁(Cộng)은 국가명인 베트남 사회주의 공화국에서 '공화국(Cộng hòa)'을 뜻한다. 베트남 전쟁 시절의 모습을 테마로 외관을 군청색으로 칠해 견고해 보이지만, 내부는 빨간 장미꽃 패턴으로 포인트를 줘 감각적이다. 인기 메뉴는 코코넛 커피. 커피의 쓴맛과 코코넛 아이스크림의 달콤한 맛이 만나 조화롭다. 항상 사람이 많아 자리 잡기가 힘들다.

📍 27 Nhà Thờ, Hàng Trống, Hoàn Kiếm 🚶 성 요셉 성당 맞은편
💰 코코넛 커피 49,000동, 망고 스무디 59,000동 🕖 07:00~23:30
📞 +84-91-181-11-33 📍 21.02884, 105.84956

19 카페 지앙 Cafe Giảng

걸쭉한 거품 맛으로 먹는 베트남 최초의 에그 커피

에그 커피는 커피에 넣을 우유가 부족해 달걀 거품을 대신 넣던 것이 지금의 모습으로 발전했다. 가게 이름인 '카페 지앙(Cafe Giảng)'은 당시 에그 커피를 처음 선보인 메트로폴 호텔의 바텐더 응우옌 반 지앙(Nguyễn Văn Giảng)의 이름에서 따온 것. 에그 커피지만 비린내가 거의 없으며, 달걀 노른자의 거품만 쓰기 때문에 커스터드처럼 부드러운 식감이 특징이다. 시간이 지나면서 거품이 굳는 것을 방지하기 위해 뜨거운 컵을 내어주는 것도 이곳만의 차별점. 2019년 북미 정상회담 기간에는 베트남식 커피를 소개할 목적으로 매일 프레스센터에 1,000잔씩 무료로 제공했다.

📍 39 Nguyễn Hữu Huân, Hàng Bạc, Hoàn Kiếm 🚶 탕롱 수상인형극장에서 북동쪽으로 도보 4분. 동그란 갈색 간판을 따라 작은 통로로 들어가야 한다. 🍴 에그 커피 35,000동, 에그 코코아 35,000동
🕘 07:00~22:00 📍 21.03245, 105.85448

20 카페 딩 Cafe Đinh

에그 커피에 라테 아트를 더하다

'카페 지앙'의 라이벌 카페. 맛에 대한 평가는 두 곳 모두 상위권이지만 '카페 딩'은 보는 재미까지 더했다. 에그 커피 거품 위에 초콜릿 시럽으로 꽃을 그려주는데, 우리가 생각하는 정형화된 라테 아트가 아니라 동양식 난초를 그려준다. 가족이 운영하는 카페로 매번 누가 그려주느냐에 따라 정교함이 다른데 아흔 넘은 할머니의 라테 아트 솜씨가 가장 훌륭하다. 과연 카페가 맞나 싶을 정도로 허름한 통로를 따라 올라가야 입구가 나오며, 내부 공간도 매우 협소한 편. 위생은 크게 기대하지 말자. 흡연 가능한 카페라 비흡연자는 힘들 수 있다.

📍 13 Đinh Tiên Hoàng, Hàng Trống, Hoàn Kiếm 🚶 하이랜드 커피에서 동쪽으로 도보 1분. 가방 가게 사이 좁은 통로를 따라 2층으로 올라가야 한다. 🍴 에그 커피 25,000동, 카카오 에그 커피 30,000동 🕘 07:00~21:30 📞 +84-359-026-626
📍 21.03208, 105.85191

21 더 노트 커피 The Note Coffee

호안끼엠 호수 전망! 포스트잇으로 꾸민 카페

친절한 직원들 덕분에 여행자 후기 사이트인 '트립어드바이저'에서 꾸준히 상위권을 지키고 있는 카페다. 음료를 시키면 직접 쓴 손 글씨 포스트잇을 건네주는데, 잠깐 들르는 손님이라도 따뜻한 마음을 주고받기 위해 이곳을 만들었다고. 건물은 총 4층으로 층마다 분위기가 다르니 한 번씩 둘러보면 좋다. 1층은 주문 카운터, 2층은 비밀 통로, 3층은 아늑한 방, 4층은 호안끼엠 호수를 볼 수 있도록 되어 있다. 곳곳에 포스트잇과 펜이 놓여 있고 원하는 곳에 마음껏 붙일 수 있으니 여유를 가지고 쉬었다 가자. 사진 찍는 걸 좋아하는 친구끼리 들르기 좋은 카페다.

📍 64 Lương Văn Can, Hàng Trống, Hoàn Kiếm 🚶 하이랜드 커피 교차로 분수대에서 서쪽으로 도보 1분 💰 카페라테 400,000동, 코코넛 커피 390,000동, 에그 커피 390,000동 🕕 06:30~23:00 📷 @thenotecoffee 📍 21.03154, 105.85086

22 소파 카페 Xofa Café

콩 카페보다 더 맛있는 코코넛 커피

기찻길 마을에서 도보로 2분 거리에 있다. 2층 구조의 빨간 벽돌집으로 벽마다 무성한 담쟁이덩굴이 싱그럽다. 소파 카페라는 이름에서 알 수 있듯이 곳곳에 소파가 놓여 있는데, 이는 '친구들이 거리낌 없이 앉아 놀 수 있는 소파의 편안함'에서 콘셉트를 잡았기 때문이라고. 인기 메뉴는 코코넛 스무디 커피! 콩 카페보다 코코넛 스무디를 많이 넣어 달콤하고, 실처럼 얇은 과육도 몇 개 얹어줘 씹는 식감도 특이하다. 커피 외에 디저트, 샌드위치, 파스타 등 간단한 요깃거리도 판매하는데 평이 좋다. 다만 베트남 물가치고는 비싼 편이며 추가 세금까지 붙는다. 오후 시간대에는 항상 사람이 붐벼 에어컨이 없는 야외 좌석에 앉아야 할 수도 있다.

📍 14 Tống Duy Tân, Hàng Bông, Hoàn Kiếm 🚶 기찻길 마을에서 도보 2분
🍴 코코넛 스무디 68,000동, 해산물 파스타 125,000동(서비스 차지 & 세금 15% 별도)
🕐 24시간 📞 +84-24-3717-1555 📷 @xofacafe 🌐 21.02938, 105.84359

23 스타벅스 리저브 Starbucks Reserve

달랏 커피를 마실 수 있는 베트남 최초 리저브 매장

전 세계 어딜 가든 익숙한 맛으로 커피 한 잔 마시는 순간 묘한 안도감이 드는 곳. 바로 스타벅스다. 베트남 스타벅스 리저브 매장은 2017년 하노이에 문을 연 게 처음이다. 리저브 매장만의 차별점은 원두, 로스팅, 추출 방식까지 기호에 맞게 선택할 수 있다는 것. 베트남 남부 고산지대 마을 '달랏(Đà Lạt)'에서 재배한 커피 원두도 있으니 경험 삼아 한 번쯤 맛봐도 좋다. 베트남 최초의 싱글 오리진 커피인 달랏 커피는 밝고 신선한 산미를 가졌다. 론칭하기까지 7년이 걸렸다고. 커피 외에 시티 컵, 텀블러도 한국보다 저렴하다. 기념품 코너에서는 시즌 한정으로 베트남 모자 '농'을 쓴 테디 베어도 살 수 있다.

📍 6 Nhà Thờ, Hàng Trống, Hoàn Kiếm 🚶 성 요셉 성당에서 호안끼엠 호수 방향으로 도보 1분 💲 아메리카노 50,000동, 그린 티 프라푸치노 100,000동 🕐 07:30~22:30 📞 +84-24-3832-5678 📍 21.02918, 105.85027

24 트랜퀼 북스 앤 커피 Tranquil Books & Coffee

아늑하게 노트북 작업하기 좋은 북 카페

시간 제한 없이 와이파이를 쓸 수 있고 구석구석 콘센트도 많아 작업하기에 좋다. 한쪽 벽면은 천장 끝까지 책으로 가득 채워져 있는데 사진집, 여행서, 소설 등 카페 주인이 좋아하는 책을 모아놓았다. 저녁 6시 이후에는 영화 상영이나 인디 밴드 공연이 열리기도 하는데 그때는 카페를 사용할 수 없다. 이벤트 일정은 인스타그램을 통해 확인 가능. 사진 속에 보이는 정문은 3호점으로 1호점과 마주 보고 있다. 1호점이 공간도 넓고 평점도 좋으니 이왕이면 1호점으로 가자. 좁은 골목 안에 자리하고 있지만 일부러 찾아갈 만하다.

📍 5 Nguyễn Quang Bích, Cửa Đông, Hoàn Kiếm 🚶 분보남보에서 도보 2분. 사진 속 정문을 등지고 왼쪽 대각선 골목으로 들어가야 1호점 💲 바나나 커피 65,000동, 코코넛 카라멜 커피 65,000동 🕐 08:00~22:30 📞 +84-395-049-075 📷 @tranquilbookscoffee 📍 21.03245, 105.84568

25 만지 Manzi

베트남 신진 화가들의 작품을 만나고 싶다면

아래층만 보면 여느 카페와 다를 바 없지만, 위층으로 올라가면 그림 액자가 빈틈없이 꽉 차 있다. 주로 베트남 신진 작가들의 작품인데 닭, 부엉이, 오토바이 등 재치 있는 현대 미술 작품이 많다. 내부는 흰색 톤으로 깔끔하며 창문이 크고 채광이 좋아 현지인들이 간혹 웨딩 촬영을 하러 오기도 한다. 여행 일정이 넉넉하고 하노이 현지인들의 히든 플레이스가 궁금하다면 한 번쯤 방문해보자. 구시가지에서 살짝 북쪽으로 떨어져 있다.

📍 14 Phan Huy Ích, Nguyễn Trung Trực, Ba Đình 🚶 동쑤언 시장에서 북쪽으로 도보 8분. 사원이 있는 골목길에서 직진
🍴 코코넛 커피 50,000동, 패션 프루트 주스 40,000동
🕗 08:00~19:00 📷 @manzihn 📍 21.04139, 105.84549

26 히든 잼 카페 Hidden Gem Coffee 🔊 까페 따이 쩨 하노이 Cà Phê Tái Chế Hà Nội

재활용을 테마로 한 카페

이름 그대로 구시가지 모퉁이에 숨겨진 보석 같은 카페다. 좁은 입구로 들어설 땐 과연 카페가 맞는지 의아하지만, 구석구석 둘러볼수록 이 공간이 전달하고자 하는 메시지가 서서히 이해된다. 주인인 응우옌 반 터는 환경을 위해 무언가라도 하고 싶어 이 카페를 시작했다고 한다. 그의 할머니는 '물건을 소중히 여긴다면 오래될수록 가치도 발견할 수 있다'며 물건을 버릴 때 신중하라고 교육시켰다고 한다. 그 영향으로 카페 인테리어의 95%를 재활용품으로 디자인했다. 오토바이는 테이블이 되고, 폐타이어는 의자가 되었다. 그 반전이 멋지다. 총 4층 건물로 꼭대기 층은 하노이 풍경 벽화가 그려져 있어 사진 찍기 좋다.

📍 3B Hàng Tre, Hoàn Kiếm 🚶 하이웨이 4 레스토랑을 정면으로 마주 보고 왼쪽 좁은 길을 따라 안으로 들어가야 한다. 🍴 히든 잼 시그니처 티 45,000동, 코코넛 커피 50,000동 🕗 08:00~23:00
📍 21.03361, 105.85496

하노이의 디저트

날씨가 더워 입맛을 잃었다면 잠시 멈춰 목을 축이자. 코코넛 커피 외에도 베트남에서 즐길 수 있는 길거리 음료는 다양하다. 모양새는 낯설어도 한 입 먹어보면 우리에게도 친숙한 디저트만 모았다.

27 리틀 볼 Little Bowl

베트남식 팥빙수 '쩨(Chè)'

베트남식 빙수 쩨는 단순히 팥빙수라고 하기엔 종류만 해도 수백 가지가 넘는다. 보통은 차갑게 음료로 마시지만, 재료에 따라 따뜻한 죽처럼 먹기도 한다. 넣는 재료도 콩, 푸딩, 과일, 타피오카 등 다양하다. 쩨는 길거리 음식이라 보통 베트남어로 주문해야 하는 불편함이 있는데, 이곳은 영어 메뉴판이 있고 외국인 입맛에 맞춰 처음 먹는 사람도 거부감 없이 즐길 수 있다.

📍 46 Lãn Ông, Hàng Bồ, Hoàn Kiếm 🚶 반미 25에서 남쪽으로 도보 2분 🍴 카라멘 믹스 볼 28,000동 🕐 11:00~22:00
📌 21.03547, 105.84865

28 쩨 본 무어 Chè Bốn Mùa

베트남 국민 간식, 더울 땐 쩨 한 컵

베트남 디저트 쩨(Chè)의 종류는 정말이지 무궁무진하다. 앞서 소개한 리틀 볼의 쩨(Chè)가 빙수에 가깝다면 이곳은 음료에 가깝다. 그렇다고 음료처럼 후루룩 마시기엔 건더기가 많은 것이 특징. 우리에게 익숙한 리치, 잭프루트, 타피오카와 같은 재료 외에도 흑미, 연꽃씨, 토란, 칡으로 만든 젤리도 넣은 메뉴도 있다. 간판에는 4 Mùa 라고 쓰여있는데, 이는 사계절이란 뜻으로 겨울철에 먹는 따뜻한 죽 종류의 쩨도 있다. 사진 메뉴가 있어 주문이 편하다.

📍 4 P. Hàng Cân, Hàng Bồ, Hoàn Kiếm 🚶 따히엔 맥주 거리에서 북서쪽으로 도보 5분 🍴 달콤 연꽃씨 25,000동, 연꽃씨&롱간&코코넛 워터 35,000동 🕐 10:00~23:00 📞 +84-98-458-3333
📌 21.03512, 105.84937

29

신또 호아베오 Sinh tố Hoa Béo

망고 빙수를 저렴하게 먹을 수 있는 곳

베트남식 과일 주스 '신또(Sinh Tố)'를 간판에 내걸었지만 빙수로 더 유명한 곳이다. 한국에선 1만 원대에 파는 망고 빙수를 여기선 2,500원에 맛볼 수 있다. 이 외에도 여러 가지 과일을 1인분으로 맛볼 수 있는 과일 믹스(Mixed Fruit)도 추천한다. 과일은 그날의 신선도에 따라 차이가 있는 편. 사진 메뉴판이 있어 주문하기 편하다.

📍 17 Tô Tịch Tố Tịch, Hàng Gai, Hoàn Kiếm 🚶 하이랜드 커피에서 서쪽으로 도보 2분. 골목길을 꺾어 들어가면 비슷한 가게가 많은데 호아베오 전광판이 나온다. 💰 망고 빙수 60,000동, 과일 믹스 25,000동 🕐 09:00~24:00 📍 21.03244, 105.85033

30

커이다 80 까이다 땀 므어이 Cây da 80

현지인 추천! 얼려 먹는 요거트 아이스크림

하노이에서 색다른 디저트를 맛보고 싶다면 한 번쯤 들르면 좋다. 얼린 요거트를 주사위 모양으로 잘라 녹차, 초코, 커피 가루를 얹어 먹을 수 있다. 요거트와 녹차가 무슨 조화일까 싶지만 의외로 잘 어울린다. 길모퉁이에 자리해 주로 현지인들이 찾아오는 곳이라 영어 메뉴판은 없지만, 구글 맵스에서 사진을 찾아 메뉴를 보여주면 편하다.

📍 37 Đường Thành, Cửa Đông, Hoàn Kiếm 🚶 분보남보에서 북쪽으로 도보 2분 💰 요거트 아이스크림 30,000동 🕐 07:00~23:00 📍 21.03294, 105.84635

31

쨈 카라멘 즈엉 호아 Kem caramen Dương Hoa

우리 돈 400원으로 푸딩을 먹을 수 있는 곳

베트남에선 푸딩을 '카라멘(Caramen)'이라 부른다. 우리와 달리 달콤한 푸딩에 베트남식 진한 커피를 한 숟가락 얹어 단맛과 쓴맛이 묘하게 조화를 이룬다. 아쉽게도 카라멘 이외의 메뉴는 평범하다. 테이블은 없고 목욕탕 의자가 탁자 겸 의자다. 간혹 거스름돈을 덜 준다는 평이 있으니 주의하자.

📍 29 Hàng Than, Nguyễn Trung Trực, Ba Đình 🚶 동쑤언 시장에서 북쪽으로 직진 6분 💰 카라멘 8,000동, 코코넛 빙수 70,000동 🕐 08:00~23:00 📍 21.04174, 105.84739

하노이 소셜 클럽 The Hanoi Social Club

인디 음악가들의 아지트 겸 술집

낮에는 브런치 카페, 저녁엔 라이브 공연 클럽으로 운영된다. '하노이 소셜 클럽'이란 이름은 쿠바의 전설적인 재즈 클럽 '부에나 비스타 소셜 클럽'에서 따왔다. 단순히 공연하는 공간을 넘어 현지 음악가들의 아지트 역할도 하겠다는 뜻이다. 또한 사회적 약자를 위한 다양한 활동도 하는데, 예를 들면 성 소수자 축제 기간에는 내·외부를 무지개 깃발로 장식한다. 메뉴는 샌드위치, 파스타, 라자냐, 버거 등 서양 음식을 판매한다. 특이하게 쌀국수 칵테일이 있다. 쌀국수에 들어가는 고수, 라임, 고추, 계피, 팔각 등의 재료를 넣고 면은 뺀 음료다. 모히토와 비슷한데 한 번은 맛볼 만하다. 공연은 매주 목요일 저녁 8시 30분에 시작하며 자세한 일정은 인스타그램을 통해 확인할 수 있다.

📍 6 Ngõ Hội Vũ, Hàng Bông, Hoàn Kiếm 🚶 기찻길 마을에서 성 요셉 성당 방향으로 도보 3분 🍴 아보카도 리코타 치즈 샌드위치 180,000동, 쌀국수 칵테일 180,000동 🕐 08:00~23:00 📞 +84-24-3938-2117 📷 @hanoisocialclub 📍 21.02913, 105.84608

파스퇴르 스트리트 브루잉 Pasteur Street Brewing

베트남 재료로 만든 수제 맥주 펍

저녁에 성 요셉 성당을 들른다면 하루의 마무리는 수제 맥줏집에서 하는 건 어떨까. '파스퇴르 스트리트 브루잉'은 2015년 호치민에서 미국 출신 오너가 처음 창립한 수제 맥주 체인점으로, 첫 매장 주소가 파스퇴르 거리였다. 현재는 6개의 탭 룸, 300개의 매장에 맥주를 공급하고 있다. 베트남 사파, 달랏, 푸꾸옥 등에서 생산된 재료를 써 독창적인 맛이 특징. 초콜릿 흑맥주나 패션 프루트를 넣은 에일 맥주도 있다. 6가지 맥주를 테스팅할 수 있는 샘플러도 있는데, 원재료의 맛이 강해 일부는 호불호가 갈리고 가장 무난한 것은 사파 재스민 IPA다. 에어컨이 있어 쾌적하고 주말에는 라이브 공연도 한다.

📍 1 Ấu Triệu, Hàng Trống, Hoàn Kiếm 🚶 성 요셉 성당을 정면으로 두고 오른쪽 골목길로 직진, 도보 1분 🍴 6가지 샘플러 335,000동, 슬로피 칩스 85,000동(서비스 차지 & 세금 15% 별도) 🕐 11:00~23:00 📞 +84-24-6294-9462 📍 21.02859, 105.84844

34 1900 클럽 1900 Club Hanoi 못 찐 콩콩 르 테아트르 1900 Le Théâtre ♥

하노이에서 가장 핫한 클럽

따히엔 맥주 거리 중심에 있어 2차로 들르기 좋다. 하노이에서 가장 큰 규모로 1층은 DJ 공연을 보며 자유롭게 춤추는 공간, 2층은 스탠딩 테이블에 모여 술을 마시는 분위기다. 음악은 EDM 위주로 DJ 라인업에 따라 호응도 편차는 큰 편. 가급적 금·토·일 밤 10시 이후부터 입장하거나, 공식 인스타그램을 통해 당일 이벤트를 확인한 뒤 방문하자. 비정기적으로 여성들의 밤, 성 소수자의 밤과 같은 이벤트도 진행한다. 입장료에 음료 한 잔이 포함되어 있으며 DJ 라인업에 따라 가격이 달라진다.

📍 8B Tạ Hiện, Hàng Buồm, Hoàn Kiếm 🚶 따히엔 맥주 거리에서 도보 1분 💰 평일 200,000동, 주말 350,000동(음료 1잔 포함), 칵테일 210,000동
🕐 월~목 18:00~24:30, 금~일 18:00~다음 날 02:30 📞 +84-91-111-19-00
📷 @1900.hn 📍 21.0351, 105.85193

TIP
클럽에서 해피벌룬 권하는 사람 조심하세요

우리나라에서는 불법인 '해피벌룬(Happy Balloon)'이 베트남 일부 클럽에서는 암암리에 거래되고 있다. 해피벌룬은 아산화질소(N2O)를 넣은 풍선으로, 흡입하면 웃는 것처럼 보여 '웃음 가스'라고도 불린다. 2017년 우리나라에서는 한 20대 남성이 과다 흡입해 사망하는 사건도 있었다.

35 테라코 스카이 바 Terraço Sky Bar

호안끼엠 호수 전망 루프톱 바

톱 오브 하노이(롯데호텔 65층), 서밋 라운지(팬 퍼시픽 호텔 20층)와 함께 하노이 Top3 루프톱 바 중 하나로 꼽히는 곳이다. 라 신포니아 델 레이 호텔 8층에 있는 이곳은 규모는 아담하지만, 구시가지 중심에 있어 위치가 좋다. 칵테일 위주로 판매하며 매일 오후 5~7시는 해피아워로 음료 1+1 혜택을 제공한다.

📍 35 P. Hàng Dầu, street, Hoàn Kiếm 🚶 탕롱 수상인형 극장에서 도보 2분, La Sinfonia Del Rey Hotel 7층. 레스토랑에서 계단으로 올라가야 한다. 💰 클래식 칵테일 195,000동, 6잔 콤보 세트 455,000동 🕐 17:00~24:00 📞 +84-96-908-5788 📍 21.03097, 105.85402

TIP
함께 비교해 보세요
- Moonlight Sky Bar 롱비엔 철교 루프톱 바
- One 36 Bar 호안끼엠 거북 탑 뷰 루프톱 바(에프리콧 호텔 10~11층)

REAL GUIDE

진짜 맛집은 골목에 있다!
하노이 스트리트 푸드 먹방 투어

요리연구가 백종원이 출연한 <스트리트 푸드 파이터>를 인상 깊게 봤다면 꼭 추천하는 투어다. 하노이는 세계적으로 길거리 음식이 발달한 도시 중 하나로, 투어에서는 우리가 알지 못한 이색적인 베트남 음식을 맛볼 수 있다. 현지 가이드에게 베트남 음식 문화도 들어보자.

예약 클룩(klook) 조인 투어 400,000동, 프라이빗 550,000동(식비 포함, 영어 가이드)
소요 시간 3시간 **투어명** 하노이 올드 쿼터 먹방 투어

16:00 여행사 앞 미팅 시간에 맞춰 여행사 앞에 도착했다. 현지 가이드를 만난 후 꼭 맛보고 싶은 음식은 무엇인지, 특정 음식 알레르기가 있는지 체크했다.

16:20 튀긴 스프링 롤 '넴'

먹방 투어도 순서가 있다. 총 6곳의 맛집을 들르며 에피타이저, 본식, 디저트 순서대로 맛본다. 시작은 가장 만만하게 먹을 수 있는 넴(짜조). 바삭하게 방금 튀겨내니 맛이 없을 수가 없다.

16:40 라이스페이퍼 전병 '반꾸온'

먹어보고 싶은 음식을 묻기에 반꾸온을 요청했다. 덕분에 현지인들에게 유명한 40년 전통 반 꾸온 집을 방문할 수 있었다. 백발의 할머니가 즉석에서 따끈하게 쪄주는 반 꾸온은 오늘 먹은 음식 중 최고!

17:00 베트남식 샌드위치 '반미'

주로 쌀국수나 분짜를 선호하지만, 그동안 많이 먹었던 터라 반미를 택했다. 가이드는 음식에 대한 설명뿐 아니라 하노이 소규모 상점들의 건축 특징도 세심하게 알려주었다.

17:30 레몬 글라스 국물에 우렁이 '옥'

우렁이는 강과 논이 많은 하노이에서 해산물 대용으로 가장 쉽게 먹을 수 있는 음식이다. 엄지 손가락만큼 큰 우렁이에 레몬그라스와 라임까지 넣어 더욱 산뜻하다.

18:00 베트남식 팥빙수 '쩨'

아무리 배가 불러도 디저트 배는 따로 있는 법! 쩨는 종류가 수십 가지인데 겨울이 있는 하노이에서는 죽처럼 따뜻하게 먹기도 한단다.

18:30 달걀 거품을 넣은 '에그 커피'

마지막 코스는 하노이의 명물 에그 커피! 천천히 커피를 마시며 3시간 동안 먹은 것 중에서 각자 어떤 음식이 가장 기억에 남는지 이야기를 나눴다.

19:00 해산 및 숙소 복귀

어느덧 헤어질 시간! 1인 2만 원대에 배 두둑하게 채우고, 현지인 추천 맛집 정보까지 얻었다. 현지 음식 문화를 가장 가까이에서 보고 싶다면 강력히 추천한다.

투어 예약 팁!

✓ **가급적 여행 첫날에 체험** 음식에 대한 설명은 물론 현지인들이 추천하는 하노이 여행 팁을 얻을 수 있다. 입맛에 맞는 곳이 있다면 구글 맵스에 저장해두자.

✓ **식사 시간에 맞춰 예약** 3시간 동안 5~7가지 음식을 먹기 때문에 점심이나 저녁 끼니 대용으로 참여하면 좋다.

✓ **선호하는 음식 미리 조율** 꼭 먹어보고 싶은 음식이나 싫어하는 음식이 있다면 메뉴 변경이 가능하다. 특히 고수를 먹지 않는다거나 채식주의자에 대한 요청은 대부분 반영되는 편이다. 가족 여행이라면 프라이빗 투어도 추천한다.

예약 방법 트립어드바이저에서 상위권을 지키는 투어 업체들을 클룩, kkday에서도 예약 및 결제 가능하다. 가격은 400,000~550,000동 내외.

01

컬렉티브 메모리 Collective Memory

하노이 감성의 트렌디한 리빙 편집 숍

컬렉티브 메모리는 베트남 출신 여행작가와 사진작가 둘이서 시작한 편집 숍이다. 이 공간을 만든 이유는 그동안 베트남 독립 잡지를 출간해오면서 접했던 각자의 스토리가 있는 제품을 한 곳에 모아 소개하고 싶었기 때문이란다. 총 20여 개의 브랜드가 한 공간에 모여 있으며, '기억을 모은다'라는 이름처럼 베트남의 과거, 현재, 미래의 이미지를 모티프로 한 디자인 소품만 엄선했다. 프랑스 식민 시절의 왕족 초상화를 디자인으로 한 에코 백이나 사파 소수민족의 모습을 패턴으로 한 쿠션이 그 예다. 가장 베트남다운 이미지를 가장 재치 있게 표현했다. 굳이 뭔가를 사지 않고 일러스트만 구경해도 눈이 즐거운 곳이다.

📍 12 Nhà Chung, Hàng Trống, Hoàn Kiếm 🚶 성 요셉 성당에서 도보 1분 💰 에코백 260,000동, 파우치 320,000동 🕐 10:00~19:00 📞 +84-98-647-4243 📷 @collectivememory.vn
🧭 21.02838, 105.84965

02 더 크래프트 하우스 The Craft House

친구에게 선물할 아기자기한 기념품을 찾는다면

비슷비슷한 베트남 기념품이 식상하다면 더 크래프트 하우스에 들르자. 이곳 역시 편집숍으로 베트남 지역에 있는 50여 곳의 브랜드 제품을 꾸준히 입고하고 있다. 가게 내부도 마치 하나의 마을처럼 작은 집 모양으로 나뉘어 있다. 한 집에 한 브랜드의 제품이 진열되어 있기 때문에 하노이 곳곳에 흩어진 숍을 애써 찾아가지 않아도 인기 품목을 한눈에 비교하기 좋다. 엽서, 수첩, 에코 백, 카드 지갑, 휴대 전화 케이스가 살 만하다.

📍 19 Nhà Chung, Hàng Trống, Hoàn Kiếm 🚶 성 요셉 성당에서 도보 1분 🕘 09:00~21:30
💲 수첩 3종 세트 110,000동, 여권 커버 240,000동 📍 21.02824, 105.84976

03 타이어드 시티 TiredCity Creative Store

하노이 감성 담은 일러스트 티셔츠 전문점

베트남 젊은 예술가들의 개성과 감각을 느낄 수 있는 곳이다. 총 3층 건물로 구성되어 있으며 층마다 다양한 일러스트 티셔츠를 만나볼 수 있다. 베트남 감성을 트렌디하게 표현한 것이 눈길을 끄는데, 예를 들면 아오자이 입은 여성이 스케이트보드를 타는 식의 그림이다. 숍 이름이 타이어드 시티(Tired City)인 이유는 오너에게 하노이가 회색으로 느껴졌기 때문이라 한다. 흐린 날씨, 심각한 교통체증까지. 그는 이런 하노이를 재치 있게 일러스트로 표현해 보고 싶었다고 한다.

📍 97A P. Hàng Gai, Hàng Gai, Hoàn Kiếm 🚶 성 요셉 성당에서 도보 5분 💲 티셔츠 349,000동
🕘 08:30~22:00 📞 +84-36-801-1016 📍 21.03157, 105.84962

04

세렌더 세라믹 Cerender Ceramics

오밀조밀한 패턴의 베트남 그릇 전문점

베트남 최대 규모의 도자기 마을은 하노이에서 불과 15km 떨어진 밧짱(Bát Tràng)이다. 덕분에 하노이의 파인 다이닝 레스토랑에서는 다양한 패턴의 그릇을 볼 수 있는데, 기념 삼아 하나쯤 사고 싶다면 세렌더 세라믹에 방문해 보자. 세렌더는 오밀조밀한 패턴에 얇고 가벼운 그릇을 파는 베트남 그릇 체인점이다. 각 패턴별로 종지, 밥그릇, 접시, 샐러드 볼, 수저받침 등이 있는데, 하나씩 구경하다 보면 세트로 다 사고 싶어진다.

📍 11a Tràng Thi, Tràng Tiền, Hoàn Kiếm 🚶 성 요셉 성당에서 남쪽으로 도보 4분 💰 종지 50,000동, 밥그릇 160,000동, 접시 180,000동 🕘 09:00~21:00 📞 +84-93-863-2481 🌐 21.02607, 105.85077

05
페바 초콜릿 Pheva Chocolate

적당한 가격대에 선물하기 좋은 수제 초콜릿

알록달록한 상자가 시선을 끈다. 매장 한쪽에 'Make your box'라는 글귀가 쓰여 있는데, 원하는 색상의 상자를 골라 직접 초콜릿을 담으면 된다. 초콜릿 종류는 다크, 밀크, 화이트 등 총 18가지이며 시식도 가능하다. 특이한 맛으로는 푸꾸옥 후추를 넣은 다크 초콜릿, 참깨와 땅콩을 넣은 밀크초콜릿이 있다. 누구나 무난하게 좋아할 맛을 찾는다면 피스타치오, 오렌지 초콜릿을 추천한다. 가격은 초콜릿 6개들이 상자가 우리 돈 2천~3천 원 내외다. 가격대가 적당해 지인 선물로 무난하다.

📍 8B Phan Bội Châu, Cửa Nam, Hoàn Kiếm 🚶 기찻길 마을에서 도보 6분 💰 6개 세트 55,000동, 12개 세트 88,000동 ⏰ 08:00~19:00 📞 +84-24-3266-8579 📍 21.02736, 105.84378

06
호아리엔트 Hoarient

베트남 전통의상 아오자이 입은 향수

소중한 사람에게 줄 고급 선물을 찾는다면 향수는 어떨까. 우아한 아오자이를 입은 향수병은 모양도 예쁘지만 향은 더 특별하다. 향수 이름은 하노이, 사이공, 후에라는 이름이 붙어있는데 각 도시에서 영감을 받은 향으로 제조했다. 특히 아시아를 대표하는 식물을 주원료로 쓴 것이 특징이다. 연꽃, 재스민, 자몽, 후추 등을 활용했으며 베스트셀러는 사이공이다. 매장에서 시향 가능하며, 가격은 향기의 지속 시간에 따라 달라진다. 언뜻 비싸게 느껴지지만, 다양한 할인 이벤트를 진행해 실제로는 정가보다 저렴하게 구매할 수 있다.

📍 40 P. Hàng Trống, Hàng Trống, Hoàn Kiếm 🚶 성 요셉 성당에서 도보 4분 💰 아오자이 향수 650,000동~1,200,000동
📞 +84-901-221-159
🏠 hoarient.com
📍 21.03078, 105.84936

07 나구 베어 Nagu Bear

베트남 모자에 아오자이 입은 곰 인형

세상에서 단 하나뿐인 특별한 선물을 찾는다면 나구 베어에 방문해 보자. 베트남 모자를 쓴 곰 인형은 다른 곳에서도 쉽게 볼 수 있지만, 이곳은 곰 발바닥에 이름까지 새겨주는 것이 특징이다. 특히 임신한 지인의 선물을 찾는다면 큰 인형과 작은 인형을 세트로 구매해 이름까지 써주면 두 배의 감동을 줄 수 있다. 원하는 옷의 디자인으로 맞춤 제작도 가능하다. 다만 작업에 시간이 걸리기 때문에 여행 초반에 방문할 것을 추천한다.

📍 78. Hàng Trống, Hàng Trống, Hoàn Kiếm 🚶 성 요셉 성당에서 동쪽으로 도보 3분 🕐 09:00~21:00 💰 스몰 384,000동, 미디움 408,000동, 라지 432,000동(이름 각인 30,000동~, 약 3일 소요) 📍 21.02998, 105.84991

08 쯩 응우옌 레전드 Trung Nguyên Legend Café

베트남의 고급 커피를 사고 싶다면

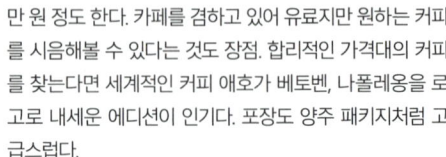

베트남의 국민 커피로 알려진 G7의 프리미엄 버전이다. 제대로 된 커피를 믿을 수 있는 곳에서 사고 싶다면 방문해보자. 종류는 원두부터 캡슐 커피까지 다양하다. 가장 비싼 제품은 '응우옌 레전드'로 우리 돈 5만 원 정도 한다. 카페를 겸하고 있어 유료지만 원하는 커피를 시음해볼 수 있다는 것도 장점. 합리적인 가격대의 커피를 찾는다면 세계적인 커피 애호가 베토벤, 나폴레옹을 로고로 내세운 에디션이 인기다. 포장도 양주 패키지처럼 고급스럽다.

📍 5 Lý Quốc Sư, Hàng Trống, Hoàn Kiếm 🚶 퍼 10 리꿕수에서 도보 1분 🕐 06:30~22:00 💰 레전드 커피 시음 150,000동, 쭝 레전드 커피 989,000동 📍 21.0309, 105.84873

09

BRG 마트 BRG Mart

간단한 기념품과 과일 사기 좋은 슈퍼마켓

호안끼엠 호수 근처에 자리한 3층 규모의 슈퍼마켓. 여행 일정이 짧아 바딘 지역에 있는 롯데마트까지 가기 힘든 경우 가볍게 들르기 좋다. 혹은 굳이 뭔가를 사지 않더라도 여행 첫 날 물가를 확인할 목적으로만 들러도 이후 쇼핑할 때 도움이 된다. 1층은 신선 식품, 2층은 가공식품, 3층은 공산품을 파는데 가격은 롯데마트와 비슷하다. 열대 과일은 길거리에서처럼 흥정할 필요 없이 정찰제로 구입할 수 있고, 일부는 껍질을 까서 판매하기 때문에 먹기 편하다. 숙소에서 먹을 과일과 맥주를 사기에도 좋다.

📍 120 P. Hàng Trống, Hàng Trống, Hoàn Kiếm 🚶 스타벅스 리저브에서 도보 1분 🕐 07:00~22:00 📍 21.02888, 105.85059

10

센 스파 하노이 Sen Spa Hanoi

재방문률 높은 깔끔한 마사지 숍

위치, 인테리어, 친절도, 마사지 솜씨, 가격까지 어느 하나 흠잡을 것이 없다. 한국인이 선호하는 압력 있는 마사지에 마무리까지 제대로 해주기 때문에 한 번 방문한 사람은 다음 날 다시 예약하기도. 가격은 1시간에 2만 원 내외로 다른 중급 마사지 숍과 비슷하지만 인테리어와 마사지 스킬은 훨씬 고급스럽다. 센 스파의 센(Sen)은 연꽃을 뜻하는 말로 인테리어는 물론 웰컴 푸드까지 연꽃 씨를 내어준다. '베트남 보디 마사지'는 다소 밋밋하다는 평이 있다. 시원함을 원하면 타이 마시지, 딥 티슈를 택하자. 한국인에게 인기 많은 곳이니 저녁 시간대에 방문하려면 예약하는 것이 좋다.

📍 38 Ngõ Hàng Hành, Hàng Trống, Hoàn Kiếm 🚶 하이랜드 커피에서 서쪽으로 도보 3분 💰 타이 마사지 420,000동, 핫스톤 480,000동 🕐 평일 10:00~22:00, 주말 10:00~22:30
📞 +84-96-538-1600 ✉ senspahanoi(카카오톡 예약)
📍 21.03133, 105.8501

11 오마모리 스파 Omamori Spa

시각 장애인의 자립을 돕는 중급 스파

서양인들에게 인기 있는 마사지 숍으로 세심한 손길과 유창한 영어 실력이 차별점이다. 시각 장애인 안마사에게 영어는 업무 기술뿐만 아니라 표현력과 자존감을 향상시켜 교육을 탄탄하게 진행하기 때문이라고. 내부로 들어가면 한쪽 벽면에 안마사들의 사진이 빼곡히 붙어있는데 평소에 이들이 어떤 활동에 참여하고 있는지 엿볼 수 있다. 시그니처 마사지는 '젠 인 더 하트'. 75분 동안 4가지(스웨디시, 딥 티슈, 지압, 핫스톤) 마사지를 체험할 수 있다. 남자 마사지사가 배정될 때도 있는데 이 경우 사전에 동의를 구한다.

📍 48 Ng. Huyện, Hàng Trống, Hoàn Kiếm 🚶 동쑤언 시장에서 북서쪽으로 도보 9분, 갤러리 카페 만지에서 도보 3분 💰 오마모리 300,000동~, 젠 인 더 하트 500,000동~ 🕘 09:00~22:30 📞 +84-24-6668-9666 ✉ booking@omamorispa.com(예약) 📍 21.02949, 105.84835

12 라벨 비 스파 La Belle Vie Spa Massage

압이 남다른 호안끼엠의 인기 마사지 숍

최근 호안끼엠에서 가장 인기 있는 마사지 숍이다. 특히 근육을 풀어주는 압력 높은 마사지를 선호하는 사람이라면 만족할 곳이다. 마사지 전문점답게 메뉴도 타 업체보다 다양하다. 뜨거운 돌을 이용한 마사지는 물론 대나무 막대기를 이용한 마사지도 있다. 태국, 베트남, 일본 스타일 마사지를 혼합하여 1시간에 받을 수 있는 아시아 블렌드 마사지도 평이 좋다. 마사지 후에 후기를 권해 평점에 거품이 있으며, 타 업체에 비해 가격도 비싼 편이다.

📍 48 P. Lương Văn Can, Hàng Gai, Hoàn Kiếm 🚶 하이랜드 커피에서 북쪽으로 도보 2분 🕘 09:00~22:30 💰 아시아 블렌드 마사지 550,000동(60분), 시그니처 마사지 690,000동(75분), 해피아워(09:00~11:00)에는 15% 할인 📞 +84-24-6686-9163 🏠 hanoilabellevicspa.vn 📍 21.03276, 105.85059

13 오리엔트 스파 Orient Spa

밤 비행기 타기 전 샤워 겸 마사지 받기 좋은 곳

한국인이 많이 찾는 마사지 숍이다. 한국인 여행 스타일에 맞춰 카톡 예약은 물론 공항으로 가기 전 샤워 및 무료 짐 보관 서비스도 하고 있기 때문. 예약 담당 직원 '투이'가 한국어에 능통하다. 서비스와 마사지 기술은 같은 거리에 있는 '스파스 하노이'와 비슷하지만 인테리어는 살짝 투박하다. 목재에 전통 문양을 넣어 앤티크한 분위기를 내려 했으나 전체적으로 어둡다. 2017년에 처음 생겼으며, 최근에 도보로 1분 거리에 2호점을 냈다. 계절별 프로모션 마사지가 있으며 네일 매니큐어를 함께 받으면 10% 할인해 준다.

📍 18 P. Bảo Khánh, Hàng Trống, Hoàn Kiếm 🚶 성 요셉 성당에서 도보 3분 💰 젤 매니큐어 200,000동, 핫스톤 마사지 360,000동~ 🕐 10:00~22:00 📞 +84-86-690-3499 ➡ orientspa72
📍 21.03017, 105.85045

14 스파스 하노이 Spas Hanoi

가격 대비 만족스러운 뷰티 케어

합리적인 가격대에 무난한 마사지를 받을 수 있는 곳이다. 배정되는 안마사에 따라 보디 마사지는 편차가 있는 편. 대신 네일, 페디큐어, 풋 스크럽과 같은 뷰티 케어의 평이 좋다. 가격도 우리 돈 1~2만 원대로 저렴하다. 특히 '풋 트리트먼트'는 파라핀 팩으로 발의 각질을 불린 다음 꼼꼼하게 제거해주는데, 받고 나면 아기 발처럼 뽀송뽀송해진다. 리셉션에 간단한 한국어를 하는 직원이 있다. 매일 10~14시는 해피아워로 10% 할인해 준다.

📍 189 P. Hàng Bông, Hàng Bông, Hoàn Kiếm
🚶 하노이 기찻길 마을에서 도보 3분 🕐 10:00~22:00
💰 풋 트리트먼트 490,000동, 핫스톤 마사지 550,000동
📞 +84-97-623-2322 📍 21.02893, 105.84475

REAL GUIDE

도심 구석구석 누비는
하노이 시티 투어 3

하노이의 면적은 3,329㎢로 서울보다 약 5배 넓다. 호안끼엠에만 있기엔 하노이의 일부만 보는 셈이라 아쉽다. 한정된 일정에 다양한 지역 여행지를 관광하고 싶다면 시티 투어는 어떨까? 클래식한 2층짜리 빨간 대형버스 시티 투어는 물론 베트남 감성 가득한 스쿠터, 지프차 투어도 있다.

승하차 장소

- 호안끼엠 호수
- 하노이 오페라 하우스
- 하노이 깃발탑
- 호찌민 묘소
- 타인 사당
- 전꾸옥 사원
- Cua Bac 교회
- Hoang Thanh Thang Long
- 문학의 사원
- 호아로 수용소
- 베트남 여성 박물관
- 하노이 오페라 하우스
- 하노이 우체국(주말 제외)

시티 투어 버스

호안끼엠에서 시작해 호찌민 박물관, 문묘, 서호까지 주요 관광지는 싹 다 돌아보는 버스다. 1회권을 구매하면 약 1시간 동안 드라이브를 하며 차에 탑승한 채로 관람한다. 한국어 해설도 있어 각 관광지마다 빠르게 훑어보기 좋다. 이외에 4시간권, 24시간권도 있는데 유효시간 동안 각 관광지에 자유롭게 하차하고 재탑승 가능하다.

- **가격** 1회권 135,000동, 4시간 281,000동, 24시간 400,000동
- **해설 가이드** 한국어, 영어 등
- **예약** 클룩, kkday
- **출발 장소** 호안끼엠 하이랜드 커피 앞(평일), 하노이 오페라 하우스 앞(주말)

오토바이 시티 투어

현지인과 오토바이를 타고 1:1로 진행하는 시티 투어다. 하노이 곳곳의 골목길을 탐험하고, 주요 관광지까지 들르기 때문에 만족도가 높은 투어다. 코스는 여행자의 취향에 따라 달라진다. 박물관에 큰 관심이 없다면, 다른 곳으로 변경해 주기도 한다. 혼자 혹은 2인 여행자에게 추천하는 투어다.

- **가격** 862,000동(조인투어), 943,000동(프라이빗)
- **가이드** 영어, 한국어
- **예약** 클룩, kkday
- **출발 장소** 호텔 픽업 후 투어 시작

군용 지프차 시티 투어

2023년 〈배틀트립2〉에서 지프차로 시티 투어 하는 장면이 나오면서 유명해진 투어. 베트남 군인들이 타는 투박한 지프차를 타고 시내 구석구석을 누비는데, 제대로 시선 집중을 경험할 수 있다. 게다가 오픈카로 되어 있어서 시원한 바람까지 느낄 수 있는 건 덤! 2~6인 소규모 투어로 진행되며 주요 관광지 가이드는 물론, 투어 후에는 베트남식 에그 커피를 맛보는 시간까지 포함되어 있다.

- **가격** 1,123,900동(영어 가이드)
- **소요시간** 08:00~12:30
- **가이드** 영어, 한국어
- **예약** 클룩, kkday, 베트남스토리
- **출발 장소** 호텔로 픽업 후 투어 시작

> **TIP**
> **프라이빗 시티 투어**
> 베트남은 우리 일행끼리만 진행하는 프라이빗 단독 투어 비용도 합리적인 편이다. 4인 이상 가족이라면 지프차 프라이빗 투어도 문의해 보자.

REAL GUIDE

알고 먹으면 더 맛있다!
하노이 쿠킹 클래스

베트남에서도 하노이는 음식이 맛있기로 소문난 곳이다. 하노이 음식은 재료 본연의 맛을 살려 담백하고 깔끔한 맛이 특징! 하노이에서 탄생한 쌀국수, 분짜, 에그 커피까지 원조의 맛을 느껴보고 요리 상식까지 배워보자. 하노이는 쿠킹 클래스 업체별로 메뉴도 조금씩 다르니 취향껏 비교 후 선택하자.

일정표 3~5시간 소요

① 호텔 픽업, 베트남 요리 소개
② 현지 시장 탐방 및 재료 구매
③ 쿠킹 클래스 장소로 이동
④ 쿠킹 클래스 시작
⑤ 요리 시식
⑥ 레시피 북 받음
⑦ 쿠킹 클래스 종료, 숙소로 이동

메뉴 예시

· 바나나 꽃 샐러드
· 쌀국수
· 분짜
· 반쎄오
· 튀긴 스프링롤(넴)
· 베트남 에그 커피

자주 묻는 질문

Q. 혼자 참여해도 되나요?
A. 가능하기도 하고 아니기도 하다. 1인 예약 가능한 곳도 있지만 대부분의 업체는 2인 이상만 예약을 받는다. 실습도 조별로 분업화하여 진행되고, 요리 완성 후에는 함께 시식하는 시간도 있기 때문에 동행이 있어야 만족도도 더 높다.

Q. 고수를 못 먹는데 괜찮을까요?
A. 가능하다. 예약 시 식사 관련 특이사항에 메모하자. 쌀국수와 반쎄오 만들 때 고수를 뺄 수 있다. 혹은 기호에 따라 채식주의자 메뉴도 신청할 수 있다.

Q. 요리를 잘 못하는데 괜찮을까요?
A. 가능하다. 각 수준에 맞게 과제를 나누어 준다. 칼질을 못한다면 마늘 빻기를 하면 되는 식. 따로 정리한 레시피 북을 주기 때문에 나중에 써먹기도 편하다. 메뉴별로 어떤 소스 브랜드를 사면 되는지도 자세히 알려 준다.

Q. 아이와 함께 해도 괜찮나요?
A. 가능하다. 수업보다는 체험에 가깝다. 실습과 시식 위주로 진행되고 쉬운 영어를 사용하기 때문에 이해하기 쉽다. 물론 기본적인 영어를 할 수 있다면 함께 수업을 받는 외국인과 친해지기도 수월한 건 사실.

투어 예약 팁!

- 6인 이하 소규모 쿠킹 클래스를 추천한다. 실습 중 어려운 부분이 생기면 쉽게 도움을 받을 수 있다.
- 4인 이상 가족 여행이라면 프라이빗 쿠킹 클래스를 신청하자. 우리 가족 맞춤형으로 언어, 메뉴, 난이도를 설정할 수 있다. 예를 들면 스프링롤 대신 반쎄오를 만들고 싶다고 제안할 수도 있다.
- 전문적인 요리 레시피를 전수받고 싶다면 레스토랑을 겸하는 쿠킹 클래스를 예약하자. 같은 메뉴라도 어떻게 맛을 내는지 비밀 레시피를 전수해준다. 두옹스 레스토랑 P.129과 코토 레스토랑 P.201의 쿠킹 클래스를 추천한다.
- 거리 여행사나 숙소에서 예약을 대행하는 쿠킹 클래스는 추천하지 않는다. 평점이나 후기를 참고할 수 없고, 요리에 대한 전문성이 떨어지는 업체가 많다. 반면 평이 좋은 업체는 베트남 음식을 통해 베트남 문화까지 소개해 준다.

예약 방법

- 원하는 업체가 있다면 홈페이지를 통해 이메일 예약한다. 원하는 업체가 없다면 예약 사이트의 후기와 평점을 참고해 선택하자.
- 쿠킹 클래스 선택 시 오전과 오후 타임을 선택하자. 식사 시간대로 맞추면 끼니를 해결하기 좋다.
- 예약 및 결제를 하고 나면 확인서를 받는다. 투어 당일 업체에서 숙소로 픽업을 온다.

업체명	특징	가격(예약)
로즈 쿠킹 클래스 Rose Cooking Class	· 한국인들에게 인기 있는 쿠킹 클래스 · 요리 공간이 청결하고 프라이빗 투어도 있음	33달러(클룩)
두옹스 쿠킹 클래스 Duong's Cooking Class	· 베트남 유명 셰프 두옹스가 운영하는 곳 · 요일별 메뉴가 달라 여러 번 수업 참여 가능	1,300,000동 duongdining.com/cooking-class
코토 쿠킹 클래스 Koto Cooking Classes	· 길거리 청소년들의 자립을 돕는 사회적기업 쿠킹 클래스 · 레스토랑 셰프들이 전수하는 레시피	830,000동 www.koto.com.au/koto-cooking-classes

AREA 02

유럽 골목길 감성
호안끼엠 남부
(프렌치 쿼터)
French Quarter

호안끼엠 호수 남동부에 해당하는 프렌치 쿼터(French Quarter)는 프랑스 식민시절 당시 주요 관공서가 밀집되어 있던 곳으로 주요 건물들이 상당히 잘 보존되어 있다. 대표적인 곳이 오페라 하우스. 건물뿐만 아니라 바로 앞 도로 구조까지도 파리와 유사하다. 이 외에도 박물관, 호텔, 영화관, 우체국에서도 프랑스풍 건축물을 쉽게 만나볼 수 있다.

ACCESS
호안끼엠 남부(프렌치 쿼터) 가는 법

미니버스

1 공항에서 출발

베트남항공 미니버스(직행)
공항 ↔ 하노이 06:20~23:00, 30~60분 간격 배차

① 노이바이 국제공항 1층 입국장 A1 출구로 나간다.
② 횡단보도를 한 번 건너서 1번 기둥 방향으로 왼쪽 끝까지 간다. 'Bus Stop'이 표시된 곳에서 86번 버스를 확인한다.
③ 86번 버스 승강장 바로 앞에 대기하고 있는 미니버스를 확인한다. 일정 인원이 채워져야 출발함으로 잔여 좌석이 얼마나 되는지 문의하자.
④ 운전기사에게 50,000동을 지불한다. 인원이 차지 않으면 금액을 더 요구하기도 한다.
⑤ 경유지 없이 호안끼엠 베트남항공 사무소 앞에 바로 하차한다 (주소: 2 Quang Trung, Trần Hưng Đạo, Hoàn Kiếm). 정류장에서 성 요셉 성당까지는 도보로 4분 거리다.

그랩 택시

2 호안끼엠 호수에서 출발

응옥썬 사당에서 호수 남동쪽으로 내려가 오페라 하우스까지 도보로 13분 소요.

3 롯데센터에서 출발

롯데센터 하노이에서 오페라 하우스까지 택시로 약 20분 소요.

REAL COURSE

문화와 예술을 즐기는
호안끼엠 남부(프렌치 쿼터) 산책 코스

멋과 의미 둘 다 잡았다. 낮에는 차분하게 테마 박물관을 돌아보고, 밤에는 세련된 카페와 레스토랑을 찾아 여유를 즐기는 코스다. 마음이 풍요로워지는 문화 예술을 즐기는 여행자라면 프렌치 쿼터는 꼭 들러보자.

*오페라 하우스 공연은 사전 예약 필요

14:00 호아로 수용소 방문 P.167

도보 2분

15:00 12월 19일 서점 거리 구경 P.169

도보 6분

15:30 메종 마루에서 공정무역 초콜릿 쇼핑 P.181

도보 4분

16:00 베트남 여성 박물관 관람 P.166

도보 2분

17:00 우담 차이에서 채식으로 저녁 식사 P.177

도보 11분

18:00 하노이 오페라 하우스에서 공연 관람 P.165

도보 1분

19:00 빈민 재즈 클럽에서 칵테일 한잔 P.182

호안끼엠 남부
상세 지도

호안끼엠 호수

86번 공항버스 승차 (평일)

하노이 우체국

07 라 바디안　06 꽌 안 응온

베트남항공 미니버스

04 사두 채식 식당　　　05 12월 19일 서점 거리　　포케 하노이 05

03 호아로 수용소

02 베트남 여성 박물관

메종 마루 10

07 8월 영화

03 우담 차이

분짜 흐엉리엔(오바마 분짜)

리틀 키친 스토어 03

09 홈목 레스토랑　　　　　　　02 리베

타이 또 동상
• 리 타이 또 공원

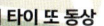 86번 공항버스 승차 (주말)

싸익 마오

 안 스토어

껨 짱띠엔

 엘 가우초 아르헨티나 스테이크 하우스

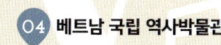 베트남 국립 역사박물관

01
하노이 오페라 하우스

12 빈민 재즈 클럽

6번 공항버스 하차

 퍼틴

01 하노이 오페라 하우스 Hanoi Opera House ◀) 냐 핫 런 하노이 Nhà hát lớn Hà Nội

파리 오페라 하우스를 본떠 설계한 공연장

프랑스 식민 시대인 1911년에 지은 오페라 극장이다. 프랑스의 건축 양식을 따라 바로크 양식으로 지었으며, 주로 프랑스 고위층들이 공연을 즐기기 위해 건축했다. 프랑스 건축가 샤를 가르니에가 설계했는데, 파리 오페라 하우스를 본떠 축소판으로 만들었다. 파리는 최대 2,000석, 하노이는 600석 규모로 운영되고 있다. 샤를 가르니에의 건축 스타일은 '거대한 웨딩 케이크'에 비유되기도 하는데, 건물 곳곳에 조각상과 장식이 많고 궁전 수준으로 매우 화려한 것이 특징이다. 오페라 하우스 내부로는 들어가지 못하는 게 원칙이지만, 공연을 예약하면 시작 전후 간단히 둘러볼 수 있다. 객석은 3층 구조이며 돔 형태의 천장에 샹들리에가 빛나고 있어 매우 고풍스럽다.

📍 Số 01 Tràng Tiền, Phan Chu Trinh, Hoàn Kiếm 🚶 호안끼엠 호수 거북탑에서 남동쪽 방향으로 도보 8분 📞 +84-24-3933-0113 🌐 21.02418, 105.85785

REAL GUIDE

베트남 대나무 서커스 랑 또이 쇼

하노이에서 공연을 단 하나만 봐야 한다면 랑 또이 쇼를 추천한다. 서커스 같기도 하고 난타 같기도 해서 대사를 이해하지 못해도 부담 없이 즐길 수 있다.

* 2023년 8월 현재 임시 휴업 중

왜 하필 대나무 서커스일까

베트남에선 대나무가 '울타리'를 상징한다. 보통 50~100가구가 모여 하나의 마을을 이루는데, 각 마을의 경계를 대나무 울타리로 구분한다. 베트남어로 '랑 또이(Làng Tôi)'는 나의 마을(My Village)이란 뜻이다. 공연 내용도 베트남 북부 농촌의 삶을 예술로 승화했다. 20여 명의 무용수가 대나무를 이용해 집도 짓고 민속놀이도 한다. 대나무 하나를 가지고 맨몸으로 곡예를 펼치는 모습은 아슬아슬함과 신비감을 동시에 전달한다. 공연은 저녁 6시에 시작해 1시간가량 이어진다.

예약하는 법

① 랑 또이 쇼 공연장은 두 곳이다. 가급적 월요일과 화요일 하노이 오페라 하우스에서 열리는 공연을 예약하자. 공연도 훌륭하지만 덤으로 유서 깊은 오페라 하우스 내부도 구경할 수 있다.
• 하노이 오페라 하우스: 월, 화(추천!)
• 하노이 뚱 공연장: 수, 금, 토

② 클룩, kkday에서 예약할 수 있다. 좌석 등급은 3가지로 나뉘며, 사전 좌석 지정은 안 된다.

③ 당일 매표소에서 바우처를 보여주면 현장에서 바로 좌석을 지정해준다. 최소 공연 시작 30분 전에는 도착하자. 공연장 내부에서 웰컴 드링크도 제공하고 오페라 하우스는 내부에 볼거리도 많다.

좌석 등급과 가격

좌석 등급	좌석 구역	좌석 등급
aah! [A]	1층 양옆, 2층 중앙	700,000동
ooh! [O]	1층 중앙	1,150,000동
wow! [W]	1층 중앙 로열석	1,600,000동

02 베트남 여성 박물관 Vietnam Women Museum 🔊 바오 땅 푸 느 비엣 남 Bảo tàng Phụ nữ Việt Nam

가난과 전쟁에 맞선 베트남 여성들의 생활상 전시

여행자 후기 사이트 '트립어드바이저'에서 '아시아에서 가장 매력적인 박물관 25곳 중 한 곳'으로 선정되었다. 1995년 베트남 여성연합에 의해 준공되었으며 총 4층에 600평 규모다. 내부로 들어서면 중앙에 '베트남의 어머니'라 불리는 황금색 동상이 나오는데 이는 베트남 여성의 강인함을 상징한다. 굳건한 표정으로 정면을 응시하고 한쪽 어깨에 어린아이를 안고 있다. 천장에는 베트남의 전통 모자 '농'이 모빌처럼 여러 개 매달려 있어 시선을 끈다. 층별로 테마가 있는데 1층은 여성과 가족, 2층은 역사 속 여성, 3층은 소수민족과 패션에 대해 전시하고 있다. 놓치지 말아야 할 전시물은 프로파간다 포스터! 한 손에는 아기, 다른 손에는 총을 든 모습이 인상적이다. 일부는 1층 기념품 숍에서 구매도 가능하다.

📍 36 Lý Thường Kiệt, Hàng Bài, Hoàn Kiếm 🚶 호안끼엠 호수 거북탑에서 남쪽으로 도보 8분
💰 30,000동, 오디오 가이드 포함 600,000동 🕗 08:00~17:00 📞 +84-24-3825-9936
🌐 21.02354, 105.85155

TIP
베트남 여성의 특징

베트남은 모계 사회 구조로 여성들의 생활력이 강하고 가정에 헌신적이다. 이는 오랜 전쟁으로 남성이 항상 전쟁에 동원되었기 때문인데, 현대에 들어서도 남성보다 여성들의 사회적 활동이 더 활발한 편이다. 언어도 여성 중심으로 남아 있는 경우가 많다. 예를 들면 '외갓집'이란 단어 대신 '외할머니 집'이라고 표현한다. 60대 이상 할아버지는 대부분 전쟁으로 인해 희생되었기 때문이다.

03 호아로 수용소 Hoa Lo Prison Memorial 🔊 지 띡 릭 스 냐 뚜 호아 러 Di tích Lịch sử Nhà tù Hoả Lò 👍

독립운동가들이 수감되었던 감옥

1896년 프랑스 식민 통치에 항거한 베트남 독립운동가들을 강제로 수용해 고문, 학대한 곳이다. 원래는 프랑스에서 '메종 상트랄(Masion Centrale)'이란 이름으로 지었지만 베트남 사람들은 뜨거운 용광로라는 뜻으로 '호아로(Hỏa Lò)'라고 불렀다. 현재는 입구만 원래 모습이 남아 있으며 내부는 박물관으로 개조됐다. 입구를 따라 안쪽으로 들어가면 당시 감옥의 모습을 생생하게 재현해 두었는데 실제 수감자들이 썼던 생활 도구, 탈옥 시도 흔적, 사형 집행 도구도 볼 수 있다. 사형수의 목을 자른 단두대까지 있어 보는 것만으로도 공포감이 밀려온다. 1954년에는 인도차이나에서 가장 큰 수용소로 최대 2,000명까지 수용하기도 했다. 아픈 역사가 서린 곳인 만큼 엄숙한 분위기로 관람하자.

📍 1 Hoả Lò, Trần Hưng Đạo, Hoàn Kiếm 🚶 베트남 여성 박물관에서 도보 8분 💰 30,000동
🕐 08:00~17:00 📞 +84-24-3934-2253 📍 21.02523, 105.84638

TIP
호아로 수용소의 또 다른 이름 '하노이 힐튼'

현재는 베트남 수감자에 치중한 전시를 하고 있지만, 20세기 중반 미국과의 전쟁 때는 미군을 가두는 포로수용소로 사용하기도 했다. 이때 수감된 가장 유명한 인물은 2008년 미국 대선에서 오바마에게 패배한 '존 매케인'이다. 당시 미군들은 열악한 수용소를 비꼬는 역설적인 표현으로 이곳을 '하노이 힐튼(호텔)'이라 불렀다.

04 베트남 국립 역사박물관 National Museum of Vietnamese History 바오 땅 릭 스 꿕 지아 Bảo tàng Lịch sử Quốc gia

베트남의 역사를 한눈에 볼 수 있는 곳

선사 시대부터 현재에 이르기까지 8,000여 점의 방대한 유물을 전시하고 있다. 1958년에 박물관을 개관할 때는 건물이 하나였으나, 이후 자료가 추가되면서 길 건너 혁명 박물관까지 확장했다. 건물이 두 곳이라 관람 동선이 헷갈릴 수 있으니 내부 지도를 확인하며 다니자. 본관 건물에서는 선사 시대부터 응우옌 왕조까지 화려했던 왕조의 역사를 다루며, 신관에서는 베트남 전쟁부터 호치민 정부가 들어서기까지의 현대사를 다룬다. 시간 여유가 없다면 본관만 관람해도 무방하다. 대표적인 전시물로는 인도의 영향을 받은 '참파 왕국'과 베트남의 마지막 왕조인 '응우옌 왕조'의 유물이 볼 만하다.

📍 1 Tràng Tiền, Phan Chu Trinh, Hoàn Kiếm　🚶 하노이 오페라 하우스에서 동쪽으로 도보 2분
💰 어른 40,000동　🕐 08:00~12:00, 13:30~17:00　📞 +84-24-3825-2853　📍 21.02569, 105.85882

05 12월 19일 서점 거리 ◀) 포 싸익 Phố Sách 19/12

책 구경하며 잠시 쉬어가기 좋은 거리

베트남 정부에서 자국민들의 평균 독서량을 높이기 위해 2017년에 조성한 거리다. 길이는 약 200m로 아담하고, 거리 양옆으로 16개의 출판사가 나란히 서점을 운영하고 있다. 그 모습이 마치 작은 마을처럼 보여 현지 젊은이들에겐 SNS 사진 스폿으로 인기다. 서점 거리는 오토바이가 없어 조용하고 나무 그늘이 많아 시원하다. 간혹 저자 강연이나 책 축제를 열기도 한다. 잠시 쉬어갈 수 있도록 곳곳에 의자도 마련되어 있고 북 카페도 있으니 지나가는 길이라면 한번쯤 들러보자. 베트남에선 보기 드물게 무료 와이파이와 무료 화장실 사용이 가능하다. 호아로 형무소에서 베트남 여성 박물관으로 가는 길에 있다.

📍 Phố 19 Tháng 12, Trần Hưng Đạo, Hoàn Kiếm 🚶 호아로 수용소 가는 길 바로 전 블록, 도보 2분 🕒 08:00~22:00
📍 21.02559, 105.84812

06 냐 싸익 마오 Nhà sách Mão

하노이 헌책방 거리에서 가장 오래된 서점

유럽식 건물이 즐비한 짱띠엔 거리에서 조금만 안쪽으로 들어가면 빈티지 감성 가득한 헌책방 거리가 나온다. 이 중 가장 처음 문을 연 곳이 '냐 싸익 마오'. 책을 사랑하는 부부가 1974년부터 지금까지 40년 넘게 운영하고 있다. 골목 안쪽에 숨어 있어 찾기 어려운 게 단점인데, 막상 서점 내부로 들어서면 천장 끝까지 책으로 둘러싸여 있어 포근한 느낌이 든다. 최근 현지 젊은이들 사이에서 숨겨진 포토 스폿으로 입소문을 타고 있다. 복층 구조로 중앙에는 소라처럼 빙빙 뒤틀린 계단이 있는데 이곳이 가장 인기 있는 포토 포인트! 혹시 사진 촬영을 위해 방문한다면 많은 사람이 책을 보는 서점이니 최대한 예의를 지키자.

📍 5 Đinh Lễ, Tràng Tiền, Hoàn Kiếm 🚶 하노이 우체국에서 도보 2분. 간판이 없어 한번에 찾기 힘들다. 책방 골목 중심에서 빨간 간판 'Sách mụ Hoa' 책방을 찾은 후 바로 옆 좁은 길을 따라 들어가면 된다. 서점은 계단을 따라 올라가면 2층에 있다. 🕒 08:00~21:00 📞 +84-24-3826-1652 📍 21.0257, 105.85428

REAL GUIDE

아는 만큼 보이는
프렌치 쿼터 건축 이야기

호안끼엠 남부 유럽풍 건축물이 밀집되어 있는 이곳을 '프렌치 쿼터(French Quarter)'라 부른다. 오페라 하우스, 백화점, 명품숍, 5성급 호텔까지 모여있는 하노이에서 가장 고풍스러운 곳이지만, 동시에 프랑스 식민시대의 잔재가 남아 있는 곳이기도 하다. 알아두면 쓸모 있는 베트남 건축 문화 이야기를 모았다.

❶ 동양의 파리라 불리는 하노이, 얼마나 똑같을까?

하노이는 건축물뿐만 아니라 도시 계획도 프랑스 파리와 똑같이 설계되어 있다. 가장 대표적인 사례가 프렌치 쿼터의 오페라 하우스. 하늘에서 내려다보면 오페라 하우스 앞으로 로터리가 있고 여기서 뻗어 나간 도로가 도시 사방으로 펼쳐지는데, 이 도시 계획이 프랑스 파리 오페라 가르니에와 똑같은 형태다. 하노이 오페라 하우스도 마찬가지. 거대한 웨딩 케이크를 형상화한 파리 오페라 가르니에 보다 규모만 작을 뿐 건축 양식은 똑같다.

파리 오페라 가르니에

하노이 오페라 하우스

❷ 베트남 집은 왜 좁고 길쭉한가?

하노이를 여행하다 보면 마치 성냥갑처럼 좁고 긴 형태의 가정집을 자주 만나볼 수 있다. 이런 집을 베트남에서는 냐 옹(nhà ống), 한국어로는 도롱집이라 한다. 이런 집이 생긴 이유는 프랑스 식민 시절 영향이 크다. 18세기 중반 프랑스가 베트남을 식민지화하면서 주택의 가로 면적당 세금을 걷었기 때문이다. 이후 입구는 좁고 층수는 높은 가정집이 많아졌다.

❸ 호텔 안에 지하 벙커를 만들어 둔 이유?

현재 베트남 하노이에 남아있는 지하 벙커는 단 두 곳이다. 하나는 탕롱 황성, 다른 한 곳은 프렌치쿼터에 있는 소피텔 레전드 메트로폴 하노이 호텔. 프랑스 식민 시대에 개관해 100년이 넘은 이 호텔은 당시 외국인들이 방문했을 때 전쟁으로 인해 몸을 피할 곳이 필요했고, 그리하여 건축할 때부터 지하에 방공호를 만들어 두었다. 호텔 투숙객은 지하 벙커 투어(무료)에 참여할 수 있으며, 이 외에도 전쟁 당시의 물품이 로비에 전시되어 있는 걸 볼 수 있다.

❹ 프랑스 식민 시절 건축을 철거하지 않는 이유?

우리는 조선총독부와 같은 일본의 잔재를 철거하는 반면, 베트남은 프랑스 식민시절의 건축물을 보존하고 관광 상품으로 개발하고 있다. 이는 베트남의 1986년부터 시작한 '도이 머이' 정책과 관련이 있다. 도이 머이는 '새롭게 바꾸다'라는 뜻으로, 과거는 절대 잊지 않으나 누구하고도 손을 잡을 수 있다는 실용주의를 뜻한다. 과거의 역사를 통해 더 도약하겠다는 의미다.

REAL GUIDE

하노이에서 만나는
프랑스 건축물 BEST 7

하노이는 '아시아의 파리'라고 불릴 만큼 거리에서 쉽게 프랑스 건축물을 만날 수 있다. 관공서는 물론 주택까지도 프랑스 스타일이다. 특히 프렌치 쿼터는 우아한 유럽식 건축물에 하노이만의 빈티지한 멋이 더해져 현지인들의 스냅사진 스폿으로도 인기다.

❶ 성 요셉 성당 P.108   1886년~

파리 노트르담 대성당을 닮은 하노이 대성당으로 신고딕 양식으로 지었다.

· **건축 포인트** 양쪽 첨탑, 내부 스테인드글라스
· **여행 팁** 매주 일요일 오전에 미사가 열린다.

❷ 하노이 오페라 하우스 P.164   1911년~

파리 오페라 하우스를 축소한 공연장으로 바로크 양식으로 지었다.

· **건축 포인트** 2층 발코니, 내부 돔 천장, 화려한 장식
· **여행 팁** 랑 또이 쇼를 예약하면 공연 전 내부를 둘러볼 수 있다(2023년 8월 현재 임시 휴업 중).

❸ 소피텔 레전드 메트로폴 하노이 P.319 1910년~

2019 북미 정상회담이 열렸던 5성급 호텔. 찰리 채플린의 신혼여행 숙소.

· **건축 포인트** 폭탄 대피용 지하 벙커, 유리 온실 카페
· **여행 팁** 숙박하지 않더라도 호텔 내부 카페에서 애프터눈 티를 즐기며 구경할 수 있다.

❹ 짱띠엔 플라자   1901년~

베트남 최초의 럭셔리 쇼핑 센터. 지금은 명품 브랜드를 판매하는 백화점으로 영업 중이다.

❺ 베트남 국립 역사박물관 P.168   1910년~

1910년에 프랑스가 세운 아시아 연구소. 1953년 이후부터는 역사박물관으로 개관.

❻ 주석궁   1908년~

르네상스 양식으로 지은 프랑스 식민 시절 총독부. 현재는 영빈관으로 운영 중이다.

❼ 롱비엔 다리 P.113   1902년~

물자 운송을 위해 철로를 개발하면서 만든 다리. 파리 에펠탑처럼 철골로 만들었다.

07
8월 영화관 August Cinema 랍 탕 땀 Rạp Tháng 8

하노이에서 가장 오래된 영화관

1959년 8월에 시작해 60년째 자리를 지켜온 극장이다. 연노랑 콜로니얼 양식으로 지었으며, 내부는 두 건물이 이어진 구조로 총 5개의 상영관이 있다. 다른 멀티플렉스 영화관에 비해 가격이 저렴한 편이라 학생들의 단체 관람이 많다. 주로 상영하는 영화는 블록버스터이고, 베트남 영화의 경우 영어 자막을 제공한다. 간혹 한국 영화도 상영한다. 2D 영화 기준 우리 돈 3천 원 정도로 저렴하다. 다만 노후된 시설은 감안해야 한다.

📍 45 Phố Hàng Bài, Hàng Bài, Hoàn Kiếm 🚶 베트남 여성 박물관에서 동남 방향으로 도보 3분 💵 2D 60,000~100,000동, 3D 80,000~130,000동 📞 +84-24-3825-3911 🌐 21.0215, 105.85249

08
리 타이 또 동상 뜨엉 다이 부어 리 타이 또 하노이 Tượng đài vua Lý Thái Tổ Hà Nội

하노이를 수도로 정한 리 왕조의 첫 번째 왕

서울 광화문에 세종대왕 동상이 있다면 하노이엔 '리 타이 또' 동상이 있다. 그만큼 하노이 시민들에겐 오래도록 존경받는 인물. '리 타이 또'는 리 왕조(1009-1225년)를 창시한 왕으로 하노이를 수도로 정한 인물이기도 하다. 동상은 하노이 수도 천도 1,000년을 기념해 총 10m 높이의 청동 조각상으로 만들었다. 자세히 보면 오른손에는 수도 천도 설계도를 들고 있고, 왼손은 수도가 될 장소를 가리키고 있다. 주말에는 동상 주변에서 축제나 이벤트가 자주 열린다.

📍 12 Phố Lê Lai, Lý Thái Tố, Hoàn Kiếm 🚶 하노이 우체국 바로 옆 공원 중앙에 있는 동상 🌐 21.02748, 105.85444

09
하노이 우체국 Hanoi Post Office 브우 디엔 하 노이 Bưu điện Hà Nội

하노이에서 가장 큰 우체국

프랑스 식민 시절인 1883년에 세워졌다. 2007년까지만 해도 우체국과 전화국을 함께 운영하는 기관이었으나, 지금은 각 기능을 분리해 우편 업무만 담당한다. 여행 중 기념 삼아 한국으로 엽서를 보내고 싶다면 한 번쯤 들러보자. 우체국에서 엽서와 우표를 구매하고 내용을 작성한 다음 우표를 붙여 건물 바깥에 있는 노란 우체통 '국제' 칸에 직접 넣으면 된다. 국제 엽서지만 우푯값을 포함해 우리 돈 1,000원 내외로 생각보다 저렴하다.

📍 75 Đinh Tiên Hoàng, Tràng Tiền, Hoàn Kiếm 🚶 맥도날드 호안끼엠점에서 북쪽으로 호수를 따라 도보 2분 🕐 08:00~18:00 📞 +84-24-3825-5947 🌐 21.02661, 105.85379

01

분짜 흐엉리엔(오바마 분짜) Bún chả Hương Liên 🧡

오바마 대통령도 다녀간 분짜 식당

1993년에 하노이의 전형적인 서민 식당으로 시작한 이곳은 현재 '오바마 분짜'라는 별명으로 더 많이 불린다. 2016년 베트남을 공식 방문한 버락 오바마 전 미국 대통령이 이곳에서 분짜와 하노이 맥주를 곁들이며 소박한 저녁 식사를 했기 때문. 당시 오바마 대통령의 '서민적인' 식사 장면이 미국 CNN으로도 방영되며 화제를 모았다. 이후 세계적인 여행 가이드북 〈론리플래닛〉, 한국의 여행 TV 프로그램 등에 소개되면서 현재는 2배 이상 손님이 늘었다고. 실제로 오바마 전 대통령이 먹었던 메뉴 그대로 분짜, 튀긴 롤, 하노이 맥주를 세트로 '오바마 콤보' 메뉴를 판매한다. 2층에서 오바마 대통령이 실제로 사용했던 식기와 테이블을 유리 상자 안에 전시해둔 것을 볼 수 있다.

📍 24 Lê Văn Hưu, Phan Chu Trinh, Hai Bà Trưng 🚶 베트남 여성 박물관에서 남쪽으로 도보 10분 💰 오바마 콤보 120,000동 🕗 08:00~20:30 📞 +84-24-3943-4106 📍 21.01813, 105.85389

02 퍼틴 Quán Phở Thìn

쪽파를 듬뿍 넣은 하노이 3대 쌀국수

퍼 지아 쭈웬, 퍼 10 리꿕수와 함께 하노이 3대 쌀국수집으로 손꼽히는 곳. 앞서 소개한 곳이 정통 쌀국수의 맛이라면, 이곳은 쪽파를 많이 넣어 국물이 잡내 없이 산뜻하고 고기에서 불맛이 나는 것이 특징이다. 메뉴는 소고기 쌀국수 단 하나. 다른 곳은 반쯤 익힌 생고기를 넣는 반면 이곳은 양념해서 직화로 구운 고기를 고명으로 올려 국물에 불 맛이 퍼지게 한다. 에어컨이 없어 매우 덥고 합석은 기본이지만, 갈비탕 국물과 비슷해 반쯤 먹다 보면 어느새 밥을 말아 먹고 싶을 만큼 우리 입맛에도 잘 맞는다. 여행객들이 주로 머무는 구시가지와는 떨어져 있고 간판도 매우 작아 현지인이 더 많이 찾는다. 현재 하노이에 총 3개 지점이 있으며, 2019년에 서울에도 첫 지점을 오픈하고 성업중이다.

📍 13 Lò Đúc, Ngô Thì Nhậm, Hai Bà Trưng 🚶 분짜 흐엉리엔에서 동쪽으로 도보 2분 간판이 매우 작아 찾기 힘들다. 은색 패널에 'Phở Thìn'이라 쓰여 있다. 🍴 소고기 쌀국수 75,000동(선불) 🕐 05:30~21:30 📞 +84-338-943-359 🌐 21.01808, 105.85529

03
우담 차이 Ưu Đàm Chay

정갈한 채식 요리를 선보이는 사찰 음식점

우담 차이는 부처님의 꽃 '우담바라(Udambara)'와 베트남어로 채식주의를 뜻하는 '차이(Chay)'를 합친 말이다. 대만계 미국인인 주인이 어릴 적 절에서 자란 경험을 바탕으로 2016년 채식의 대중화를 위해 처음 오픈했다고 한다. 보통 채식이라 하면 소박하게 먹는 한 그릇 식사를 떠올리기 쉽지만, 이곳은 가족끼리 여러 음식을 나눠 먹는 아시안 퓨전식이다. 인기 메뉴는 연근 칩, 해초 사시미, 마카다미아 파인애플 볶음밥. 이 외에도 종류가 무척 많으니 미리 홈페이지에서 메뉴판을 보고 가면 좋다. 모든 메뉴는 불교의 정신에 따라 인공 조미료와 고기는 사용하지 않고, 술도 판매하지 않는다.

📍 55 P. Nguyễn Du, Nguyễn Du, Hoàn Kiếm 🚶 분짜 흐엉리엔에서 서쪽으로 도보 7분 💰 해초 사시미 165,000동, 마카다미아 볶음밥 95,000동 🕐 10:30~21:30 📞 +84-98-134-98-98 📍 21.01870, 105.84813

04
사두 채식 식당 Sadhu Vegetarian Restaurant

채식 뷔페로 만나는 베트남 전 지역 요리

하노이 채식 식당의 대중화를 이끌어온 '우담 차이' 이후 떠오르는 신흥 강자다. 다른 점은 우담 차이는 단품으로, 사두 채식 식당은 뷔페식으로 운영한다. 보통 뷔페라 하면 직접 음식을 가져다 먹어야 하는 번거로움이 있는데, 이곳에서는 메뉴판의 사진을 보고 주문하면 종업원이 직접 테이블까지 가져다주어 편리하다. 원하는 메뉴는 얼마든지 추가 주문도 가능하다. 우담 차이가 아시안 퓨전식을 지향한다면, 사두 채식 식당에서는 베트남 전통 요리를 채식으로 변형했다. 예를 들면 베트남식 부침개 반쎄오는 돼지고기 대신 버섯을 넣는 식이다. 총 70여 가지의 메뉴가 있어 조금씩 다양하게 맛보기 좋다.

📍 87 Lý Thường Kiệt, Cửa Nam, Hoàn Kiếm 🚶 호아로 수용소에서 하노이 기차역 방향으로 도보 6분 직진 💵 뷔페 1인 228,000동 🕐 10:30~22:00 📞 +84-98-199-55-86
🌐 21.02557, 105.84245

05
포케 하노이 Poke Hanoi

베트남에서 밥이 그리울 땐 포케

포케(Poke)는 하와이 말로 '자르다'라는 뜻이다. 주로 생선의 남은 조각이나 값싼 해산물을 깍둑썰기해 드레싱과 함께 회덮밥처럼 먹는 요리다. 포케 하노이에서는 찰기 없는 안남미가 아니라 우리가 평소에 먹는 차진 쌀을 사용하니 여행 중 밥이 그립다면 방문해보자. 주문 방법은 총 5가지 단계로 밥, 해산물, 소스, 채소 토핑, 바삭한 크리스피 토핑을 직접 선택한다. 영어를 잘 모르더라도 재료를 보고 직접 고를 수도 있기 때문에 큰 어려움은 없다. 다만 이것저것 토핑을 추가하다 보면 한 그릇에 우리 돈 1만 원 정도 나온다. 내부의 절반은 에어컨이 있어 시원하고, 외부는 호안끼엠 호수를 내려다볼 수 있는 루프톱 공간이다. 입구가 좁고 간판이 작아 지나치기 쉽다.

📍 11B Hàng Khay, Tràng Tiền, Hoàn Kiếm 🚶 맥도날드 호안끼엠점에서 서쪽으로 도보 1분 💰 포케 180,000동, 음료 65,000동
🕐 11:00~21:00(일 휴무) 📞 +84-90-348-32-18
🌐 21.0255, 105.85271

06
꽌 안 응온 Quán Ăn Ngon

메뉴만 100가지! '반쎄오'는 꼭 시키자

베트남 각 지역의 특선 요리를 모두 맛볼 수 있는 곳이다. 두꺼운 메뉴판을 펼치면 애피타이저, 메인 요리, 디저트까지 100가지가 넘는 메뉴가 있어 한참을 들여다보게 된다. 다행히 요리마다 사진과 간단한 설명이 있어 주문은 편하다. 우리에겐 tvN 〈신서유기〉, KBS2 〈배틀트립2〉 맛집으로 알려진 곳이며, 박항서 감독도 촬영차 방문한 적이 있다. 여행객은 물론 현지인들의 가족 외식 장소로도 인기 있어 식사 시간대에는 무척 붐빈다. 대표 메뉴는 반쎄오. 다른 곳과 달리 지름이 30cm 정도로 매우 크고, 반죽이 크레페처럼 얇다. 베트남 중부 음식인 넴루이, 반베오도 추천한다. 적당한 가격에 무난한 음식을 맛볼 수 있는 푸드코트라 생각하면 된다.

📍 Số 18 Phan Bội Châu, Cửa Nam, Hoàn Kiếm 🚶 하노이 기찻길 마을에서 남쪽으로 도보 7분 💰 반쎄오 82,000동, 넴루이 120,000동 🕐 06:30~21:45 📞 +84-90-212-69-63
🌐 21.02629, 105.84338

07 라 바디안 La Badiane

창의적인 요리를 선보이는 퓨전 레스토랑

tvN 〈짠내투어〉에서 프랑스 코스 요리를 합리적인 가격대에 맛볼 수 있는 레스토랑으로 소개됐다. 정확하게는 프랑스인 셰프가 운영하는 퓨전 요리 전문 레스토랑이다. 유럽 음식에 몇 가지 아시아 재료를 조합해서 전혀 다른 맛의 새로운 음식을 창조한다. 예를 들면 이탈리아식 육회에 열대 과일인 패션 프루트를 소스로 사용하는 식이다. 우리에게 익숙한 김밥, 두부, 미소(된장) 등을 곁들인 메뉴도 있다. 이처럼 창의적인 요리를 시도하는 이유에 대해 셰프인 벤자민은 '요리란 서로 다른 세계가 만나 융합하고 발전하는 창의성의 여정'이기 때문이라고 밝혔다. 정통 프랑스식을 기대한다면 아쉬울 수도 있지만, 런치 타임에 분위기 좋은 곳에서 코스 요리를 먹어보겠다면 한 번쯤은 가볼 만하다.

📍 10 Nam Ngư, Cửa Nam, Hoàn Kiếm 🚶 하노이 기찻길 마을에서 남쪽으로 도보 7분 💰 런치 세트 2코스(스타터, 메인) 350,000동(서비스 차지 & 세금 15% 별도) ⏰ 11:30~14:00, 18:00~22:00(일 휴무) 📞 +84-24-3942-4509 ✉ labadiane.booking@gmail.com(예약) 🌐 21.02659, 105.84313

08 엘 가우초 아르헨티나 스테이크 하우스 El Gaucho Argentinian Steakhouse

베트남 최초의 아르헨티나 레스토랑

가격은 결코 저렴하지 않지만 제대로 된 스테이크를 근사하게 맛보고 싶다면 방문해볼 만하다. 런치 타임(11~17시)에 방문하면 일부 메뉴는 할인 가능하다. 스테이크는 살충제, 항생제, 호르몬을 쓰지 않고 기른 특A급 고기만 사용한다. 스테이크 전문점답게 부위별로 립, 티본, 와규 등 메뉴가 다양하며, 와인의 선택 폭도 매우 넓다. 식전 빵으로 제공하는 바게트와 구운 통마늘도 훌륭하다. 2011년 호치민에서 시작해 현재는 태국, 필리핀, 홍콩, 유럽, 미국까지 전 세계로 매장을 확장하고 있다. 참고로 엘 가우초(El Gaucho)는 아르헨티나에서 '목축 일에 유능한 시골 남자'라는 뜻이다.

📍 11 Tràng Tiền, Hoàn Kiếm 🚶 하노이 오페라 하우스에서 호안끼엠 호수 방향으로 도보 1분 💰 소고기 스테이크(런치 타임 한정) 690,000동~(세금 10% 별도) ⏰ 11:00~24:00 📞 +84-24-3824-7280 🌐 21.02442, 105.85636

09 홈목 레스토랑 Home Mộc Restaurant

2만 원대에 즐기는 베트남 파인 다이닝 뷔페

분위기 좋은 곳에서 맛있는 음식을 합리적인 가격대에 먹고 싶을 때 제격인 레스토랑. 베트남어로 목(Mộc)은 나무라는 뜻이다. 그래서인지 곳곳에 나무가 많고 비밀의 정원처럼 아늑한 인테리어가 매력적이다. 메뉴는 베트남 북부 지역 요리(반똠, 짜가 등)와 해산물 요리가 많다. 메뉴판이 무척 두껍기 때문에 무엇을 시킬지가 고민인데 직원에게 시그니처 요리를 부탁하면 코스 요리로 서빙 해준다.

📍 75 P. Nguyễn Đình Chiểu, Lê Đại Hành, Hai Bà Trưng 🚶 베트남 여성박물관에서 남쪽으로 차로 8분 💰 409,000동(세금 8% 별도) 🕐 11:00~14:00, 17:30~22:00 📞 +84-93-868-3653 📍 21.01176, 105.84611

10 메종 마루 Maison Marou Hanoi

초코 마니아라면 꼭! 공정무역 초콜릿 카페

아시아 최초의 빈투바(From Bean To the Bar) 초콜릿이다. 빈투바는 소수 다국적 기업이 초콜릿 시장을 지배하는 것에 반대하며 현지 농민에게 정당한 가격을 지불하고 공정하게 생산하는 초콜릿을 뜻하는 말. 프랑스 출신 공동 창업자인 사무엘과 빈센트는 밀가루, 버터, 크림 세 재료 외에는 모두 베트남 재료만 사용하는 것을 목표로 운영하고 있다. 내부에 작은 초콜릿 공장도 있다. 카페는 음료보다는 디저트의 평이 좋다. 초콜릿은 포장이 세련되어 지인 선물용으로도 무난하다. 간혹 편의점, 기념품 숍, 면세점에서도 구매 가능하다.

📍 91a Thợ Nhuộm, Trần Hưng Đạo, Hoàn Kiếm 🚶 베트남 여성 박물관에서 남쪽으로 도보 4분 💰 초코라테 90,000동, 초코바 6개 세트 600,000동 🕐 일~목 09:00~22:00, 금~토 09:00~23:00 📞 +84-24-3717-3969 📷 @marouchocolate 📍 21.02198, 105.84946

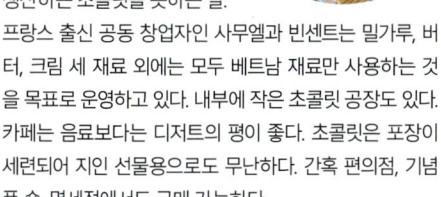

11 껨 짱띠엔 Kem Tràng Tiền

1958년부터 시작한 베트남 국민 아이스크림

'짱띠엔 거리 아이스크림'이라는 단순한 이름으로 60년 넘게 자리를 지켜온 곳. 맛은 초코, 바닐라, 코코넛, 타로, 녹두, 쌀까지 총 6종류이고 콘이나 컵으로 선택해 먹을 수 있다. 이국적인 맛을 원한다면 쌀 맛(Rice Flake) 콘 아이스크림을 추천한다. 고소하면서도 간간이 씹히는 식감이 재미있다. 가격은 우리 돈 600원 정도. 바로 옆 건물이 인기 식당 '피자 포피스'라서 식후 디저트로 먹으면 좋다.

📍 35 Tràng Tiền, Hoàn Kiếm 🚶 피자 포피스 짱띠엔 지점에서 오페라 하우스 방향으로 도보 1분. 연두색 간판 🍦 콘 아이스크림 12,000동 🕗 08:00~21:00 📞 +84-98-625-79-79
🌐 21.02485, 105.85476

12 빈민 재즈 클럽 Binh Minh Jazz Club

하노이에서 가장 핫한 라이브 재즈 클럽

베트남에서 가장 유명한 색소폰 연주자 쿠안 반민(Quyền Văn Minh, 1954~)이 운영하는 재즈 클럽이다. 그는 10대 시절이었던 베트남 전쟁 중 BBC 라디오에서 흘러나오는 재즈를 듣고 바로 사랑에 빠졌는데, 당시 정부에서는 재즈 문화를 통제해 스스로 색소폰을 배워야 했다. 이후 50년간 재즈에 대한 그의 열망은 계속되었고, 현재는 하노이 국립 음악원에서 최초의 재즈 강사로 활동 중이다. 재즈 클럽에서 공연하는 연주자들은 대부분 음악원 학생들로 학업과 실전 공연이 결합될 수 있도록 이 공간을 만들었다고 한다. 라이브 공연은 매일 저녁 9시부터 12시까지 펼쳐진다. 1부는 연주, 2부는 보컬이 나오는 공연으로 진행되는데 좋은 좌석에 앉으려면 30분 정도는 일찍 가는 것이 좋다. 흡연 가능한 곳이라 비흡연자는 힘들 수 있다.

📍 1 Tràng Tiền, Phan Chu Trinh, Hoàn Kiếm 🚶 하노이 오페라 하우스 뒷골목 도보 1분. 들어가는 길이 어둡지만 표지판이 있다. 🍸 칵테일 129,000동 🕗 17:00~24:00 📞 +84-24-3933-6555 🌐 21.02394, 105.85837

01 안 스토어 aN store

핸드메이드의 따뜻함을 담은 가죽 공예

규모는 작지만 세련된 가죽 제품을 판매한다. 묵직한 재료에 대담하게 바느질한 카드 지갑, 가방, 부츠가 살 만하다. 대체로 빈티지한 색감에 언밸런스한 디자인의 소품이 많다. 예를 들면 카드 지갑도 안과 밖의 배색이 다르며, 쇼퍼백의 경우 한쪽 면만 얼룩무늬가 칠해진 것도 있다. 가격은 베트남 물가치곤 비싼 편이지만 한국에 비하면 저렴하다. 할인 이벤트가 자주 있으니 마음에 드는 상품이 있다면 점원에게 문의하자.

📍 8 Lý Đạo Thành, Tràng Tiền, Hoàn Kiếm 🚶 오페라 하우스에서 도보 4분 💰 가죽 카드 지갑 300,000동, 옷 700,000동
🕐 10:00~20:00 📷 @anstore8 ☎ 21.02543, 105.85718

02 리베 LIBÉ

가볍고 시원한 20대 타깃의 리넨 의상

베트남의 더위에 지쳤다면 리넨 셔츠 한 벌쯤 쇼핑하러 가면 어떨까. 리넨은 식물 '마'를 원료로 만든 옷감으로 바람이 잘 통하고 피부에 잘 달라붙지 않아 시원한 것이 특징이다. 리베는 20대를 타깃으로 만든 브랜드라 가격도 합리적이다. 리넨 셔츠는 우리 돈 2만 원대면 구매할 수 있다. 다만 리넨의 특성상 구김이 많이 생기는 점은 감안해야 한다.

📍 29 Thái Phiên, Lê Đại Hành, Hai Bà Trưng 🚶 쇼핑몰 '빈컴센터 바찌우(Vincom Center Ba Trieu)'에서 도보 1분 💰 긴팔 셔츠 400,000동, 모자 300,000동 🕐 09:30~21:30
☎ 21.01043, 105.85005

03 리틀 키친 스토어 Little Kitchen Store

독특한 디자인의 세라믹 그릇을 찾는다면

호안끼엠에서 쇼핑한 그릇으로는 성에 차지 않는다면 이곳으로 가야 한다. 간판도 없이 도매 위주로 판매하는 곳이라 어수선한 분위기지만, 구석구석 살펴볼수록 보석처럼 빛나는 제품이 있다. 라탄이나 나무 그릇보다는 세라믹 그릇 위주다. 시리즈별로 물건도 다양해 마음에 드는 디자인은 세트별로 다 사고 싶을 정도! 가격도 합리적인 편이다.

📍 58 Ngô Thì Nhậm, Hai Bà Trưng 🚶 BIDV 은행 건물 4층에 있다. 지하 주차장에서 엘리베이터를 타고 올라간다. 💰 밥그릇 95,000동, 접시 200,000동, 3단 트레이 595,000동 🕐 08:30~19:30 📷 @the_little_kitchen_store ☎ 21.01662, 105.85287

TIP 하노이 그릇이 유명한 이유

근교 도자기 마을 '밧짱(Bat Trang)'에서 수준 높은 제품만 공수해 온다. 수공예 그릇을 대량으로 사고 싶다면 반나절 정도 다녀오자.

REAL PLUS

하노이 근교 도자기 마을
'밧짱' 그릇 쇼핑

베트남 여행 중 레스토랑에서 접시가 예뻐 한 번쯤 바닥을 뒤집어 본 경험이 있다면, 대부분 'Made in Bat Tang'일 가능성이 높다. 무늬는 민들레 혹은 잠자리 패턴이 많으며, 색상은 대부분 빨간색이나 파란색이다. 접시부터 수저까지 세트로 사면 식탁에서도 베트남 감성이 물씬 느껴지는 기념품! 실제로 국내 쌀국수 체인점 '에머이'에서도 밧짱 그릇만 공수해서 사용하고 있다. 때문에 우리에겐 '에머이 그릇'으로 더 친숙하기도 하다. 밧짱은 하노이 근교 약 15km(차로 30분) 떨어진 곳에 있으니, 반나절 근교 여행지를 찾는다면 한 번쯤 갈 만하다.

밧짱 도자기 마을 찾아가는 법

대중교통
호안끼엠에서 출발한다면 롱비엔역에서 버스를 타는 것이 가장 효율적이다. 롱비엔 버스 정류장에서 47A 번을 탑승하면 되며 소요시간은 편도 30~40분. 가격은 7,000동.

그랩 택시
직접 택시를 잡아탈 필요 없이 앱에서 출발지와 목적지를 정하기만 하면 돼서 편하다. 하노이 호안끼엠에서 택시 비용은 200,000동 내외.

코스

- 10:00　밧짱 도자기 시장 & 그릇 쇼핑
- 11:00　밧짱 도자기 박물관
- 12:00　밧짱 도자기 만들기 체험

1 밧짱 도자기 마을 시장
Chợ gốm sứ

📍 chợ gốm sứ, Bát Tràng, Gia Lâm 🚶 밧짱 도자기 박물관에서 서쪽으로 도보 7분
🕐 08:00~17:00 📍 20.97462, 105.91207

2 밧짱 도자기 박물관
Bat Trang Pottery Museum

밧짱의 역사와 시대별 도자기를 전시한 박물관이다. 총 5층 규모로 1층에는 광장과 기념품점, 2층은 도자기 마을의 역사를 볼 수 있는 장소, 3층에는 현대미술관, 4~6층에는 옥상과 찻집 등이 있다. 또한 지하에서는 도자기 만들기 체험도 가능하다. 건물은 거대한 불가마 형태로 지어져 멀리 있어도 한눈에 띈다. 현지인들 사이에선 1층 광장이 SNS 사진 명소로 뜨고 있다.

📍 Thôn 5 làng gốm, Bát Tràng, Gia Lâm, Hưng Yên 🚶 밧짱 도자기 시장에서 동쪽으로 도보 7분 💵 무료(3층 현대미술관, 5층 찻집을 방문한다면 추가 비용 발생)
🕐 08:00~18:00 📍 20.97478, 105.91303

1000년의 역사, 밧짱 그릇이 유명한 이유?

밧짱이 수공예품으로 유명해진 데에는 중국의 영향이 컸다. 12세기 중국의 도자기 기술을 적극적으로 받아들여 발전한 이 도시는, 이후 15세기부터는 전 세계로 그릇을 수출하며 밧짱이라는 도시명 자체가 하나의 브랜드가 되었다. 1000년이 넘게 도자기를 만들고 있는 도시로, 500~700년된 전통 불가마도 직접 볼 수 있다.

TIP
전기차 타고 밧짱 마을 투어

박물관 입구 앞에선 전기차 투어도 진행하고 있다. 매 시간마다 최대 12명씩 모집하여 출발하는 형식이다. 한정된 시간에 도자기 마을을 빠르게 둘러보고 싶다면 해볼 만하다. 노선은 밧짱 도자기 마을 외에도 꽃 시장, 에코 파크를 가는 노선도 있다.

💵 240,000동~360,000동(노선별 상이)

바딘&동다
BEST 5

01 롯데센터 전망대에서 야경 보기
02 롯데마트에서 기념품 쓸어 담기
03 호치민 박물관에서 베트남 현대사 알아가기
04 베트남 최초의 사회적 기업 '코토 레스토랑'에서 점심 식사
05 요즘 뜨는 '반푹 실크 빌리지'에서 인증 사진

AREA 03

하노이의 종로
바딘 & 동다
Ba Đình, Đống Đa

서울의 종로처럼 반전 매력이 있다. 우리네 경복궁과 같은 '탕롱 황성'부터 최고층 빌딩 롯데센터까지, 하노이의 과거와 현재를 동시에 만나볼 수 있는 곳이다. 베트남 현대사에 관심이 많다면 호치민 묘소도 들러보자. 생가부터 박물관까지 한 인물을 통해 베트남의 독립과 통일 과정을 한눈에 볼 수 있다. 관광지는 바딘 지역에 모여 있고, 로컬 스폿은 동다에 많은데 이 책에서는 하나로 합쳤다. 장소가 분산되어 있으니 한정된 일정이라면 취향에 따라 선택과 집중이 필요하다.

ACCESS

① 공항에서 출발
클룩, KKday에서 공항 픽업 예약 시 롯데센터까지 28분 소요(약 350,000동)

② 호안끼엠 호수에서 출발
택시로 13분 소요

③ 서호에서 출발
서호 쩐꾸옥 사원에서 롯데센터까지 택시로 8분 소요

REAL COURSE
하노이의 과거와 미래
바딘 & 동다 시간 여행 코스

'천년 도시 하노이'라는 수식어가 가장 잘 어울리는 코스다. 한 나라의 수도를 여행한다는 건 풍부한 문화재와 화려한 스카이라인을 동시에 볼 수 있기 때문이 아닐까. 수많은 유적지 중에서 꼭 가야 할 곳만 쏙쏙 골랐다.

* 호치민 관저와 박물관은 요일별로 운영시간이 다르다. 확인 후 방문하자.

12:00 코토 레스토랑에서 점심 식사 P.201

택시 6분

13:00 호치민 묘소 방문 P.196

도보 2분

13:30 호치민 관저 방문 P.197

* 호치민 시신을 직접 보고 싶다면 오전 11시 이전에 방문

도보 7분

14:30 호치민 박물관 관람 P.194

택시 8분

17:00 롯데센터 전망대 P.190

18:00 롯데센터 팀호완에서 저녁 식사 P.201

19:00 롯데마트 쇼핑 P.192

바딘 & 동다
상세 지도

서호

03 다오스 케어 마사지 스파

11 베트남 민족학 박물관

06 호치민 관저

· 바딘 광장

05 호치민 묘소

04 호치민 박물관

01 롯데센터 전망대
02 톱 오브 하노이
03 롯데마트
01 팀호완

탕롱 황성 07

베트남 군 역사박물관 08

베트남 예술 박물관 10   03 샬모노이드

09 문묘

02 코토 레스토랑

01 크래프트 링크

12 통킨쇼

04 토헤 스타일

05 고려식당

13 반푹 실크 빌리지

04 메종 드 에떼

189

01

롯데센터 전망대 LOTTE Observation Deck

하노이에서 가장 높은 전망대

하노이 롯데센터는 높이가 267m에 이르는 65층짜리 건물로 호텔, 레스토랑, 백화점, 대형 마트를 포함한 초고층 복합 시설이다. 꼭대기 층인 65층은 구도심과 신도시를 한눈에 내려다볼 수 있어 여행자들에겐 사진 스폿으로 인기다. 그중 바닥부터 천장까지 사면이 유리로 된 스카이워크가 하이라이트! 투명한 유리벽에 천사 날개 모양이나 하트 표시가 있어 인물과 함께 배치하면 재미있는 사진을 찍을 수 있다. 이제 막 개발 중인 하노이라 초고층 건물을 많이 볼 수 있는 건 아니지만, 노을 질 무렵 황금빛으로 물드는 서호 전망은 볼 만하다. 미세먼지가 많은 날은 전망이 거의 보이지 않으니 방문 전 날씨를 꼭 체크하자. 매표소는 지하 1층에 있으며 추가 요금을 지불하면 아오자이도 빌릴 수 있다.

📍 54 Liễu Giai, Ngọc Khánh, Ba Đình 🚶 호안끼엠 호수에서 그랩 택시로 14분, 호치민 묘소에서 택시로 10분. 매표소는 롯데타워를 마주 보고 왼쪽 에스컬레이터를 타고 지하로 내려가면 나온다. 💰 성인 230,000동(09:00~11:00 또는 21:00~23:00 방문 시 해피아워. 무료 음료 또는 기념품 제공) 🕐 09:00~23:00
📍 21.03218, 105.81259

02
톱 오브 하노이 Top of Hanoi

하노이에서 가장 높은 루프톱 바

2014년에 완공된 롯데센터 65층에 자리한 야외 루프톱 바다. 롯데센터 전망대 입장료가 우리 돈 1만 원으로 비싼 편이므로 이왕이면 루프톱 바에서 칵테일 한잔 하길 권한다. 다만 초고층 야외 바다 보니 안전상의 이유로 12세 이하 어린이는 입장이 안 되고 오후 5시 이후에만 오픈한다. 칵테일 가격은 1만 원대로 다른 호텔 루프톱 바와 비슷한데 전망, 맛, 서비스, 장식까지 모든 면에서 우월하다. 복장은 원피스나 셔츠 같은 스마트 캐주얼을 권장하며 슬리퍼나 러닝 셔츠 차림은 입장 불가다.

TIP 함께 들르기 좋은 롯데센터 내 식당

식당	메뉴	비고
피자 포피스(1층)	화덕 피자, 파스타	예약 필수
타이 익스프레스(3층)	태국식 볶음국수, 게 커리	
고주몽(6층)	한식당, 갈비	
팀호완(36층)	딤섬, 홍콩식 요리	예약 권장

📍 54 Liễu Giai, Ngọc Khánh, Ba Đình 🚶 호치민 묘소에서 택시로 9분. 롯데타워 정문으로 들어가 엘리베이터를 타고 65층으로 이동 후 계단을 따라 올라간다.
💰 맥주 130,000동, 칵테일 210,000동(서비스 차지 & 세금 15% 별도) 🕐 17:00~24:00
📞 21.03221, 105.81284

- 톱 오브 하노이(63~65층)
- 전망대(65층)
- 팀호완(36층)
- 롯데호텔(33~64층)
- 사무실(8~31층)
- 롯데 백화점(1~6층)
- 롯데 호텔, 팀호완 입구(1층)
- 롯데마트 입구, 전망대 입구(지하 1층)
- 롯데 백화점 입구, 피자 포피스(1층)

03
롯데마트 LOTTE Mart ♥

귀국 전 기념품 싹쓸이하기 좋은 대형 마트

한국에도 흔한 롯데마트를 굳이 베트남에서까지 가야 하나 싶겠지만, 상품 진열이 깔끔하고 한국어 안내가 잘되어 있어 하노이 쇼핑 스폿 No.1으로 꼽힌다. 한국인이 자주 찾는 쇼핑 품목은 한 곳에 모여 있어 골라 담기 편하며, 주말에는 시음 코너도 운영해 직접 비교하며 구매할 수 있다. 선물용으로 좋은 아이템으로는 캐슈너트, 커피, 쌀국수, 말린 망고, 과자 등인데 가격도 한국에 비하면 반값 수준이라 부담 없이 카트에 담을 수 있다. 또한 롯데마트에서 자체 개발한 브랜드 '초이스 엘(Choice L)' 제품은 깔끔한 포장에 가격도 합리적이니 유심히 살펴보자.

📍 Lotte Center Hanoi, Toà nhà, 54 Liễu Giai, Cống Vị, Ba Đình 🚶 호치민 묘소에서 그랩택시로 9분. 하노이 전망대와 마찬가지로 에스컬레이터를 타고 지하 1층으로 내려가 안쪽으로 직진 🕗 08:00~22:00 📍 21.03217, 105.81242

REAL GUIDE

롯데마트 똑똑하게 이용하는 법

하노이 쇼핑 스폿 No.1이 롯데마트라는 점은 인정! 유일한 단점은 애매한 위치다. 호안끼엠 호수에서 롯데마트까지는 택시로 25분 거리. 그나마 롯데센터 전망대와 루프톱 바가 함께 있어 겸사겸사 들르기 좋지만, 양손 가득 쇼핑 봉투를 들고 다니는 건 번거로운 일이다. 2가지 방법이 있다. 쇼핑 후 무료 배달 서비스를 신청하거나 숙소에서 편하게 모바일로 주문하는 것이다.

	무료 배달	모바일 주문
이용법	매장 방문 → 쇼핑 → 결제 → 배달 서비스 신청	애플리케이션 '스피드엘(Spped L)' 설치 → 한국어 설정 → 회원가입 → 롯데마트 동다점 선택 → 상품 담기 → 결제
장점	• 양손 가볍게 여행하기 편하다. • 과일을 직접 보고 고를 수 있다. • 무료 시식 후 비교 구매가 가능하다.	• 직접 방문하지 않아도 원하는 상품을 구매할 수 있다. • 쇼핑하는 데 드는 시간을 줄일 수 있다. • 베스트 상품과 품절 상태를 바로 알 수 있다.
이용 시간	08:30~21:30	24시간
배송 시간	저녁 18:30 이전 주문은 당일 배송. 이후는 다음 날 오전 배송.	
무료 배송 조건	• 150,000동 이상 결제 시 무료 배송. • 10km 이내 무료 배송. 기타 지역 추가 배송료 발생. • 호안끼엠 호수 근처의 호텔은 대부분 무료 배송 가능. 주말에 도로가 통제되는 곳은 배송 불가.	

TIP 롯데마트 쇼핑 노하우

① 마지막 날 쇼핑한다면 캐리어는 무료 짐 보관 서비스를 이용하자.
② 베트남 돈이 부족하다면 카드 결제도 가능하다. Visa, Master 로고가 있는 카드를 사용하면 된다.
③ 모바일 주문은 현금 결제를 추천한다. 상품 품절 시 차액을 바로 돌려받을 수 있다.

04 호치민 박물관 Ho Chi Minh Museum 바오 땅 호찌민 Bảo tàng Hồ Chí Minh   호치민을 통해 보는 베트남 근현대사

베트남에서 가장 큰 규모의 호치민 박물관이다. 호치민 탄생 100주년을 기념해 1990년에 완공했다. 외관은 베트남을 상징하는 연꽃을 형상화했으며 1층은 세미나실, 2층은 근현대사 전시실이다. 3층에는 호치민의 연대기가 순서대로 전시되어 있는데 시간이 빠듯하면 3층만 둘러봐도 충분하다. 호치민 동상을 정면으로 마주 보고 오른쪽 입구를 통해 들어가면 순서대로 볼 수 있다. 벽면에는 호치민이 생전에 썼던 유품 위주로 전시되어 있고, 중앙 공간에는 테마를 A부터 G까지 나눠 조형물이 설치되어 있다. 점심시간에는 열지 않으니 헛걸음하지 않도록 시간 확인 후 방문하자.

📍 19 Ngọc Hà, Đội Cấn, Ba Đình 🚶 호치민 묘소를 정면으로 보고 왼쪽 길로 도보 5분. 베트남 국기가 펄럭이는 하얀색 건물 💰 성인 40,000동 🕐 화·수·목·토·일 08:00~11:30, 14:00~16:00, 월·금 08:00~12:00 📍 21.0356, 105.83262

TIP
함께 들르기 좋은 못꼿 사원

호치민 묘소에서 박물관으로 가는 길목에 있다. 베트남 국보 1호로 지정되어 있으며 기둥이 하나라는 뜻에서 '못꼿 사원'이라 불린다. 기둥이 하나인 이유는 연꽃을 형상화했기 때문이다. 1049년 리 타이 똥 황제는 대를 이을 아들이 없어 고민하던 중 꿈속에서 관세음보살을 만나 연꽃 속에 쌓인 왕자를 얻었다고 한다. 이후 하늘에 감사의 뜻을 전하기 위해 이 사원을 세웠다.

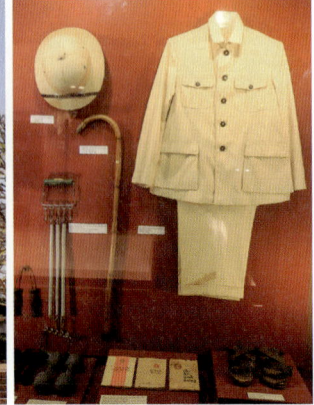

REAL GUIDE

호치민 박물관 핵심 관람 포인트

호치민 박물관은 얼핏 보면 미술관 같다. 단순히 유품을 전시하기보다는 호치민의 생애를 조형물로 상징화해 만들었기 때문이다. 그래서 각 작품의 의미를 해석할수록 재미를 느낄 수 있다. 테마별로 관람 포인트를 정리했으니 참고해서 둘러보자.

호치민 동상(2~3층)

박물관 내부로 들어서면 가장 먼저 시선을 끄는 것이 높이 3.5m의 호치민 동상이다. 뒤 배경을 주목해보자. 태양과 반얀트리 나무를 찾을 수 있다. 태양은 국가의 희망과 승리를 상징하고, 반얀트리는 가지에서 다시 뿌리를 내리는 나무로 '바람에도 흔들리지 않는 강인한 생명력'을 뜻한다. 조금 더 가까이 가보자. 호치민은 폐타이어로 만든 허름한 샌들을 신고 있다. 평소의 검소한 삶을 보여준다.

호치민 박물관 테마별 전시(3층)

Ⓐ 호치민의 탄생

1890년 베트남 중부의 작은 마을 낌리엔(Kim Liên)에서 태어난 호치민의 생가를 재현했다. 작은 초가집 주변에 연꽃이 피어 있는데 이는 '진흙 속에서도 지조를 잃지 않고 고귀하게 피어난 꽃'을 상징한다.

Ⓑ 호치민의 청년기

거친 파도 길을 따라가 보자. 당시 호치민은 농민 시위에 참여했다는 이유로 퇴학을 당하는데, 이후 프랑스로 향하는 선박의 주방 보조로 취직해 전 세계를 떠돌아다닌다. 이 구역의 벽화는 홍콩에서 회의 중인 호치민의 모습이다. 본격적으로 독립운동을 이어나가며 농민과 노동자가 주체가 되는 혁명을 위해 공산당을 창당했을 때다. 회의 테이블 아래에는 복숭아꽃이 피어 있는 것을 볼 수 있는데 이는 '승리의 봄날'을 상징한다. 왼쪽 배경에서는 러시아, 중국, 프랑스의 랜드마크 건축물을 확인할 수 있다. 혁명은 여러 나라의 연대를 통해 이루어진다는 것을 뜻한다.

Ⓒ 호치민의 중장년기

C 구역 조형물은 동굴처럼 보인다. 어두운 굴속에 작은 화로가 있어 누군가 생활하고 있음을 암시한다. 더 안쪽으로 들어가보자. 호치민과 베트남 독립운동가들의 경계가 나뉘어 있는 걸 볼 수 있다. 호치민은 프랑스로부터 사형 선고를 받은 후 동굴에서 숨어 사는 모습을 보여주고, 다른 쪽은 그럼에도 불구하고 계속해서 독립운동을 이어나가 마침내 혁명을 이루는 모습을 그려냈다.

Ⓓ 호치민 대통령 서거와 남북전쟁

베트남의 독립을 인정하지 않는 프랑스와 이 기회를 노린 미국 사이에서 결국 베트남은 남북으로 갈렸다. 호치민은 남은 생애 동안 남북통일을 위해 노력했으나 끝내 통일을 보지 못하고 눈을 감았다. D 구역은 계속되는 전쟁을 형상화했고, 뒤편에는 호치민이 서거한 관저를 전시해두었다.

Ⓔ 호치민을 기억하며~
Ⓖ 베트남 전쟁의 승리

연꽃잎이 모여 혁명의 승리를 피워냈다. 꽃잎마다 세계 여러 나라에서 보내준 선물이 전시되어 있는데, 이는 국제적으로 연대해 베트남의 독립을 이루어냈음을 상징한다. 출구 쪽에는 작은 피라미드가 세워져 있다. 자세히 보면 5개의 언어로 "지구상의 모든 사람은 평등하다. 우리는 삶, 행복, 자유에 대한 권리가 있다"고 쓰여 있다.

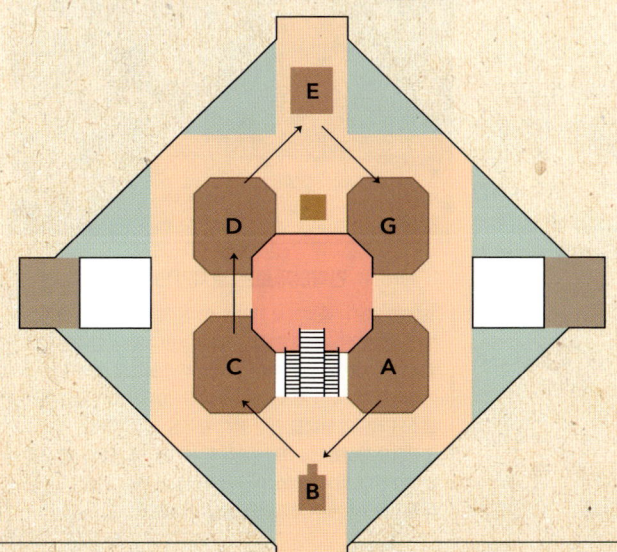

05

호치민 묘소 Ho Chi Minh Mausoleum 🔊 랑 쭈 띡 호찌민 Lăng Chủ tịch Hồ Chí Minh 🧡

호치민의 시신이 잠든 무덤

베트남 사람들이 가장 존경하는 지도자 호치민의 시신이 안치된 무덤이다. 평생 검소한 삶을 살았던 호치민은 생전에 '내가 죽으면 화려한 장례식 대신 화장을 해달라'며 개인숭배로 이어지는 묘소 건립을 반대했으나, 정부는 언제든 국민들이 그를 만나 참배할 수 있도록 시신을 방부 처리해서 보존했다. 묘소 내부에서 유리관 안에 잠든 호치민 주석의 모습을 볼 수 있다. 엄숙한 공간인 만큼 실내 촬영은 금지하며 민소매 차림이나 짧은 반바지 차림으로는 입장 불가다. 매시 정각에 하얀 군복을 입은 경호원들이 교대식을 한다. 묘소 앞 잔디밭은 '바딘 광장'으로 1945년 9월 2일에 베트남의 독립을 선포한 곳이다. 아이러니하게도 호치민은 같은 날인 1969년 9월 2일에 서거했다.

📍 2 Hùng Vương, Điện Bàn, Ba Đình 🚶 호안끼엠 호수에서 택시로 10분, 서호 전꾸옥 사원에서 택시로 4분 💵 무료 🕐 4~10월 07:30~10:30, 토 일요일 07:30~11:00 / 11~3월 화~목요일 08:00~11:00, 토 일요일 08:00~11:30(내부 관람은 아침에만 가능. 해마다 9~12월 사이에는 시신 방부 처리를 위해 입장을 제한한다.)
🌐 21.03677, 105.83464

TIP
간략하게 보는 '호치민'의 생애

1890년 베트남 중부에서 태어난 호치민은 청소년 시기 프랑스에서 운영하는 국립학교에 다녔지만 농민 시위에 참여한 일로 퇴학당한다. 이후 청년기에는 선박의 주방 보조로 취직해 전 세계를 떠돌아다니며 세계정세를 배운다. 30세가 되던 해엔 마르크스와 레닌의 영향을 받아 정치 활동을 시작, 40세엔 베트남 공산당을 창설했으나 프랑스로부터 사형선고를 받아 망명 생활을 이어간다. 이어 프랑스, 미국과의 끝없는 투쟁이 있었으며 끝내 통일을 보지 못하고 79세에 생을 마감했다.

06 호치민 관저 Ho Chi Minh's Stilt House 🔊 냐 산 박호 Nhà sàn Bác Hồ

호치민의 검소한 삶을 엿볼 수 있는 집무실

프랑스로부터 독립한 후 호치민이 생을 마감할 때까지 살았던 곳이다. 우리로 치면 청와대 역할을 하는 곳인데, 한 나라의 지도자가 생활하고 집무했던 공간이라고 하기엔 매우 소박하다. 원래 건물인 주석궁은 프랑스 식민 시대에 지어 총독부로 쓰인 곳이라 입주를 거부했기 때문이다. 대신 근처에 있는 정원사의 집을 관저로 사용했다. 나무로 지은 2층 집인데 그마저도 1층은 회의를 하는 공용 공간이고, 실제로는 2층만 사용했다. 방에는 책상과 작은 침대가 하나 놓여 있는데, 이 모습을 보면 평소에 호치민이 얼마나 검소한 삶을 살았는지 짐작할 수 있다. 집 앞으로 인공 호수가 있고 주변에 망고나무 거리가 있어 그늘을 따라 산책 삼아 걷기 좋다.

📍 Số 1 Ngõ Bách Thảo, Ngọc Hồ, Ba Đình 🚶 호치민 묘소를 정면으로 보고 오른쪽 방향으로 도보 2분 거리에 매표소가 있다. 🕐 월 08:00~11:00, 수~일 08:00~16:00(점심시간 운영 안 함) 💰 성인 40,000동
📌 21.03815, 105.83317

TIP 프랑스 식민 시절 총독부 '주석궁'

매표소 입구를 지나면 정면으로 보이는 노란색 건물이다. 프랑스 식민 시대인 1908년에 완공했으며 당시엔 프랑스령 인도차이나 총독부로 쓰였다. 일반인의 내부 관람은 불가하며, 외국 국빈이 방문했을 때만 접견실로 쓰인다.

07 탕롱 황성 Thăng Long Imperial Citadel ◀) 황 탄 탕롱 Hoàng Thành Thăng Long

우리의 경복궁 같은 곳

'탕롱(Thăng Long)'은 하노이의 옛 이름, '황성'은 황제의 궁을 뜻한다. 1010년에 리(Lý) 왕조가 창건했으며, 1810년에 수도를 후에로 옮기기 전까지 역대 왕들이 생활한 공간이다. 궁궐은 정문인 '도안몬'에서부터 왕의 집무실인 '디엔 낀티엔'까지 일직선으로 이어지는 구조인데, 뒤로 갈수록 리 왕조 시대의 건축물은 심하게 훼손되고 프랑스 식민지풍 건축물이 대신 들어서 있다. 마지막에는 현대식 건물과 지프차 한 대가 있는데, 이곳 지하 벙커(D67)는 베트남 전쟁 당시 호치민이 작전 지휘를 하던 곳이다. 탕롱 황성은 베트남 리 왕조부터 호치민까지 1,000년의 역사가 담긴 공간이라 할 수 있다. 2010년에 세계 문화유산으로 등재되었다.

📍 19C Hoàng Diệu, Điện Bàn, Ba Đình 🚶 호안끼엠 호수에서 도보 27분, 호치민 묘소에서 도보 10분 💰 성인 30,000동 🕘 화~일 08:00~17:00(월 휴무) 📍 21.03522, 105.84020

08 베트남 군 역사박물관 Vietnam Military History Museum
◀) 바오 땅 릭 스 꾸언 스 비엣남 Bảo tàng Lịch sử Quân sự Việt Nam

실제 전쟁에서 쓰인 전투기를 볼 수 있는 곳

베트남의 역사는 전쟁의 역사라 불러도 과언이 아닐 만큼 중국, 프랑스, 일본, 미국과 같은 강대국과 수많은 전쟁을 치렀다. 군 역사박물관에서는 베트남군이 어떤 전략으로 어떻게 독립했는지 한눈에 볼 수 있다. 특히 야외 전시장에서는 실제로 전쟁에서 사용한 탱크, 전투기, 대형 무기 등을 볼 수 있고, 바로 옆에는 시내를 전망할 수 있는 깃발 탑도 있다. 실내 전시장은 총 3개 건물로 구분되어 있는데, 첫 번째 건물(S2)은 1세기부터 프랑스 식민 시대(~1954년)까지, 두 번째 건물(S3)은 미국 전쟁(~1975)까지, 세 번째 건물(S4)은 통일 이후부터 현재까지 베트남 군대의 역사를 다루고 있다.

> **TIP**
> **함께 들르면 좋은 곳 '깃발 탑'**
> 군 역사박물관 마당에 있는 깃발 탑은 원래 탕롱 황성의 일부로 1812년에 국기 게양을 위해 지었다. 심하게 훼손된 탕롱 황성과 달리 깃발 탑은 원형대로 보존되었는데 그 이유는 프랑스 식민 시대에 감시탑으로 쓰였기 때문이다. 내부 계단을 통해 3층까지는 직접 올라가볼 수도 있다.

📍 28A Điện Biên Phủ, Điện Bàn, Ba Đình 🚶 탕롱 황성에서 도보 4분. 멀리서도 깃발 탑이 보인다. 💰 성인 40,000동(군 역사박물관+깃발 탑 포함) 🕘 화·수·목·토·일 08:00~11:30, 13:00~16:30(월·금 휴무) 📍 21.03235, 105.83984

09
문묘 Temple of Literature 반 미에우 Văn Miếu

리 왕조 시대 최고의 교육 기관을 품은 유교 사원

문묘는 공자의 위패를 모시고 제사를 지내는 곳으로 1070년에 세웠다. 베트남에 중국식 유교 사원이 있다는 것이 다소 이질적으로 느껴질 수 있으나, 리 왕조 때 '우리도 중국과 다름없이 강한 국가'라는 점을 과시하기 위해 전략적으로 지었다. 문묘 안쪽에는 베트남 최초의 대학교인 국자감(國子監)이 있으며, 이곳에서 양성된 인재들은 훗날 국가를 안정화하는 데 크게 기여했다. 현재는 거북이 모양 비석을 만지면 시험에 합격한다는 설이 있어 자녀를 둔 부모나 학생들이 많이 찾는다. 졸업 시즌인 여름에는 아오자이를 입고 졸업 사진을 촬영하는 대학생들도 만날 수 있다. 한국어 팸플릿이 있으니 참고하자.

📍 58 Quốc Tử Giám, Văn Miếu, Đống Đa 🚶 호치민 묘소에서 남쪽으로 도보 19분. 구글 맵스에서 문묘를 검색하면 북쪽이 입구로 나오지만 매표소는 남쪽에 있다. 💰 성인 30,000동 🕗 08:00~18:00 📞 21.02812, 105.83566

> **TIP**
> **하노이를 상징하는 로고는 '규문각'**
>
> 하노이 정부기관, 관광 스폿에서도 쉽게 볼 수 있는 로고의 배경은 문묘에 있는 '규문각'이다. 하노이를 대표하는 로고를 만들기 위해 시민 공모를 받았는데, 호안끼엠 호수가 될 거란 예상을 뒤엎고 문묘가 최종 낙찰되었다. 지혜와 예의를 상징하는 문묘의 뜻을 기리기 위해서라고. 베트남 지폐 100,000동에서도 문묘 규문각을 볼 수 있다.

10
베트남 예술 박물관 Vietnam Fine Arts Museum
바오 땅 미 투엇 비엣남 Bảo tàng Mỹ thuật Việt Nam

베트남의 근현대사를 예술로 승화한 곳

프랑스 식민 시절에 공보부 청사로 쓰였던 곳으로 1966년에 미술관으로 개조했다. 1층은 선사 시대부터 응우옌 왕조까지, 2층과 3층은 20세기 이후의 근현대 미술 작품을 연대순으로 전시했다. 원래 집무실이었던 공간이라 전시실이 34개나 되어 복잡하므로 팸플릿 번호를 보고 순서대로 따라가자. 하노이의 박물관은 대부분 테마가 전쟁과 역사라서 분위기가 무거운 편인데, 예술 박물관은 미술을 통해 당시의 문화와 생활상을 엿볼 수 있어 가벼운 마음으로 들르기 좋다. 문묘와 가까우니 함께 둘러보자.

📍 66 Phố Nguyễn Thái Học, Điện Bàn, Ba Đình 🚶 문묘에서 북쪽 방향으로 도보 6분 💰 성인 40,000동 🕗 08:30~17:00 📞 21.03076, 105.83708

11 민족학 박물관 Museum of Ethnology 바오 땅 잔 쪽 혹 비엣 남 Bảo tàng Dân tộc học Việt Nam 한국의 민속촌 같은 곳

시내 중심에선 멀지만 베트남 소수민족들의 생활상을 보기 쉽게 전시하고 있어 애써 찾아갈 만하다. 내부보다 야외 전시물이 더 흥미로운데, 실제 크기의 마을회관은 직접 들어가 볼 수도 있다. 또한 무덤 옆에 신체의 특정 부위를 지나치게 강조해 에로틱한 목각 인형들도 있는데 이는 죽음과 탄생을 이어주는 '삶의 순환'을 표현한다. 체험, 공연, 포토 스폿 중심이라 타 박물관보다 흥미롭다. 한국어 팸플릿을 갖추고 있다.

📍 Nguyễn Văn Huyên, Quan Hoa, Cầu Giấy 🚶 롯데센터에서 택시로 4분 💰 성인 40,000동 🕗 08:30~17:30(월 휴무)
📌 21.03076, 105.83708

12 통킨쇼 The Quintessence of Tonkin 물위에서 펼치는 베트남 최대 규모의 공연

하노이 3대 공연 중 가장 화려하다. 무대가 실제 호수라서 배우들이 마치 물위를 떠다니는 것처럼 보여 이색적이다. 이는 베트남 북부 전통 공연인 수상인형극을 현대식으로 발전시킨 것으로 불교, 과거 급제 등 6개 테마로 1시간가량 진행된다. 등장인물이 무려 200여 명, 규모도 1,300평이나 된다. 도심에서 25km가량 떨어져 있으나 여행사에서 미리 티켓을 예약하면 무료 픽업을 제공한다.

📍 Baara Land, Làng Đa Phúc, Quốc Oai 🚶 롯데센터에서 택시로 27분 💰 실버석 800,000동, 골드석 900,000동(픽업 포함)
🕗 화·수·토 19:00~20:00 📌 21.01957, 105.63998

13 반푹 실크 빌리지 Van Phuc Silk Village 랑 루어 반푹 Làng Lụa Vạn Phúc

형형색색의 우산으로 하늘을 덮은 실크 마을

하노이 외곽에 있는 마을이다. 합리적인 가격에 질 좋은 실크를 살 수 있는 데다 특유의 분위기 덕에 최근 여행자들 사이에서 떠오르는 포토 스폿으로 입소문이 났다. 인증샷 명당은 하늘 가득 우산으로 채운 메인 거리! 자세히 보면 각각의 우산에 고양이, 판다와 같은 동물 표정이 그려져 있어 앙증맞다. 현재 이곳에서는 총 785가구가 실크 산업에 종사하고 있으며, 거리 곳곳에서 천을 짜거나 염색하는 모습도 볼 수 있다. 사진도 찍고 스카프도 살 겸 가볍게 가보자.

📍 69 Đường Vạn Phúc, Vạn Phúc, Hà Đông 🚶 롯데센터에서 택시로 19분 📌 20.97913, 105.77292

01 팀호완 Tim Ho Wan Restaurant

5,000원에 맛보는 미쉐린 원 스타 딤섬

팀호완은 홍콩이 본점인 딤섬 레스토랑이다. '세계에서 가장 저렴한 미쉐린 레스토랑'으로 유명하며 2009년에 처음 미쉐린 원 스타를 받았다. 참고로 미쉐린은 총 3단계의 별이 있으며, 1개는 요리가 훌륭한 식당, 2개는 요리를 맛보기 위해 찾아갈 만한 식당, 3개는 일부러 찾아가도 아깝지 않은 식당을 뜻한다. 이곳은 베트남에 유일한 팀호완 지점으로, 가격은 홍콩 현지와 비슷하며 전망이 좋아 여행자들 사이에서 인기다. 롯데센터 건물 36층에 있어 롯데마트와 함께 들르기 좋다. 다만 양이 많지 않으니 둘이서 간다면 딤섬 5판 정도는 시켜야 넉넉하다. 대표 메뉴는 왕새우 딤섬과 시금치 딤섬. 창가 좌석은 사전 예약을 권한다.

📍 36Floor, Lotte Center 🚶 롯데센터 36층 🍽 왕새우 딤섬 98,000동, 시금치 딤섬 72,000동(서비스 차지 & 세금 15% 별도)
🕐 11:30~22:00 📞 +84-24-3333-1725
🌐 21.03219, 105.81236

02 코토 레스토랑 KOTO Restaurant

베트남 최초의 사회적 기업 레스토랑

코토(KOTO)는 '하나를 알면 하나를 가르쳐라(Know One Teach One).'라는 뜻으로, 거리의 소외계층 아이들에게 교육과 일자리를 제공하는 사회적 기업 레스토랑이다. 이곳이 설립된 배경에는 한국인 아버지와 베트남 어머니 밑에서 자란 '지미 팸(Jimmy Pham)'의 역할이 컸다. 그는 베트남 길거리 아이들이 경제적으로 자립할 수 있는 방법을 고민하던 중 무조건적인 지원보다는 일자리가 필요하다는 생각에 1999년 베트남 최초의 사회적 기업 레스토랑을 설립했다. 20년이 지난 지금은 하노이에 이어 호치민에도 레스토랑과 직업 교육 센터를 운영하고 있으며, 수익금은 아이들의 교육비, 숙식비, 의료비로 쓰인다. 메뉴는 베트남 전통식으로 3코스 세트 요리가 있으며 맛도 훌륭하다.

📍 39-41 P. Văn Miếu, Đống Đa, Hà Nội 🚶 문묘 매표소가 있는 정문에서 동북쪽 방향으로 도보 3분 🍽 베트남 세트 메뉴 268,000동, 하노이 세트 메뉴 328,000동(서비스 차지&세금 15% 별도)
🕐 10:00~14:00, 16:00~20:00 📞 +84-24-6686-7736
🌐 21.02815, 105.83634

03 살모노이드 Salmonoid

연어 요리 전문 레스토랑, 런치 코스 추천!

연어로 이렇게 다양한 요리를 창조할 수 있다는 게 놀랍다. 굳이 연어만 고집한 이유를 물으니 연어의 귀소본능처럼 모든 여행자가 결국 자신들의 집으로 돌아가는 것을 상상하며 이 레스토랑을 만들었다고. 내부 인테리어도 가정집처럼 방이 나뉘어 있다. 가격이 비싼 편이라 가능하면 단품보다는 런치 메뉴를 주문하는 것이 좋다. 런치 메뉴는 5코스와 4코스가 있으며 연어 샐러드, 연어 스테이크, 연어 회 등 다양하게 제공된다.

📍 32C Cao Bá Quát, Điện Bàn, Ba Đình 🚶 베트남 예술 박물관에서 동쪽 방향으로 도보 2분. 입구가 작아 지나치기 쉬우니 주의! 💰 런치 세트 No.1(5코스) 380,000동, 런치 세트 No.2(4코스) 270,000동(서비스 차지 & 세금 15% 별도) 🕐 10:00~14:00, 17:30~22:30
📞 +84-24-3200-0628 📍 21.03066, 105.83815

04 메종 드 에떼 Maison d'été

스무디 볼이 맛있는 인스타 감성 카페

요즘 SNS에서 가장 핫한 카페다. 골목 안쪽에 있는 애매한 위치임에도 애써 찾아갈 정도다. 규모는 넓지 않지만 아담하면서도 깔끔한 인테리어 덕에 사진 찍는 재미가 있는 곳이다. 가장 인기 있는 포토존은 입구 대문. 회색 벽에 우드 톤으로 포인트를 준 대문이 심플하면서도 감각적이다. 메뉴는 과일 스무디 볼, 코코넛 커피, 크루아상 등이 있다. 현지인들에게도 인기 있는 곳이라 여유롭게 사진 찍으려면 오전 시간에 방문하는 것이 좋다.

📍 2R6M+52F, Trung Tự, Đống Đa 🚶 문묘에서 남쪽 방향으로 차로 10분 💰 스무디 볼 60,000동, 코코넛 커피 45,000동 🕐 09:00~20:00
📞 +84-915-450-572 📷 masionde.ete 📍 21.01044, 105.83255

TIP 골목 안쪽에 있어서 입구를 찾기 힘들다. 근처에 하차하여 구글지도를 위성 모드로 바꿔 보자. 그러면 골목길 양쪽 끝에 입구가 보인다.

05 고려식당 Nhà Hàng Koryo

평양냉면에 대동강 맥주 한 잔

북한 정부에서 운영하는 식당으로 여행 중 한식이 당긴다면 가볼 만하다. 냉면 종류도 평양냉면, 옥류관 쟁반냉면, 소적쇠 쟁반냉면까지 세 종류나 된다. 평소 심심한 맛을 즐기지 않는다면, 고기구이가 들어간 소적쇠 쟁반냉면을 추천한다. 가격은 주류를 제외하면 한국과 비슷한 수준이고, 김치도 따로 주문해야 한다. 4인 이상 단체 예약 시 직원들의 특별 서비스 공연도 가능하다. 종업원 촬영은 불가하고 주문한 음식만 촬영할 수 있다.

📍 61 P.Trung Hoà, Trung Hoà, Cầu Giấy 🚶 롯데호텔에서 남서쪽 차로 16분 💰 평양냉면 180,000동, 대동강 맥주 350,000동
🕐 11:00~23:00 📞 +84-336-409-415 📍 21.01581, 105.80031

01 크래프트 링크 Shop Craft Link

베트남 소수민족을 지원하는 공정무역 소품 숍

1996년에 설립된 공정무역 단체로 베트남 소수민족이 생산한 수공예품을 유통 및 판매하고 있다. 이들은 생산자에게 공정한 임금을 지불하는 것은 물론 보수 교육을 진행하며, 궁극적으로는 베트남 소수민족 문화를 복원하기 위해 활동하고 있다. 겉보기엔 매장이 작아 보이지만 내부 계단을 통해 올라가면 구석구석 다양한 상품이 진열되어 있다. 책갈피, 파우치, 도시락 가방, 에코 백 정도가 살 만하다.

📍 51 P. Văn Miếu, Đống Đa 🚶 문묘 매표소가 있는 정문에서 동북쪽 방향으로 도보 3분 💰 파우치 100,000동, 도시락 가방 155,000동 🕘 09:00~18:00 📞 +84-24-3733-6101 🌐 21.02779, 105.83614

02 토헤 스타일 Tohe Style

소외계층 아동의 그림으로 만든 패브릭 숍

낙서인지 예술인지 헷갈린다. 하지만 의미를 하나씩 곱씹어 보면, 아이들의 순수한 세계가 제품에 녹아있는 게 느껴진다. 옷, 파우치, 에코백 등을 판매하는 토헤 스타일은 2006년에 설립된 사회적기업이다. 이곳에서는 장애, 자폐, 고아, 저소득층 아동과 예술 놀이를 통해 완성한 그림을 패턴으로 제작해 패브릭 제품을 만든다. 수익금은 아이들의 교육과 자립을 위해 쓰인다. 상품에 담긴 의미도 좋지만 퀄리티도 좋아 더욱 추천하는 곳이다.

📍 8 P. Đỗ Quang, Trung Hoà, Cầu Giấy 🚶 롯데센터에서 남쪽 차로 9분 💰 파우치 160,000동, 원피스 589,000동 🕘 09:00~19:30 📞 +84-837-790-465 🏠 tohe.vn 🌐 21.0115, 105.8015

03 다오스 케어 마사지 스파 Dao's Care Massage Spa

사파 소수민족 스타일 마사지가 궁금하다면

사파 소수민족 '레드 다오(Red Dao)' 스타일의 전통 치료법을 이어오면서, 동시에 직원의 70%는 시각장애인 안마사를 고용해 일자리를 지원한다. 시그니처 마사지는 '젠 스파'로 75분 동안 핫스톤, 스웨디시, 딥 티슈, 레드 다오족 마사지까지 4종류를 체험할 수 있다. '레드 다오 허벌 배스(Red Dao Herbal Bath)'를 추가하면 사파 소수민족의 치료법으로 120가지 약초가 담긴 개인 욕조에서 15~20분 동안 목욕을 할 수 있다.

📍 351 Hoàng Hoa Thám, Ngọc Hồ, Ba Đình 🚶 롯데센터 하노이에서 도보 20분 또는 그랩 택시로 5분 💰 젠 스파 480,000동(75분), 레드 다오 허벌 배스 150,000동(15분) 🕘 09:00~22:00 🌐 21.04201, 105.81751

AREA 04

주말 나들이 가고 싶은
서호
West Lake
🔊 호 떠이 Hồ Tây

베트남어로 '호 떠이(Hồ Tây)'는 '서쪽 호수'라는 뜻이다. 바다만큼 넓은 호수라 하노이에서 유일하게 휴양지 느낌을 낼 수 있는 곳으로, 5성급 고급 호텔도 대부분 서호에 집중되어 있다. 서울에 비유하면 이태원과 석촌호수를 섞은 듯한 분위기. 평화로운 호수 풍경은 물론 외국인이 많이 거주해 트렌디한 카페나 펍이 많다. 해 질 녘이 특히 아름다우니 팬 퍼시픽 호텔 20층 '서밋 라운지'는 꼭 들르자.

ACCESS

① 공항에서 출발
클룩에서 공항 픽업 예약 시 인터컨티넨탈 호텔까지 약 27분 소요(약 400,000동)

② 호안끼엠 호수에서 출발
서호 쩐꾸옥 사원까지 택시로 9분 소요

③ 롯데센터에서 출발
서호 응옥썬 사당까지 택시로 9분 소요

REAL COURSE

여행 중 소소한 행복
서호 나들이 코스

화려하지는 않아도 소소한 쇼핑이나 카페 탐방을
즐기는 여행자에게 추천하는 코스다.
바다처럼 넓은 서호 전망 덕분에 도심에서
잠시 벗어나 소풍 온 것처럼 여유를 느낄 수 있다.

12:00 페페 라 폴레에서 점심 식사 P.211

택시 6분

13:00 네이처 기프트에서 인테리어 소품 사기 P.216

도보 5분

14:00 메종 드 뗏 데코에서 휴식 P.213

택시 8분

15:00 쩐꾸옥 사원 구경하기 P.209

도보 1분

16:00 쭉박 호수 산책 P.210

도보 7분

16:30 서밋 라운지에서 일몰 보며 칵테일 한잔 P.215

서호 상세 지도

01
서호 West Lake 호떠이 Hồ Tây

하노이에서 가장 큰 호수

하노이는 강이 범람해 만들어진 도시로 300개가 넘는 크고 작은 호수가 있다. 그중 서호는 원래 홍강(Red River)의 물줄기였던 곳으로, 둘레는 17km, 면적은 5km²에 달해 호안끼엠 호수보다 40배 정도 크다. 바다처럼 보일 만큼 워낙 넓어 프랑스 식민 시절부터 전망 좋은 고급 주택이 앞다퉈 들어섰는데 지금도 호텔, 레스토랑, 외국인들의 레지던스가 계속 개발 중이다. 복잡한 도시보다는 한가로운 풍경을 즐기고 싶다면 들러보자. 낮에 방문한다면 '쩐꾸옥 사원'을 따라 산책하기 좋고, 해 질 녘에 방문한다면 루프톱 바에 앉아 칵테일 한잔하기 좋다.

📍 Hồ Tây, Hà Nội 🚶 호안끼엠 호수 북서쪽. 차로 11~20분 내외
🌐 21.05327, 105.81673

> **TIP**
> **서호의 명물**
> **'반 똠 호떠이(Bánh tôm Hồ Tây)'**
>
> 하노이 길거리 음식 중 하나인 '반똠'은 서호에서 처음 시작됐다. 밀가루와 채 썬 고구마에 새우를 얹은 작은 부침개라고 보면 되는데, 특별한 맛은 아니지만 한 입 거리 주전부리로 제격이다. 서호 길거리에서 산처럼 쌓아놓고 파니 호기심으로 하나쯤은 사먹어 보자.

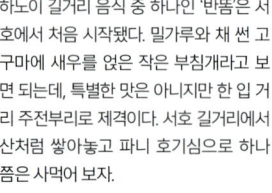

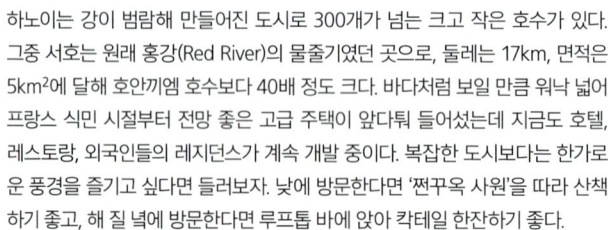

02

쩐꾸옥 사원 🔊 쭈어 쩐 꿕 Chùa Trấn Quốc 💛

베트남에서 가장 오래된 사원

베트남 최초의 왕인 리남제(544~548년) 집권 시기에 세운 불교 사원으로 원래 이름은 나라를 연다는 뜻의 '개국사(開國寺)'였다. 건설 당시에는 홍강(Red River) 부근에 있었으나 1615년 강이 범람하자 현재의 위치로 옮기며 '나라의 안정을 찾는다'라는 뜻의 쩐꾸옥으로 개명했다. 사원에 들어가려면 섬과 육지를 잇는 도로를 걸어가야 하는데, 이 모습이 측면에서 보면 마치 물위에 떠 있는 것처럼 보인다. 규모는 30분이면 충분히 돌아볼 정도로 크지 않지만 자연과 건축이 조화로워 현지인은 물론 관광객도 많이 찾는다.

📍 Thanh Niên, Yên Phụ, Tây Hồ　🚶 팬 퍼시픽 호텔에서 호수를 따라 남쪽으로 도보 5분　💰 무료
🕐 08:00~16:00(브레이크 타임 11:30~13:30)　📍 21.04795, 105.83693

03
쭉박 호수 Hồ Trúc Bạch

오리배 타고 커피 한잔 마시기 좋은 호수

원래 서호의 일부였으나 호수를 가로지르는 탄니엔(Thanh Niên) 도로가 생기면서 분리된 작은 호수다. '쩐꾸옥 사원'을 방문한다면 반드시 거치게 되는 곳으로, 탄니엔 도로를 달리고 있으면 마치 바다를 가로지르는 듯한 착각이 들 정도로 아름답다. 현지인들에게 데이트 코스로 인기 있으며, 주말 오후에는 곳곳에서 오리배(1인 시간당 50,000동)를 타는 모습도 볼 수 있다. 바로 옆에는 수상가옥 카페 하이랜드 커피도 있으니 호수 뷰를 바라보며 잠시 쉬어가도 좋다.

> **TIP 함께 가볼 만한 곳**
> ① 하이랜드 커피(호수 위 수상 가옥 카페) Highlands Coffee Hồ Trúc Bạch
> ② 오리배 탑승장 Bến đạp vịt Hồ Trúc Bạch
> ③ 존 맥케인 기념비 John McCain monument 미국 대통령 후보였던 존 맥케인이 베트남 전쟁 때 전투기를 타다 추락한 곳. 그는 훗날 호아로 수용소에 수감되었다.

📍 9 Đ. Thanh Niên, Quán Thánh, Ba Đình 🚶 팬 퍼시픽 하노이 호텔 맞은편 호수 📍 21.04611, 105.83895

04
꽝안 꽃 시장 Quảng An Flower Market 🔊 쩌 호아 꽝 안 Chợ hoa Quảng An

한밤에 열리는 꽃 도매시장

베트남 북부에서 가장 큰 꽃 시장이다. 도매시장이라 여러 종류의 신선한 꽃을 살 수 있고, 도심과 가까워 가벼운 마음으로 들르기 좋다. 가격도 한국의 절반 수준. 구글 맵스에서 검색하면 꽝안(Quảng An) 꽃 시장과 꽝바(Quảng Bá) 꽃 시장이 나오는데 두 곳이 이어져 어디를 들러도 상관없다. 또한 24시간 영업한다고 알려져 있지만 낮에는 문을 닫는 곳이 많아 제대로 구경하려면 밤 10시부터 새벽 2시 사이에 방문하는 것이 좋다. 늦은 시간에 방문할 여건이 안 된다면 베트남 공휴일이나 설날(Tết) 전에 들르면 활기찬 모습을 볼 수 있다.

📍 236 Âu Cơ, Quảng An, Tây Hồ 🚶 인터컨티넨탈 호텔에서 차로 5분 🕐 24시간 📍 21.06812, 105.82705

01
코토 빌라 KOTO Villa 거리 청소년들의 자립을 돕는 착한 레스토랑

앞서 소개한 코토 레스토랑과 마찬가지로 소외계층 아이들에게 교육과 일자리를 제공하는 레스토랑이다. 한국인 아버지와 베트남인 어머니 아래에서 자란 지미 팸에 의해 1999년 베트남 최초의 사회적기업 레스토랑으로 설립되었다. 문묘 지점은 베트남 음식을 판매하지만 서호 지점은 브런치부터 애피타이저, 샐러드, 메인 요리에 이르는 인터내셔널 메뉴와 와인, 칵테일을 선보인다.

◆ 44 Tay Ho Road, Tây Hồ ◆ 인터컨티넨탈 호텔에서 북쪽 방향으로 차로 6분 ◆ 연어 포케 199,000동, 프렌치 토스트 149,000동 ◆ 07:00~22:00 ◆ +84-844-383-999 ◆ kotovilla.com
◆ 21.06526, 105.82403

02
페페 라 풀레 Pépé La Poule 👍 서호 전망 아시안 퓨전 요리 레스토랑

맛, 전망, 친절도, 가격까지 만족스러운 곳이다. 일본에서 자란 주인이 베트남에 정착하며 퓨전 요리를 하는데 우리 입맛에도 잘 맞는다. 런치 타임에 방문하면 우리 돈 9천 원에 3코스 요리(세트 A)를 맛볼 수 있다. 메인 메뉴는 총 12가지인데 가장 인기 있는 메뉴는 딥 프라이드치킨(Deep fried chicken). 공깃밥도 유료로 추가할 수 있다. 총 3층 건물로 1층은 바, 2층은 실내 테이블, 3층은 서호 전망 테라스 석으로 이루어져 있다.

◆ 22 Phố Quảng Khánh, Quảng An, Tây Hồ ◆ 인터컨티넨탈 호텔에서 차로 7분 ◆ 런치 세트 A/B: 185,000/250,000동
◆ 11:00~23:00 (런치 타임 11:00~15:00) ◆ +84-24-6291-2641 ◆ 21.05563, 105.82127

03 찹스 떠이호 Chops Tay Ho

호주산 와규와 베트남 수제맥주의 조화

찹스는 2015년 서호에 1호점을 낸 후 꾸준히 확장하고 있다. 스코틀랜드 출신 요리사 리치 바슬리가 운영하며, 직원들도 유창한 영어를 구사하는 햄버거 전문점이다. 찹스만의 특별 레시피는 바로 패티에 있다. 매일 호주에서 직배송해 온 최고급 와규만 쓰기 때문에 고기가 연하고 육즙이 풍부하다. 빵도 모닝빵처럼 두툼하고 부드러운 것이 특징이다. 햄버거 종류별로 잘 어울리는 맥주를 문의하면 친절히 알려 준다. 평일 런치 콤보로 주문하면 음료와 샐러드까지 포함해서 우리 돈 9천 원대라 실속 있다. 그랩 푸드 애플리케이션을 이용하면 배달도 가능하다.

📍 4 Quảng An, Tây Hồ 🚶 인터컨티넨탈 호텔에서 북쪽 방향으로 차로 4분 🍽 런치 콤보(월~금 11:00~14:00) 145,000~160,000동, 올 데이 콤보 99,000~235,000동 🕐 08:00~23:00 📞 +84-24-6292-1044 🏠 chops.vn 🌐 21.06265, 105.82915

04 아니타스 칸티나 Anita's Cantina

멕시코 요리와 칵테일 한잔

아니타스 칸티나는 '아니타의 술집'이란 뜻으로 식당 주인인 하비에르(Javier)의 어릴 적 보모 이름을 따서 지었다. 하비에르는 멕시코계 미국인으로 2014년 영어를 가르치기 위해 하노이에 왔는데, 잠깐 친구를 도와 팝업 스토어에서 타코를 팔다가 흔히 말하는 대박을 터뜨리면서 정식 매장을 냈다. 대표 음식은 타코, 케사디아, 부리토 등이며, 멕시코 전통 스타일이라기보다는 토핑이 풍부한 텍스멕스(미국식 멕시코 요리) 스타일에 가깝다. 요일별로 영업시간이 다르니 꼼꼼하게 확인 후 방문하자.

📍 36 Phố Quảng Bá, Quảng An, Tây Hồ 🚶 인터컨티넨탈 호텔에서 차로 7분 🍽 타코 플레이트(3개) 155,000동, 케사디아 140,000동 🕐 수~금 17:30~23:00, 토·일 11:30~14:00, 17:30~23:00(월·화 휴무) 📞 +84-94-900-91-32 🌐 21.06528, 105.82226

05 카펠라 스페셜티 Capella Specialty

내용이 없습니다

주로 서호에 거주하는 외국인들이 노트북 하나 들고 작업 공간처럼 들르는 카페다. 복닥거리는 호안끼엠의 카페와 달리 테이블 간격도 널찍하다. 직원들의 커피에 대한 자부심도 느껴진다. 8가지 원두를 직접 로스팅해서 핸드 드립으로 내려주며, 원두 구매도 가능하다. 우리에게 익숙한 아메리카노, 카페라테, 화이트 플랫 커피가 드리울 때 책 한 권 읽으며 여유롭게 쉬어가기 좋다.

📍 No 27 Alley, Ng. 12 Đ. Đặng Thai Mai, Quảng An 🚶 인터컨티넨탈 호텔에서 차로 6분 💲 베트남 스타일 커피 55,000동, 핸드 드립 커피 65,000동 🕐 07:00~19:00 📍 21.06206, 105.82321

06 메종 드 뗏 데코 Maison de Tet Décor

유기농 재료로 만든 브런치 카페

세계적인 여행 가이드북 〈론리 플래닛〉에서 톱 초이스로 추천한 곳이다. 호주 출신 주인이 운영하며, 주로 서양인들이 브런치를 먹기 위해 많이 찾는다. 메뉴는 샌드위치, 에그 베네딕트, 수제 버거, 팬케이크 등이 있는데 요리마다 채식주의자를 위해 재료를 조금씩 변형한 게 돋보인다. 예를 들면 에그 베네딕트 토핑도 햄이나 연어 중 선택할 수 있도록 되어 있다. 사파 소수민족과의 공정무역을 통해 받은 일부 인테리어 소품도 판매하기도 한다.

📍 26 P. Quảng Bá, Quảng An, Tây Hồ 🚶 인터컨티넨탈 호텔에서 도보 3분 💲 에그 베네딕트 180,000동, 주스 80,000동 🕐 08:00~20:00 📞 +84-24-3823-9722 📍 21.06573, 105.82311

07 더 팻 피그 The Fat Pig

서호 전망 보며 BBQ에 맥주 마시기 좋은 곳

한여름에 탁 트인 2층 테라스에서 야경을 보며 저녁 먹기 좋은 곳이다. 가장 인기 있는 메뉴는 폭립 BBQ. 굳이 하노이에서까지 폭립을 먹을 필요가 있을까 싶겠지만, 더 팻 피그는 농장 직거래를 통해 방부제 없는 베트남산 유기농 돼지고기만 쓰기 때문에 신선하고 육질이 부드럽다. 메뉴판을 자세히 읽어보면 고기마다 베트남 어느 지역에서 온 것인지 자세히 명시되어 있다. 한국 스타일 김치 샐러드나 한국식 소스를 곁들인 돼지고기 요리도 있다. 여럿이서 다양한 메뉴를 맛보고 싶다면 사이드 메뉴까지 포함된 BBQ 플레이트를 추천한다.

📍 74, Quảng An, Tây Hồ, Hà Nội 🚶 인터컨티넨탈 호텔에서 호수 길을 따라 차로 5분 💰 BBQ 플레이트 콤보(2인) 595,000동
🕐 월~금 11:00~23:00, 토·일 09:00~23:00 📞 +84-24-6292-4120 📍 21.06056, 105.82725

08 터틀 레이크 브루어링 컴퍼니 Turtle Lake Brewing Company

소규모 양조장을 운영하는 프리미엄 수제 맥주 펍

하노이의 수제 맥주 수준을 한층 끌어올린 주역이다. 2018년 네 명의 외국인이 공동 창업한 곳으로 동서양의 재료를 혼합해 새로운 맛의 맥주를 창조했다. 예를 들면 망고, 오렌지, 생강, 초콜릿, 커피를 첨가한 맥주는 물론 김치 칵테일도 있다. 우리 입맛에 익숙한 맥주를 찾는다면 VPA(Vietnamese Pale Ale)를 추천한다. 1층 뒤쪽에 작은 양조장을 갖추고 있다. 참고로 '터틀 레이크'는 하노이 전설의 주인공인 거북이와 호안끼엠 호수를 뜻한다.

📍 105 Phố Quảng Khánh, Quảng An, Tây Hồ 🚶 인터컨티넨탈 호텔에서 차로 7분 💰 맥주 샘플러(4종류) 180,000동, 치킨 윙(6조각) 110,000동 🕐 11:00~24:00 📞 +84-24-6650-5187
📘 Turtle Lake Brewing Company(페이스북)
📍 21.05924, 105.81856

09
서밋 라운지 Summit Lounge 🧡

서호 전망을 한눈에 볼 수 있는 루프톱 바

팬 퍼시픽 호텔 20층에 있다. 하노이에서 가장 높은 루프톱 바는 아니지만, 시티 뷰와 호수 뷰를 동시에 전망할 수 있는 아기자기한 매력이 있다. 하노이 관광 책자의 단골 사진도 대부분 이곳에서 찍었다. 서호의 쩐꾸옥 사원부터 쭉박 호수의 프랑스풍 건축물까지 가장 하노이다운 모습을 볼 수 있는 곳이다. 특히 날씨가 좋은 날은 호수에 노을이 반사되어 더욱 아름답다. 해 질 녘 좋은 좌석에 앉고 싶다면 가급적 예약을 권한다. 부모와 동반한다면 아이도 입장 가능하다. 복장은 스마트 캐주얼로 운동복이나 슬리퍼는 삼가는 게 좋다.

📍 1 Thanh Niên, Trúc Bạch, Ba Đình, Hà Nội 🚶 팬 퍼시픽 호텔 20층 💰 맥주 100,000동~, 칵테일 200,000동~ 🕐 16:00~24:00 📞 +84-24-3823-8888 ✉ enquiry.pphan@panpacific.com(예약) 🌐 21.04999, 105.83954

01
네이처 기프트 Nature Gift

라탄백부터 라탄 인테리어 소품까지

베트남 여행 필수 쇼핑 리스트로 꼽히는 라탄! 그 간 호안끼엠에서 본 디자인이 영 마음에 들지 않는 다면 서호의 네이처 기프트로 향하자. 같은 디자인 이라도 마감이 꼼꼼하고 종류도 다양하다. 베스트 셀러로는 과일 담아두기 좋은 라탄 바구니, 한 그릇 음식 담기 좋은 라탄 쟁반이 있다. 디자인 예쁜 라탄 백은 우리 돈으로 2만 원 이상은 생각해야 한다. 이 외에도 나무 그릇과 수제 향초도 판매한다. 코토 빌 라에서 도보 1분 거리니 함께 들르기 좋다.

📍 28 Đ. Tây Hồ, Quảng An, Tây Hồ 🚶 인터컨티넨탈 호 텔에서 차로 7분 💰 라탄 바구니 170,000동, 빅 사이즈 라 탄 백 420,000동 🕐 08:00~20:00 📞 +84-389-247-494 📍 21.06573, 105.82499

02
기안 돈 Gian Don

편안하고 깔끔한 에코 백 전문 숍

디자인과 실용성 둘 다 잡았다. 도톰한 천으로 정성껏 바느질한 에코 백을 판다. 일반 적인 에코 백과 달리 내·외부에 주머니가 많아 작은 소지품 담기에 편하다. 인기 상품 은 에코 백 끈 부분만 가죽으로 연결한 것인데, 자칫 평범할 수 있는 디자인에 포인트 를 줘 멋스럽다. 이 외에 리넨으로 만든 셔츠, 스카프, 원피스도 판매한다. 군더더기 없 이 깔끔한 디자인이라 한국에서도 무난히 입을 수 있다.

📍 248 P. Yên Hoa, Yên Phụ, Tây Hồ 🚶 인터컨티넨탈 호텔에서 도보 11분 💰 에코 백 180,000~480,000동 🕐 10:00~21:00 📷 @giandon_simple 📍 21.05629, 105.83512

TIP
함께 비교해 보세요
• Reusable bags Shop 에코백 전문 친환경 편집숍
• Palm House 깔끔하고 저렴한 빈티지 옷 가게

03
리코 부티크 Rico boutique

서호에서 가장 큰 빈티지 옷가게

하노이 서호는 해외 주재원들이 많이 사는 지역이다. 덕분에 감각적인 인테리어 소품숍과 빈티지 옷가게도 많은데, 리코 부티크는 그중 가장 규모가 큰 곳이다. 1층과 지하로 이루어져 있으며 수영복, 원피스, 요가복, 신발, 가방, 스카프와 같은 의류부터 그릇이나 장신구 같은 인테리어 소품도 판매한다. 다만 옷은 빈티지 중고 제품이다 보니, 보물찾기하듯이 꼼꼼하게 살펴봐야 하고 사이즈도 한정적이다.

📍 41-43 Đ. Xuân Diệu, Quảng An, Tây Hồ 🚶 인터컨티넨탈 호텔에서 차로 4분 💰 티셔츠 120,000동, 원피스 380,000동
🕐 09:00~19:00 📞 +84-90-223-1557 🌐 21.06349, 105.82864

04
북웜 Bookworm   **마음이 풀리는 작은 서점**

'책벌레'라는 뜻의 북웜은 하노이에서 가장 큰 영어 서점이다. 단순히 책을 사고파는 곳을 넘어 서호에 거주하는 외국인들에겐 작은 커뮤니티 역할도 한다. 서점 곳곳에 소파도 마련되어 편안하게 앉아서 책을 읽을 수도 있다. 여행자들이 살 만한 것은 베트남 요리책과 사진집이다.

📍 44 Châu Long, Trúc Bạch, Ba Đình 🚶 팬 퍼시픽 호텔에서 도보 10분 🕐 09:00~19:00 🌐 21.04525, 105.84234

05
야쿠시 센터 Yakushi Center   **1만 원대 합리적인 가격의 로컬 마사지**

뜨내기보다 단골이 많은 마사지숍이다. 여행자는 물론 서호에 사는 주재원 사이에서도 마사지 잘하는 집으로 소문난 곳. 특히 혈점을 제대로 눌러 근육을 풀어주는 시원한 마사지를 선호하는 사람들에게 인기가 좋다. 특이하게 부항과 침술을 활용한 치료도 있다. 허름한 편인데도 주말에는 예약 없이는 이용이 어려울 정도로 인기가 많으니, 카카오톡을 통해 사전에 예약하자. 팁은 받지 않는다.

📍 Number 6, Alley, 28 Đ. Xuân Diệu, Tây Hồ 🚶 인터컨티넨탈 호텔에서 북쪽으로 도보 6분 💰 스웨디시 마사지 280,000동(57분), 핫 스톤 마사지 300,000동(57분) 🕐 08:30~20:00 📞 +84-24-3719-1971 💬 Yakushi center(영어 문의) 🌐 21.06126, 105.83209

REAL PLUS
육지의 하롱베이
닌빈

닌빈은 어떤 곳?

닌빈은 하노이에서 자동차로 2시간 거리인 소도시. 너른 평야에 석회암 봉우리가 들쑥날쑥 솟아 있어 '육지의 하롱베이'라는 별명이 있다. 하이라이트는 강을 따라 동굴을 관람하는 나룻배 투어! 서서히 움직이는 배를 타고 있으면 논, 강, 산이 한눈에 담겨 한 폭의 동양화를 보는 것 같다. 크루즈는 부담스럽고 유유자적 뱃놀이는 하고 싶은 여행자라면 당일치기 투어로 다녀오기 좋다.

투어 예약 팁!

선택과 집중이 필요하다. 닌빈 지역의 핵심인 땀꼭과 짱안은 풍경이 비슷하므로 한 곳만 둘러보아도 무방하다. 동굴 탐험이 중요하다면 땀꼭이 포함된 투어, 유네스코 세계복합유산으로 지정된 곳이 궁금하다면 짱안이 포함된 투어를 선택하면 된다. 투어 예약 방법은 클룩, kkday에서 '닌빈'을 검색하면 수월하다. 투어별 평점과 후기를 한눈에 비교할 수 있다.

투어명	특징	가격(예약 방법)
호아루 & 땀꼭 일일 투어	• 가장 인기 있는 투어 • 나룻배를 타고 3개의 동굴 방문	660,000동(클룩)
바이딘 파고다-짱안 경관 단지	• 최근 떠오르는 투어 • 유네스코 세계복합문화유산 지정	778,000동(kkday)
닌빈 일일 투어(한국인 전용 가이드)	• 한국어 전용 가이드 • 바이딘, 짱안은 물론 항무아까지 방문	1,180,000동(클룩)
하노이-근교 도시 프라이빗 이동	• 3인 이상 가족 여행자에게 추천 • 원하는 코스 직접 지정 가능	3,420,000동 (클룩, 3인승 차량 기준)

사진으로 보는 닌빈 지도

- 1 땀꼭
- 2 짱안
- 3 항무아
- 4 바이딘 사원
- 5 호아루 고대 도시

닌빈 추천 코스 ❶
닌빈 대표 코스 '땀꼭'

닌빈의 대표적인 당일 투어 코스. 땀꼭은 짱안보다 먼저 발전한 곳으로 방문하는 동굴의 규모가 크고 시원한 것이 특징이다. 뱃놀이도 2시간 이내로 짧은 편이라 간단히 체험하고 싶은 사람에게 추천.

* 2023년 8월 현재 보수 공사 중. 닌빈 투어 시 땀꼭 대신 짱안으로 대체 진행

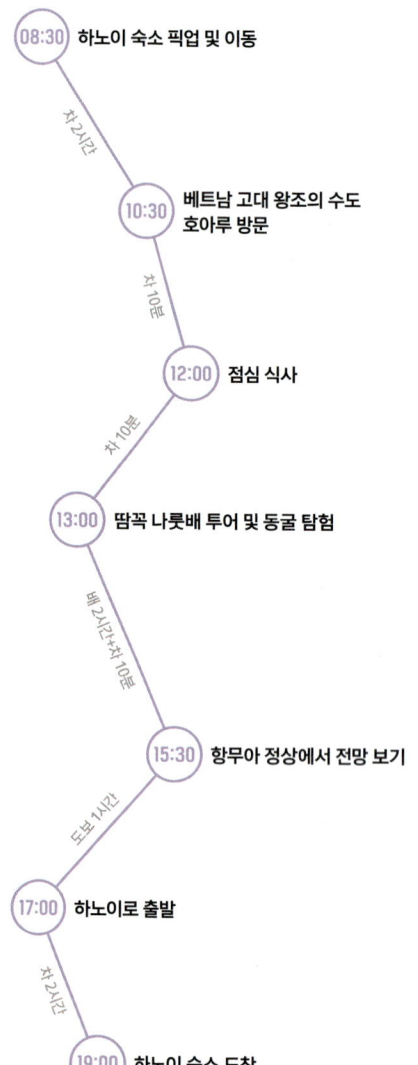

- 08:30 하노이 숙소 픽업 및 이동
- *차 2시간*
- 10:30 베트남 고대 왕조의 수도 호아루 방문
- *차 10분*
- 12:00 점심 식사
- *차 10분*
- 13:00 땀꼭 나룻배 투어 및 동굴 탐험
- *배 2시간 + 차 10분*
- 15:30 항무아 정상에서 전망 보기
- *도보 1시간*
- 17:00 하노이로 출발
- *차 2시간*
- 19:00 하노이 숙소 도착

베트남 고대 왕조의 수도 호아루 방문

땀꼭 나룻배 투어 및 동굴 탐험

항무아 정상에서 전망 보기

바이딘 사원

짱안 나룻배 투어 및 동굴 탐험

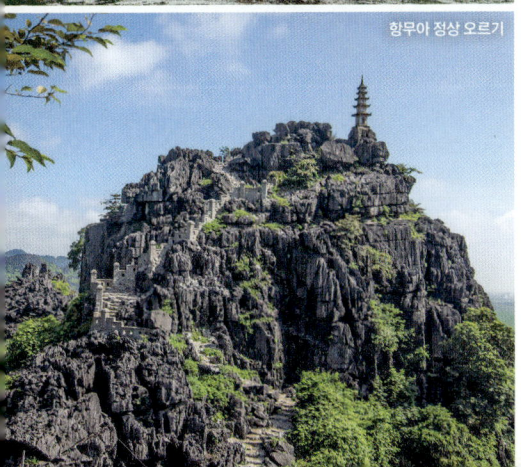
항무아 정상 오르기

닌빈 추천 코스 ❷

새롭게 떠오르는 닌빈 코스 '짱안'

2014년에 유네스코에서 세계복합유산으로 지정하면서 최근 인기를 얻고 있는 코스다. 짱안은 땀꼭보다 뒤늦게 발전해 강물도 더 깨끗하고 호객 행위도 덜하다. 뱃놀이는 3시간으로 중간 경유지가 많으니 부지런히 관광하고 싶은 사람에게 추천.

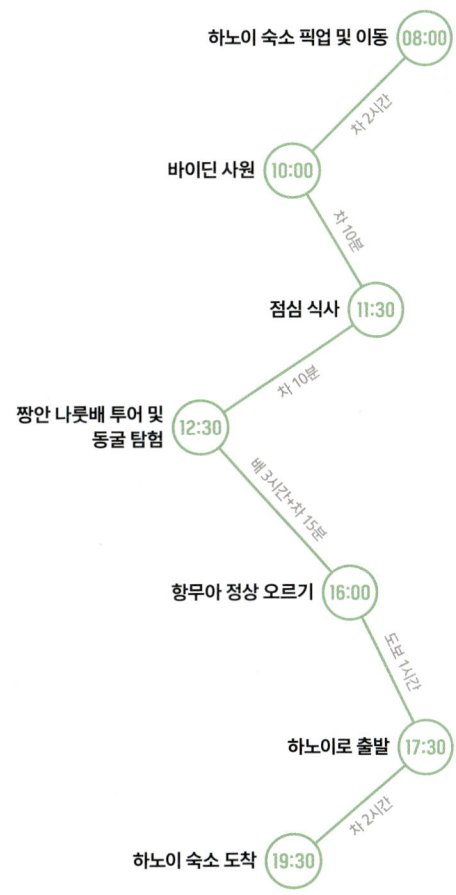

- 하노이 숙소 픽업 및 이동 **08:00**
  - 차 2시간
- 바이딘 사원 **10:00**
  - 차 10분
- 점심 식사 **11:30**
  - 차 10분
- 짱안 나룻배 투어 및 동굴 탐험 **12:30**
  - 배 3시간 + 차 15분
- 항무아 정상 오르기 **16:00**
  - 도보 1시간
- 하노이로 출발 **17:30**
  - 차 2시간
- 하노이 숙소 도착 **19:30**

> **TIP**
> **투어 준비물**
> ① 나룻배를 위해 1인당 20,000동 정도의 팁을 준비한다.
> ② 나룻배를 타면 그늘 없이 땡볕이다. 모자, 선크림, 양산, 얇은 긴 팔 옷, 휴대용 선풍기를 준비하자.
> ③ 항무아가 포함된 투어라면 운동화를 신고 가자. 계단을 오르는 등산이 포함되어 있다.

땀꼭 Tam Cốc

닌빈의 대표 뱃놀이 명소

닌빈을 소개하는 관광 책자에 나오는 사진은 대부분 바로 이곳에서 촬영했다. 초록빛 논 사이로 잔잔히 흐르는 강과 과감하게 깎인 카르스트 지형의 바위산이 만나 절경을 이룬다. 방문하는 동굴도 규모가 크고 넓어 여름에도 비교적 시원하게 투어를 할 수 있는 것이 장점. 땀꼭은 '3개의 동굴'을 의미한다. 먼저 발전한 곳이다 보니 뱃사공들의 호객 행위나 음료 강매가 심한 편이다. 투어가 끝난 후 턱없이 비싼 가격으로 물품을 판매하면 단호하게 거절하자. 코스는 2시간 내외.

📍 Đội 2 văn lâm, Ninh Hải, Hoa Lư 💰 입장료 120,000동 + 뱃삯 150,000동(2인 기준 1인 요금)
🕐 07:30~19:00 📌 20.21656, 105.93749

땀꼭 VS. 짱안

	땀꼭	짱안
수심	1.5m	2m
특징	강이 넓음	강이 좁음/ 중간에 정자가 있음

짱안 Tràng An

유네스코도 인정한 뱃놀이 장소

최근에는 짱안을 방문하는 코스가 더 인기다. 유네스코 세계복합문화유산으로 지정되며 그 가치를 더욱 인정받았기 때문이다. 복합문화유산은 자연과 문화재가 조화롭게 어우러진 곳을 말하는데, 짱안에서는 아름다운 카르스트 지형은 물론 수면 위에 떠 있는 사원까지 볼 수 있어 더 신비롭다. 짱안은 뒤늦게 발전하다 보니 물도 깨끗하고 호객 행위도 덜한 편이다. 반면 땀꼭에 비해 동굴은 작고 좁은 편이라 우기에는 진입이 불가한 곳이 있으며, 코스 시간도 2~4시간 내외로 더 긴 편이라 날씨가 더울 땐 체력적으로 힘들 수 있다.

📍 số 6 Tràng An, Đông Thành, Tp. Ninh Bình 💰 200,000동 (입장료에 뱃삯 포함)
🕐 07:00~16:00 📍 20.25267, 105.91817

항무아 Hang Múa

닌빈의 절경을 한눈에 내려다볼 수 있는 전망대

항무아는 '춤추는 동굴'이란 뜻. 쩐 왕조(1225~1400년) 시절 왕들이 공연을 즐기는 장소로 사용되었다. 지금은 사원으로 운영되고 있으며 한쪽 꼭대기에는 6층 석탑, 다른 쪽에는 2m 높이의 관세음보살상이 있다. 정상까지는 총 486개의 계단을 약 30분간 올라야 한다. 오르는 길은 험난해도 막상 정상에 오르면 카르스트 지형의 암벽과 들판이 어우러진 절경이 펼쳐진다. '베트남의 만리장성'이라는 별명이 있다.

📍 thôn Khê Đầu Hạ, Hoa Lư District, Ninh Binh Province 💵 입장료 100,000동
🕐 06:00~19:00 📍 20.23021, 105.93636

바이딘 사원 Chùa Bái Đính

베트남 최대 규모의 불교 사원

하노이가 수도가 된 지 1,000년이 된 것을 기념하기 위해 7년(2003~2010년)에 걸쳐 재건축한 불교 사원이다. 최근에 지은 사원이다 보니 베트남에 현존하는 최고의 건축가, 조각가, 공예가가 총동원되었으며 그 규모는 무려 200만 평에 달한다. 내부는 셔틀 전동차가 다닐 정도로 넓다. 삼관문을 지나 사원 안으로 들어서면 표정과 자세가 각기 다른 500개의 나한상을 볼 수 있는데, 유독 무릎과 배 부분만 반질반질하다. 만지면 학업운과 사업운이 트인다는 설이 있어 사람들의 손길이 닿아서다. 대형 종탑, 나무 한 그루를 통째로 깎아 만든 관세음불상, 20m 높이의 사리탑 등도 볼 만하다.

📍 Xã, Gia Sinh, Gia Viễn, Ninh Binh 💲 입장료 무료, 전동차 편도 30,000동 🕐 07:00~18:00 🌐 20.27615, 105.86496

호아루 고대 도시 Hoa Lư

베트남 최초의 수도

흔히 베트남 최초의 수도는 리 왕조가 세운 하노이(당시 이름은 탕롱)라고 알고 있지만, 그 이전에 호아루가 있었다. 호아루는 968년 딘 왕조부터 1009년 레 왕조까지 40여 년간 베트남 최초의 수도가 되었던 곳으로, 카르스트 지형 덕분에 방어에 유리한 위치였다. 하지만 끝내 짧은 역사로 멸망하게 되었고 지금은 남아 있는 유적이 많지 않다. 황제의 위패를 모신 사당과 묘소는 가볍게 둘러볼 만하다. 묘소는 돌계단을 따라 20분쯤 오르면 도착하는데 높은 곳에 있어 시내를 내려다보기 좋다.

📍 Trường Yên, Hoa Lư District, Ninh Binh Province
💲 입장료 20,000동 🕐 07:00~17:00

REAL PLUS

소수민족이 사는
녹차밭 '목쩌우'

사파를 가자니 일정이 짧고, 하노이에만 있기엔 아쉬운 사람들에게 추천하는 곳이다. 사파처럼 소수민족을 만날 수 있는 건 물론, 논 뷰 감성 숙소도 여럿 마련되어 있다. 다만 프라이빗 차량을 렌트하지 않는 이상 대중교통으로 가기는 어렵기 때문에, 1박 2일 투어 신청을 권한다.

・**목쩌우(Mộc Châu)** 녹차밭, 스카이워크 ・**마이쩌우(Mai Châu)** 논 뷰 감성 숙소

1박 2일 일정표(매주 토요일 출발)

1일차

- 06:45 하노이 오페라 하우스 출발(미팅 포인트)
- 07:30 휴게소
- 10:00 Thung Khe Pass(절벽 휴게소)
- 12:00 가정식 점심 식사(6인 합석)
- 13:30 Dải Yếm Fall(폭포)
- 16:00 Mộc Châu Island(스카이워크)
- 18:00 Phoenix Mộc Châu Resort(포토존)
- 19:00 핫 팟 저녁 식사(6인 합석)
- 20:00 2성급 혹은 4성급 호텔

2일차

- 06:15 호텔 체크아웃 후 아침 식사
- 07:00 버스 출발
- 07:50 Naka Garden(나카 매화 계곡)
- 09:00 Đồi chè Trái Tim(녹차밭)
- 10:50 휴게소
- 12:35 가정식 점심 식사 후 마이쩌우에서 자유 시간
- 14:20 마이쩌우~하노이 버스 이동
- 18:20 하노이 오페라 하우스 도착

주요 관광지

Dải Yếm (폭포)
왕복 1시간 거리의 가볍게 산책하기 좋은 폭포.

Mộc Châu Island (스카이워크)
2020년 기준 세계에서 가장 긴 유리 다리로 기네스북에 기록된 곳으로 총 길이 530m. 동굴 카페와 짚라인 체험도 있다.

Naka Garden (나카 매화 계곡)
소수민족 의상을 입은 현지인과 함께 사진 찍을 수 있는 곳. 계절별로 방문하는 스폿이 조금씩 다르며 봄에는 매화 계곡, 딸기 따기 체험 가능하다.

Đồi chè Trái Tim (녹차밭)
본 투어의 하이라이트. 하트 모양의 녹차밭에서 사진 찍고, 소수민족 의상도 빌려 입을 수 있다.

투어 예약

- **예약** klook
- **투어명** 목쩌우 1박 2일 투어 (하노이 출발)
- **가격** 978,500동 (어른 1인)
- **차량** 대형버스를 함께 타고 이동하는 조인 투어.
- **가이드** 영어 가이드 (모객이 안될 경우, 베트남어 가이드로 현지인과 함께 투어)
- **식사** 현지식 식사 4회 포함 (6인 합석)
- **숙소** 2성급 (기본) 혹은 4성급 (추가 비용 발생)

PART
04

진짜 사파를 만나는 시간

SAPA

사파 BEST 5

01 계단식 논 전망 숙소에서 휴식

02 깟깟 마을 방문

03 판시판 케이블카 타기

04 근교 소수민족 마을 트레킹

05 전통 의상 입어보기

소수민족을 만날 수 있는 곳
사파
Sapa

사파는 하노이에서 버스로 6시간(337km) 거리인 해발 1,650m의 고산지대 마을이다. 베트남에서 소수민족이 가장 많이 거주하는 곳으로, 1년 내내 날씨가 선선해 1920년대에 프랑스인들의 피서지로 개발하며 세상에 알려졌다. 협소한 땅에 작물을 키워야 하는 고산지대의 특성상 산을 깎아 만든 계단식 논과 프랑스풍 건축물이 한데 섞여 독특한 분위기를 자아내는 곳이기도 하다. 여행자들은 주로 판시판(해발 3,143m)과 소수민족 마을 트레킹을 하기 위해 사파를 찾는다.

ACCESS
하노이에서 사파 가는 법

버스나 기차를 타고 이동해야 한다. 소요시간이 약 6~8시간 걸리기 때문에 야간에 이동하면 숙박비를 절약할 수 있다. 사파에 도착하면 새벽 5시라, 당일 일정을 바로 소화하기엔 체력 소모가 심하므로 장단점을 비교하여 선택하자.

1 버스 ⓒ 6시간

캐빈 버스(2열) 👍
사파로 가는 가장 편한 방법이다. 버스 내부가 호스텔 도미토리 룸처럼 칸이 나뉘어있다. 1층은 더블 침대, 2층은 싱글 침대다. 더블 침대라 해도 2인이 눕기엔 비좁으니, 각자 싱글 침대를 예약하는 것이 좋다. 담요와 생수도 제공한다.

버스 회사 Sao Viet

슬리핑 버스(3열)
캐빈 버스가 있기 전까지는 사파로 가는 가장 대중적인 교통수단이었다. 반쯤 누운 좌석이 2층, 3줄로 배열되어 있다. 회사마다 청결도 차이가 크니 가급적 아래 버스 회사로 예약하자.

버스 회사 Sapa Express, Green Bus

우등 버스(3열)
우리나라의 우등 버스와 같이 2열과 1열로 이루어져 있다. 실제로 한국에서 수입한 중고 버스를 쓰기도 해 간혹 버스 안에서 한국어가 보이기도 한다. 슬리핑 버스보다 좌석 간격이 넓어 쾌적하고, 간단한 간식도 제공하는 등 서비스가 좋다. 낮 이동 시 추천한다.

버스 회사 Sapa Express

> **TIP 베트남 버스 예약 앱**
> 베트남 전국 노선버스 예약은 VeXeRe 앱으로 할 수 있다. 각 버스 회사별로 시간대와 가격을 비교해 볼 수 있고, 좌석 지정과 결제까지 가능하니 미리 예약해 두는 게 좋다.

2 리무진 ⏱ 6시간

고급 밴 차량이다. 가죽 시트 좌석으로 깨끗하고 좌석 간격이 넓다. 사파 시내에 있는 호텔일 경우 기사님이 재량껏 픽업이나 센딩을 해주는 것도 장점. 다만 대형 버스에 비하면 차량이 작아 사파의 구불구불한 길을 오르다 보면 어지러울 수 있다.

> **TIP 프라이빗 리무진**
> 차를 통째로 빌려 프라이빗 렌터카로 이용할 수도 있다. 특히 하노이 공항에서 바로 사파로 이동을 원하는 경우, 사파 시내에서 떨어진 숙소로 바로 가고 싶은 경우 활용하면 좋다.
> • **예약** 클룩, KKday

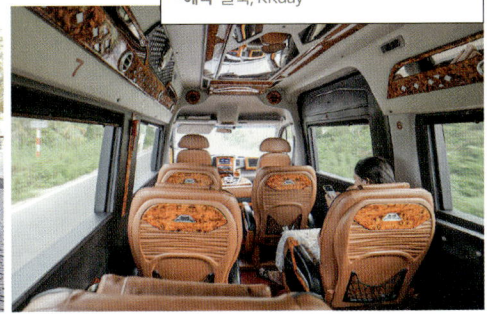

3 야간열차 ⏱ 8시간

여행에서 이동수단도 경험이라 생각한다면 한번쯤 타볼 만하다. 아쉽게도 하노이에서 사파까지 바로 가는 기차는 없고, 사파에서 38km 떨어진 라오까이(Lao Cai) 역에 정차한다. 8시간 걸리는데, 침대 칸이 있어 숙박비를 아낄 수 있다. 침대 칸은 2인실과 4인실로 구분되며, 4인실 침대는 위 칸 보다 아래 칸이 덜 흔들린다. 라오까이 역에서 사파까지는 30분에 한 대씩 운영하는 미니버스를 타고 이동하면 된다. 매주 일요일에는 베트남 최대의 소수민족 전통시장이 근교 '박하'에서 열려 함께 들르기 좋다. P.271

• **예약** dsvn.vn(베트남 철도청)
• **시간** 하노이 22:00 출발, 라오까이 05:55 도착

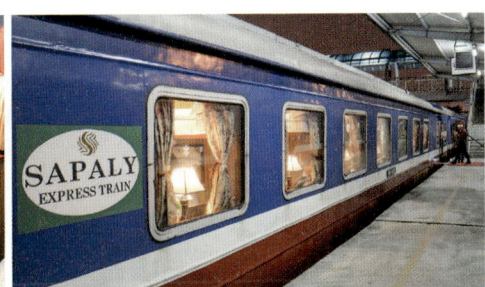
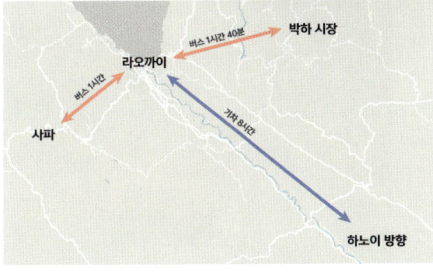

하노이 - 사파 이동수단 비교

구분	특징	가격
캐빈 버스	20인승 침대	400,000동~
슬리핑 버스	38인승 누운 좌석	300,000동~
우등 버스	28인승 우등 좌석	380,000동~
리무진	10인승 고급 좌석	550,000동~
야간열차	4인 1실 침대칸	315,000동~

TRANSPORTATION
사파 시내 교통

1 택시

걸어서 15분 이상 걸리는 곳은 택시를 타는 것이 좋다. 깟깟 마을, 사파 근교 숙소로 옮길 때는 택시가 필수! 사파에서 그랩 택시는 잘 잡히지 않기 때문에, 사파역 근처에서 미터 택시를 타는 것이 좋다. 미터 택시 기본 요금은 25,000동. 이후 1km 당 20,000동씩 추가된다.

2 전기차(버기카)

최근 새로 생긴 교통수단이다. 지정된 정거장이 있는 것이 아니라, 택시처럼 목적지를 말하면 사파 타운 내 어디든 내릴 수 있다. 사파 케이블카 역 근처에서 흔히 볼 수 있으나, 기본 50,000동부터 부르기 때문에 이동 거리 대비 살짝 비싼 편.

3 오토바이 택시 👍

1~2인 개별 여행자라면 오토바이 택시 '쎄옴'을 추천한다. 가격은 승용차 택시 반값으로 저렴하고, 좁은 산길도 수월하게 지나갈 수 있어 편리하다. 사파 시내에서 깟깟 마을까지 오토바이 택시로 약 50,000동 내외.

4 오토바이 렌트

사파에는 대중교통이라고 할 만한 것이 없기 때문에 오토바이 렌트를 이용하는 사람도 많다. 오토바이를 빌리려면 숙소에 문의하거나, 사파 광장 근처의 'Motobike Rent'라고 쓰인 가게로 가면 된다. 가격은 하루 150,000~200,000동 정도. 보증금 개념으로 여권이나 운전면허증 확인을 요청하기도 한다. 단, 베트남은 한국에서 발행한 국제 운전면허증을 인정하지 않기 때문에 주의해야 한다.

5 미니버스

사파에서 라오까이역까지 운행하는 버스다. 사파에서 하노이 가는 야간열차를 타거나 일요일에 박하 시장으로 갈 때 타면 된다. 첫차는 07:30, 막차는 18:00. 30분에 한 대씩 운행하며 가격은 38,000동.

사파 여행, 언제가 적기일까?

사파는 우리나라처럼 사계절이 뚜렷하다. 연평균 기온은 15℃대로 하노이보다 10℃가량 낮아 선선하며 여름에도 최고 온도가 30℃ 이내다. 겨울에는 간혹 눈이 내리기도 한다. '안개의 도시'라는 별명이 있을 만큼 흐린 날은 2m 앞도 보이지 않으니 날씨에 각별히 대비하자.

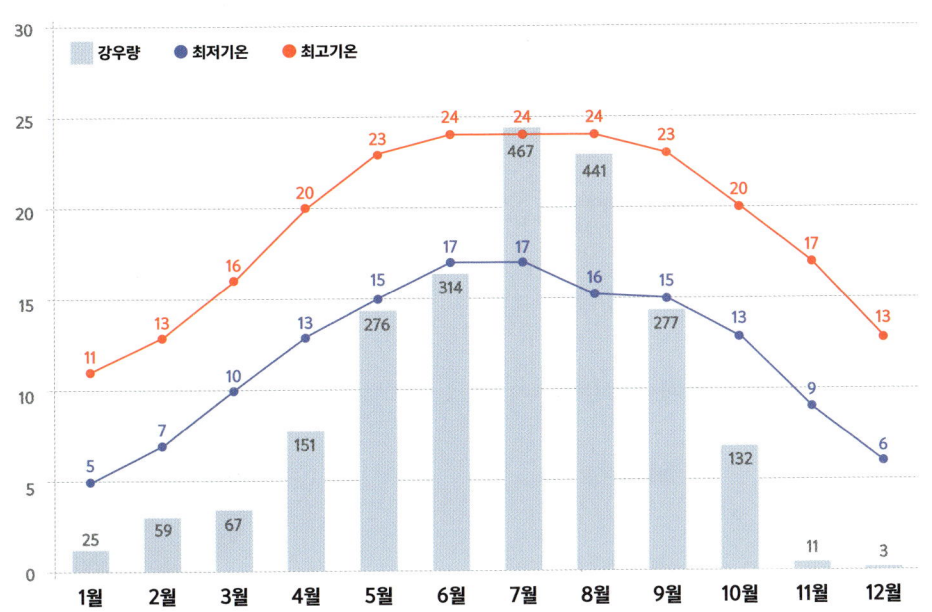

봄 3~5월

비교적 비가 적게 내리고 기온도 따뜻해 여행하기 좋은 계절이다. 특히 사파 호수 주변과 판시판 플라워 가든 P.252에는 다양한 야생화가 피기 시작해 여행의 활기를 더한다. 일교차가 크므로 낮에는 반팔, 저녁에는 긴팔 셔츠를 걸치면 좋다. 계단식 논은 막 모내기를 시작한 상태라 전망은 살짝 아쉬울 수 있다.

여름 6~8월

사파의 여름은 우기로 한국의 장마처럼 많은 비가 내린다. 한 달에 20일은 비가 올 정도. 한국의 여름보다 강우일은 평균 10일이 많고 기온은 5℃ 정도 낮다. 비만 내리지 않는다면 무성하게 자란 초록빛 계단식 논을 볼 수 있고 야외 수영도 가능하다.

가을 9~10월 👍

1년 중 사파가 가장 아름다운 계절이다. 베트남 홍보 책자에 나오는 사진도 모두 이 시기에 촬영할 정도다. 계단식 논이 황금빛으로 변하고, 가을 추수로 한창 바쁜 모습을 볼 수 있다. 다만 한 달 평균 강우일이 약 16일로 한국의 가을보다 비가 많이 내리니, 날씨를 수시로 체크하자.

겨울 11~2월

건기에 해당하는 이때는 비가 거의 내리지 않아 하늘이 청명하고 파랗다. 판시판 케이블카를 탄다면 경량 패딩은 필수이며, 시내에서도 긴 팔 점퍼나 플리스 재킷을 입는 것이 좋다. 사파의 계단식 논에는 빈 땅이 많아 전망은 아쉬울 수 있다. 숙소 선택 시 실내 온수 수영장이 있는 곳으로 예약하자.

REAL COURSE

관광도 휴양도 놓치고 싶지 않은
사파 알짜배기 2박 3일 코스

DAY 01 사파 시내 탐방 & 깟깟 마을

- 05:00 캐빈 버스 타고 사파 도착
  - 버스 6시간
- 06:00 호텔 짐 보관 및 휴식
- 09:00 판시판 테라스 카페에서 아침 식사
  - 택시 6분
- 10:00 깟깟 마을 구경
- 13:00 리틀 베트남에서 점심 식사
- 14:00 함롱산 전망대
- 16:00 사파 시내 구경
- 19:00 아니스 사파에서 저녁 식사

DAY 02 판시판 케이블카 & 감성 숙소 휴식

- 09:00 판시판 케이블카
  - 택시 4분
- 13:00 레드 자오 하우스에서 점심 식사
  - 택시 9분
- 15:00 에코 팜 하우스 체크인
  - 택시 5분
- 18:00 에코 팜 하우스에서 저녁 식사

DAY 03 사파 소수민족 마을 트레킹

- 10:00 라오짜이 트레킹(점심 식사 포함)
  - 택시 25분
- 14:00 에덴 마사지, 레드 자오 약초 목욕
  - 도보 10분
- 16:00 하노이행 캐빈 버스 탑승

> **TIP**
> **아침 일찍 사파에 도착했다면?**
> 하노이에서 출발한 야간 버스는 대부분 새벽 4~5시에 도착한다. 바로 일정을 시작하기엔 무척 피곤할 수 있으므로 숙소에서 몇 시간이라도 잠깐 쉬어가자. 사파 시내 중심의 저렴한 호텔은 1~2만 원대에 예약 가능하다. 일부 숙소는 오전 10~11시에 얼리 체크인을 해주기도 한다.

사파 상세 지도

0　1km

- 10 롱머이 유리다리
- 11 사랑의 폭포

사파 클레이 하우스 H

- 02 사파 성당
- 03 사파 광장
- 04 통동 비건
- 05 사파 시장
- 06 사파 박물관
- 01 사파 호수
- 08 판시판
- 05 레드 자오 하우스
- 06 아니스 사파 레스토랑
- 02 에덴 마사지 & 스파
- 07 레이디 버드 레스토랑
- 04 함롱산 전망대
- H 피스타치오 호텔 사파
- H 호텔 델 라 쿠폴 엠갤러리
- 09 선플라자(사파역)
- 01 판시판 테라스 카페
- 02 리틀 베트남
- 08 더 흐몽 시스터즈 바
- 07 깟깟 마을
- 01 인디고 캣
- 03 굿모닝 뷰 레스토랑

0　250m

에코 팜 하우스 H ▲
토파스 에콜로지 H ▲

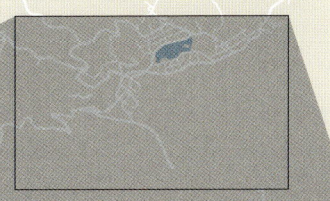

01
사파 호수   Sa Pa Lake   🔊 호 사빠 Hồ Sa Pa

유럽풍 건축물로 둘러싸인 호수

사파는 프랑스 식민 시절 여름 휴양지로 개발된 곳으로 '베트남의 알프스'라고 불릴 만큼 이국적인 풍경을 뽐낸다. 특히 맑은 날은 호수 색이 옅은 에메랄드빛으로 변하는데, 빨간 지붕의 집들과 한데 어우러져 아기자기한 분위기를 낸다. 사파 시장으로 가는 방향에 있으니 산책 삼아 구경한다는 생각으로 들르면 좋다. 호수는 한 바퀴 도는 데 15~20분이 소요된다. 근처에 작은 꽃 정원도 있으며, 호수를 따라 오리배도 탈 수 있다. 최근에는 쓰레기 때문에 호수 끝 쪽에 녹조가 끼고 있다.

🚶 사파 성당에서 시장 방향으로 도보 8분   📍 22.33809, 103.8459

> **TIP**
> **사파 호수는 인공 호수**
> 2000년대 초 산에서 내려오는 물을 막기 위해 댐을 건설하며 호수가 생겼다. 당시 몽족 청년 30명과 버펄로만으로 호수를 만들어 화제가 되기도 했다. 지금은 사파를 대표하는 관광 스폿 중 하나로 자리매김했다.

02
사파 성당 Sapa Church 냐 터 다 사빠 Nhà thờ đá Sa Pa

사파 여행의 시작점

프랑스 식민 시절에 지은 가톨릭 교회로, 사파에서 가장 오래된 콜로니얼풍 건축물이기도 하다. 건물은 고딕 건축 양식의 영향을 받아 높게 솟아 올린 종탑이 특징이며, 내부를 스테인드글라스로 장식해 고풍스러움을 더했다. 규모는 크지 않지만 유럽풍 건축물 앞에 전통 의상을 입은 소수민족들이 옹기종기 앉아 있는 모습을 보는 것만으로도 충분히 이국적이다. 앞에는 사파 광장과 사파역이 있고, 뒤로는 함롱산으로 향하는 길이 이어져 있다. 미사 시간에는 내부 입장이 가능하다.

🚶 판시판 케이블카 역을 등지고 섰을 때 광장 너머로 보이는 흰색 건물 💲 무료 🕐 미사 시간: 월~토 19:00, 일요일 09:00, 19:00 📍 22.33517, 103.84341

03
사파 광장 Sapa Square 쩌 띤 사빠 Chợ Tình Sa Pa

매주 토요일 야시장이 열리는 곳

사파 성당 바로 앞에 있다. 평일에는 축구 연습을 하는 아이들로, 주말에는 크고 작게 열리는 이벤트로 항상 활기가 넘친다. 매주 토요일 저녁 7시부터는 소수민족들의 야시장도 열리니 놓치지 말자. 규모는 작지만 소수민족들이 정성껏 만든 수공예품과 소박한 길거리 음식을 사먹는 재미가 있다.

🚶 사파 성당 앞 📍 22.33531, 103.84175

> **TIP**
> **소수민족들의 데이트**
> **'러브 마켓(Love Market)'**
>
> 1990년대 후반까지는 매주 토요일 밤이면 이곳에 일명 '러브 마켓'이 열렸다. 소수민족 처녀 총각들이 함께 어울려 춤추고 노래하며 일종의 공개 구혼을 하는 자리였다. 그러나 관광객들의 볼거리로 전락하면서 최근에는 거의 소멸되었다.

04
함롱산 전망대 Ham Rong Mountain 누이 함 롱 Núi Hàm Rồng

사파 시내를 한눈에

산꼭대기가 '용의 턱(Hàm Rồng)'을 닮았다 하여 함롱산이라 불린다. 함롱산의 높이는 해발 1,880m인데, 사파 시내가 해발 1,650m에 있으니 실제로는 230m만 오르면 되는 낮은 산이다. 길만 헤매지 않는다면 왕복 2시간이면 충분하다. 드는 품에 비해 훌륭한 전망을 볼 수 있는 것도 장점! 정상에서 내려다보면 사파 호수부터 오밀조밀 모여 있는 빨간 지붕의 프랑스풍 주택들까지 한눈에 담긴다. 구글 지도에도 가는 길이 표시되지 않고 약도도 없기 때문에 너무 늦은 시간보다는 되도록 사람이 많은 낮에 방문하길 권한다. 안개가 많이 낀 날은 전망을 보기가 매우 힘드니 가능하면 맑은 날 들르자.

🚶 사파 성당 뒷길을 따라 도보 12분 💰 70,000동
🕐 여름 05:30~18:30, 겨울 06:30~18:00
📍 22.33457, 103.84777

05 사파 시장 Sapa Market 쩌 사빠 Chợ Sapa

현지인들의 일상을 구경할 수 있는 재래시장

사파에서 가장 큰 상설 시장이다. 2층짜리 건물로 내부에서는 주로 옷과 약초를 판매하고 건물 밖에는 과일이나 채소를 파는 노점이 늘어서 있다. 현지인들이 주로 방문하는 시장이라 여행자들이 살 만한 기념품은 별로 없지만, 숙소에서 가볍게 먹을 과일 정도는 살 만하다. 고산지대임에도 불구하고 망고, 망고스틴, 용과와 같은 열대 과일도 있다. 여러 종류를 살 경우 흥정도 가능하니 이왕이면 가장 싱싱한 곳에서 한 번에 구매하자. 간혹 아웃도어 옷이나 아티초크를 사러 오는 여행자도 있는데, 가격은 시장이 저렴하지만 품질은 선플라자 P.249에서 파는 것이 더 좋다.

🚶 사파 호수에서 사파 성당을 등진 방향으로 도보 10분
🕐 06:00~18:00 📍 22.33904, 103.85234

06 사파 박물관 Sapa Museum 바오 땅 사빠 Bảo tàng Sa Pa

소수민족의 문화를 알아보는 시간

사파 소수민족의 의식주를 테마로 한 작은 박물관. 총 2층 규모인데 1층은 기념품 숍이고 주요 볼거리는 2층에 모여 있다. 계단을 따라 2층으로 올라가면 가장 먼저 눈에 띄는 것이 소수민족별 전통 의상. 옷의 색상과 패턴에 따라 각 민족이 구별되고, 장신구도 결혼 유무에 따라 조금씩 다르다. 이 외에도 소수민족별 전통 가옥의 특징, 결혼식과 장례식, 전통 악기, 종교 의식 등과 관련된 폭넓은 전시를 하고 있다. 전시장 뒤쪽에서는 베트남에서 경제적, 문화적으로 소외된 소수민족들을 위해 어떤 교육이나 활동을 진행하고 있는지도 잠깐 엿볼 수 있다.

🚶 사파 광장에서 여행 안내소 뒤편 계단을 따라 올라 건물 2층
🕐 08:00~11:30, 13:30~17:00 💰 무료 📍 22.3356, 103.84012

REAL GUIDE

전통 의상으로 알아보는 소수민족

사파 광장을 거닐다 보면 알록달록한 전통 의상을 입은 소수민족을 쉽게 만날 수 있다.
이들은 각자 고유한 의상과 장신구를 갖추고 있으며, 민족별로 거주하는 지역과 문화도 다르다.
만나보고 싶은 소수민족이 있다면 근교 마을 하이킹을 통해 방문해보자.

흐몽족

사파에서 가장 많이 볼 수 있는 '흐몽 H'mong'

사파 고산족 인구의 52%를 차지한다. 19세기에 중국에서 내려온 흐몽족은 다시 블랙·화이트·레드·그린·플라워 족으로 나뉘는데 의상을 유심히 보면 서로를 구분할 수 있다. 주로 남색 옷을 입는 블랙 흐몽족(Black H'mong)은 깟깟 마을(Cát Cát), 라오 까이(Lào Cai)에서 만날 수 있고, 옷이 가장 화려한 플라워 흐몽족(Flower H'mong)은 박하 시장(Bắc Hà)에서 만나볼 수 있다. 이들은 천연 염색과 수공예품에 소질이 있으며 결혼할 때도 바느질 솜씨를 중요시한다.

빨간 두건을 쓴 '레드 자오 Red Dzao'

레드 자오족

빨간 모자를 쓰기 때문에 한눈에 알아볼 수 있다. 간소하게는 산타클로스 같은 천 모자를 쓰기도 하고, 화려하게는 터번처럼 크게 말아 올려 수술과 은화로 장식하기도 한다. 결혼을 한 여인은 눈썹을 민다. 사파에서는 흐몽족 다음으로 많아 25%를 차지하며 마짜(Má Tra) 마을에서 따삔(Tả Phìn) 마을까지 트레킹을 하면 쉽게 만날 수 있다. 레드 자오족의 역사는 정확하게 알려진 것이 없으나 언어가 중국어와 비슷한 점을 보아 중국의 영향을 받은 것으로 유추할 수 있다. 치료 기술이 좋고 약초를 다루는 데 능통하다. 마사지 숍에서 레드 자오 약초 목욕(Herbal Bath)이 보이면 꼭 체험해보자.

자이족

중국의 영향을 받은 '자이 Giáy'

자이족 여성들은 머리에 체크무늬 천을 롤빵처럼 두르고, 중국의 치파오처럼 단추가 달린 블라우스를 입는다. 젊은 여인은 분홍색, 하늘색, 초록색과 같은 밝은 옷을 입고, 나이가 들수록 짙은 색을 착용한다. 2000여 년 전 중국 서남쪽에서 내려온 고산족으로 계급 서열이 있는 것이 특이하다. 상류층은 정치를 하고 하층민은 무거운 세금을 상납한다. 최근에는 베트남 정부가 세금을 통제하는 식으로 대체하고 있다. 몽족이나 자오족처럼 자주 만날 수 있는 건 아니지만 따반 마을(Tả Van)에서 남쪽으로 더 내려가는 반 호(Bản Hồ), 탄 푸(Thành Phú) 마을 트레킹을 하면 종종 만나볼 수 있다.

베트남에서 가장 오래된 소수민족 '따이 Tày'

따이족

우리의 고조선 시기(BC 500~)부터 전통을 이어오고 있는 소수민족이다. '따이(Tày)'라는 이름은 태국의 '타이'에서 유래된 것으로 언어도 태국어와 유사하다. 1960년 이후 현대에 들어서는 베트남어와 비슷한 라틴 알파벳을 사용하고 있다. 베트남 북동쪽에 있는 까오방(Cao Bằng) 지역에 주로 거주하는데, 사파에서는 반 호(Bản Hồ), 탄 푸(Thành Phú) 마을에서 가끔 만나 볼 수 있다. 다른 소수민족에 비해 의상은 매우 간소하다. 아래위로 짙은 남색 옷을 입고 간혹 허리띠를 두른다. 목에는 크고 굵은 은색 목걸이를 한다.

REAL GUIDE

사파 공정여행을 위한 가이드라인

사파는 지금 '성장통'을 겪고 있다. 한동안 산골짜기에 고립되어 각자의 고유한 민족 문화를 보전해오던 곳인데, 최근 대규모 관광 시설과 여행자들이 몰려들면서 무자비하게 개발되고 있기 때문이다. 여행자의 작은 행동도 쌓이면 지역의 고유한 문화가 변질될 수 있으니 서로의 다름을 공부하고 존중하는 자세를 갖자.

☑ 사진 촬영은 동의를 구하자

화려한 전통 의상을 입은 소수민족에게 눈길이 가는 건 당연하다. 하지만 사진을 찍기 전에 반드시 동의를 구하자. 사진을 찍으면 영혼이 날아간다고 생각하는 소수민족들도 있어 불쾌해 할 수 있다. 혹은 물건을 먼저 구매한 후 사진 촬영이 가능한지 정중하게 물어보는 것이 가장 무난하다.

☑ 단호하게 거절하되 상처 줄 필요는 없다

사파에서는 아이들이 관광객에게 물건을 강요하거나 구걸하는 모습을 자주 보게 된다. 노동에 대한 대가 없이 돈이나 초콜릿을 주면 아이들은 학교 대신 길거리를 택하게 되니 주의하자. 반대로 무조건 단호하게 행동할 필요도 없다. 그러기엔 아직 어린아이들이다. 약간의 미소와 함께 "No, thank you!" 정도면 된다. 그래도 마음이 쓰인다면 잠깐이라도 아이들과 놀아주는 시간을 가지면 된다.

☑ 지역에 도움이 되는 소비를 하자

소수민족은 말 그대로 '소수자'이다. 베트남에서도 경제적으로 가장 열악한 층으로 일부는 하루 1달러 내외의 소득으로 살아간다. 이들이 정당한 노동을 통해 자립할 수 있도록 이왕이면 지역에 도움이 되는 소비를 하자. 사파에는 소수민족이 운영하는 홈스테이, 식당, 공정무역 수공예품 숍, 투어 업체 등이 있다.

☑ 환경에 도움이 되는 작은 실천부터 시작하자

사파는 날마다 공사 중이라 어수선하다. 협소한 땅에서 공사가 계속되다 보니 이 작은 마을에 교통체증이 생길 정도다. 가까운 거리는 가급적 걸어 다니는 것이 환경에도 좋고 시간도 절약된다. 이 외에도 호텔에 비치된 일회용품 대신 개인 용품을 우선으로 쓰고, 슈퍼에서도 비닐봉지 대신 에코 백을 사용하면 도움이 된다.

☑ 현지 문화를 공부하고 존중하자

사파가 특별한 이유는 아직까지 이들의 삶이 관광 상품으로 '전시'되고 있지는 않기 때문이다. 아시아의 많은 국가에서 원주민이 관광객들의 구경거리로 전락해 자신들의 삶을 연기하고 코스프레하는 데 반해, 사파는 실제 소수민족들이 자신들만의 문화 속에서 일상을 살아가는 모습을 볼 수 있다. 이 문화를 지키려면 그들을 존중해주자.

07
깟깟 마을 Cat Cat Village 깟깟 Cát Cát

실제 몽족이 살고 있는 민속촌

'깟깟'이란 이름은 프랑스 식민지 시절 프랑스인들이 검은 옷을 입는 흐몽족을 고양이에 비유해 '캣캣 마을(Cat Cat Village)'이라 부르던 데서 유래했다. 흐몽족이 살고 있는 마을을 걷다 보면 천진난만하게 놀고 있는 아이들이나 작은 동물들을 만날 수 있어 정겹다. 최근에는 관광객들을 위한 기념품 숍이나 인공적인 포토존이 들어서면서 테마파크처럼 변했다는 의견도 있다. 매표소부터 출구까지 제대로 돌아보려면 4~5시간이 소요되는데, 뒤로 갈수록 볼거리는 줄어드니 시간이 한정적이라면 폭포까지만 다녀와도 무방하다. 하루에 몇 차례 흐몽족의 전통춤을 볼 수 있는 공연도 열린다.

🚶 사파 성당에서 판시판 거리를 따라 걸어서 10분　💲 성인 90,000동 아동 50,000동
🕐 05:30~18:30(공연 09:00, 10:00, 11:00, 14:00, 15:00, 16:00, 17:00)　📍 22.33109, 103.83401

TIP
소수민족 의상 대여
매표소 바로 옆에 소수민족 의상 대여점이 줄지어 있다. 재미있는 여행 사진을 남기고 싶다면 한 번쯤 빌려보자. 옷, 모자, 우산까지 모두 빌리는 데 하루 150,000~300,000동이면 된다.

REAL GUIDE

가장 가까운 소수민족 마을 '깟깟'

시내에서 깟깟 마을 매표소까지 20분이 소요된다. 갈 때는 내리막길이라 수월한 편이지만 돌아오는 길은 오르막길이라 힘들다. 자신이 없다면 돌아오는 길만 오토바이 택시 '쎄옴'을 타는 방법도 있다.

❶ 오토바이

여행자들이 가장 많이 이용하는 교통수단은 오토바이다. 숙소에 문의하면 하루 150,000동 내외로 빌릴 수 있는데, 가격도 저렴하고 길 막힐 일도 없다. 주차는 매표소 앞에 가능하며, 주차비는 소수민족 의상(하루 150,000~300,000동)을 빌릴 경우 무료다. 다만 사파 시내에서 깟깟 마을까지는 가파른 내리막길이라 미끄러지기 쉬우니 안전에 유의해야 한다. 또 베트남은 제네바협약 가입국이기는 하나 대한민국에서 발급한 국제운전면허증 사용이 불가하기 때문에 원칙적으로 한국 사람의 운전은 불법이다. 모든 책임은 본인에게 따른다는 점을 잊지 말자.

❷ 택시

사파 시내에서 매표소까지는 차로 6분 거리다. 깟깟 마을 안에서도 걸어야 할 곳이 많으므로 체력이 걱정된다면 택시를 추천한다. 그랩 앱 가격으로는 편도 50,000~60,000동이 나오지만, 실제로는 길이 험하고 차가 밀려 기사님이 80,000~100,000동을 제안한다. 2~4인 정도의 동행이 있다면 택시를 타는 것이 낫다. 1인이라면 오토바이 택시를 타자. 가격은 편도 50,000동 내외.

> **TIP**
> ### 깟깟 마을 출구는 총 두 곳이다?
> 깟깟 마을로 갈 때는 내리막길이지만 돌아올 때는 오르막길이다. 자신의 체력이 고민된다면 7번 출구에서 나오는 방법도 있다.
>
> - 2시간 코스 ❶-❷-❸-❹-❺-❻-❼
>   (도보 in·오토바이 out)
> - 4시간 코스 ❶-❷-❸-❹-❺-❻-❽-❾
>   (도보 in·out)

❶ 매표소 ★☆☆
전통 의상 대여 및 주차가 가능한 곳

❷ 하울의 움직이는 성 ★★☆
잠시 쉬어가는 포토 스폿!

❾ 출구 ★☆☆
4시간 코스로 걷는다면 이곳이 출구. 시내까지 가는 오토바이 택시 있음

❹ 물레방아 ★★☆
아기자기한 포토 스폿 많음. 카페는 Cat Cat Riverside 추천!

❼ 출구 ★☆☆
작은 연못이 있음. 오토바이 택시를 탈 수 있는 곳. 1인 50,000동

❽ 깟깟 다리 ★☆☆
초록 산림을 건널 수 있는 철제 다리

❺ 전통 공연장 ★★★
매일 9·10·11·14·15·16·17시 정각에 무료 공연

❻ 티엔사 폭포 ★★★
공연장 바로 앞 바위를 따라 내려오는 폭포

❸ 시 다리 ★★☆
폭포를 건널 수 있는 나무 다리. 거인의 손이 받치고 있음

08
판시판 Fansipan 🧡

인도차이나에서 가장 높은 산

2022년 빠니보틀, 곽튜브, 노홍철은 베트남 사파까지 오토바이를 타고 여행한 적 있다. 당시 노홍철은 판시판에 도착해 "융프라우보다 더 압도적이다. 이 세상이 아닌 것 같다."고 말했다. 판시판은 사파에서 약 19km 떨어진 해발 3,143m 높이의 명산이다. 베트남뿐 아니라 인도차이나에서 가장 높은 산으로 '인도차이나의 지붕'이라는 별명을 가졌다. 한라산(1,947m)보다 약 1.5배 높은 산으로 약 2,000가지의 식물군과 320가지가 넘는 야생 동물이 서식한다. 2016년 선월드 그룹에서 케이블카를 개통해 예전에는 가는 데 2박 3일씩 걸리던 산이 이제는 15분이면 닿는다. 여행하기 가장 좋은 시기는 건기에 해당하는 11월부터 2월까지. 정상은 여름에도 무척 선선하니 바람막이를 챙기는 것이 좋고, 겨울에는 얇은 패딩이 필수다.

🚶 사파 시내에서 약 19km 📍 22.30333, 103.77499

09
선플라자(사파역) Sun Plaza(Sapa Station)

판시판으로 향하는 산악 열차 역

사파 광장에서 바로 보이는 노란색 돔 형태의 건축물이다. 2016년 베트남의 테마파크 회사 선월드에서 만든 곳으로 내부에 쇼핑몰, 호텔, 판시판 입장권을 판매하는 매표소가 있다. 이곳에서 입장권을 구매해 푸니쿨라(산악열차)를 타고 5분간 오른 후 케이블카로 환승해 15분 정도 가면 판시판에 도착한다. 푸니쿨라 탑승구로 가는 길에는 아웃도어 매장이 줄지어 있다. 미처 여벌 옷을 준비하지 못했다면 이곳에서 구매하자. 얇은 노스페이스 패딩을 우리 돈 2만 원 내외로 살 수 있다. 하노이와 사파를 통틀어 가장 질 좋은 A급 제품만 판매한다.

📍 Ngõ Cầu Mây, TT. Sa Pa, Sa Pa, Lào Cai, 베트남
🚶 사파 광장에서 바로 보이는 노란색 건물
🕐 07:30~18:00 📍 22.335, 103.84078

> **TIP**
> **날씨 보고 티켓 구매하세요**
> 판시판은 구름이 생성되는 고산지대라 날씨가 좋지 않을 경우 아무것도 볼 수 없다. 판시판 교통권의 가격은 푸니쿨라 99,000동, 케이블카 737,000동, 트레인 178,000동으로 베트남 물가를 생각하면 사악할 만큼 비싸다. 미리 티켓을 예약하기보다는 가급적 당일 아침 날씨를 확인 후 구매하자. 클룩(klook)에서 당일 구매 가능하며 QR코드로 바로 입장 가능하다. 티켓은 왕복요금으로 돌아올 때도 확인하니 잃어버리지 않도록 유의하자. 사파역 매표소에 있는 지도도 꼭 챙길 것!

REAL GUIDE

인도차이나 최고봉 '판시판'

해발 3,143m인 판시판산은 '인도차이나반도의 지붕'이라는 별명처럼 오르는 과정이 쉽지는 않다. 하지만 구경거리가 많아 이동하는 것 자체가 새로운 경험이자 여행이다.

판시판으로 이동하는 교통 수단

ⓐ 푸니쿨라

보통 사파역에서 교통권을 구매하면 바로 케이블카를 탈 수 있다고 알고 있는데 실제로는 푸니쿨라부터 타야 한다. 푸니쿨라는 사파 시내에서 케이블카 역(플라워 가든)까지 약 5분간 올라가는 산악 열차다. 2018년 3월에 생겼으며, 창밖으로 사파 시내를 내려다볼 수 있어 풍경도 훌륭하다. 올라갈 때는 왼쪽 풍경이 더 좋으니 가급적 왼쪽 좌석에 앉자.

ⓑ 케이블카

푸니쿨라 역에서 하차하면 케이블카역으로 환승해야 한다. 걸어서 5분 정도 위치에 있으나 모든 관광객이 같은 곳으로 가기 때문에 길 찾기는 수월하다. 푸니쿨라 역과 케이블카 역 사이에 플라워 가든이 있다. 포토 스폿이 많으니 놓치지 말자. 케이블카는 탑승 역에서 도착 역까지 약 15분간 이동하며 길이는 6,300m다. 처음 탑승 후 5분간은 사파의 광활한 계단식 논을 내려다볼 수 있다. 벼가 황금빛으로 물드는 9~10월이 가장 아름답다.

ⓒ 트레인

판시판 케이블카 역에서 정상으로 향하는 길에는 계단이 무척 많다. 고도가 높은 곳에서는 숨이 가빠 평소보다 더 많은 체력이 필요하므로 자신이 없다면 트레인을 타자. 왕복권은 물론 편도권 구매도 가능하다. 약 2분간 탑승하는데 경사가 있는 고산지대의 특성에 맞춰 열차가 비스듬히 기울어 있다.

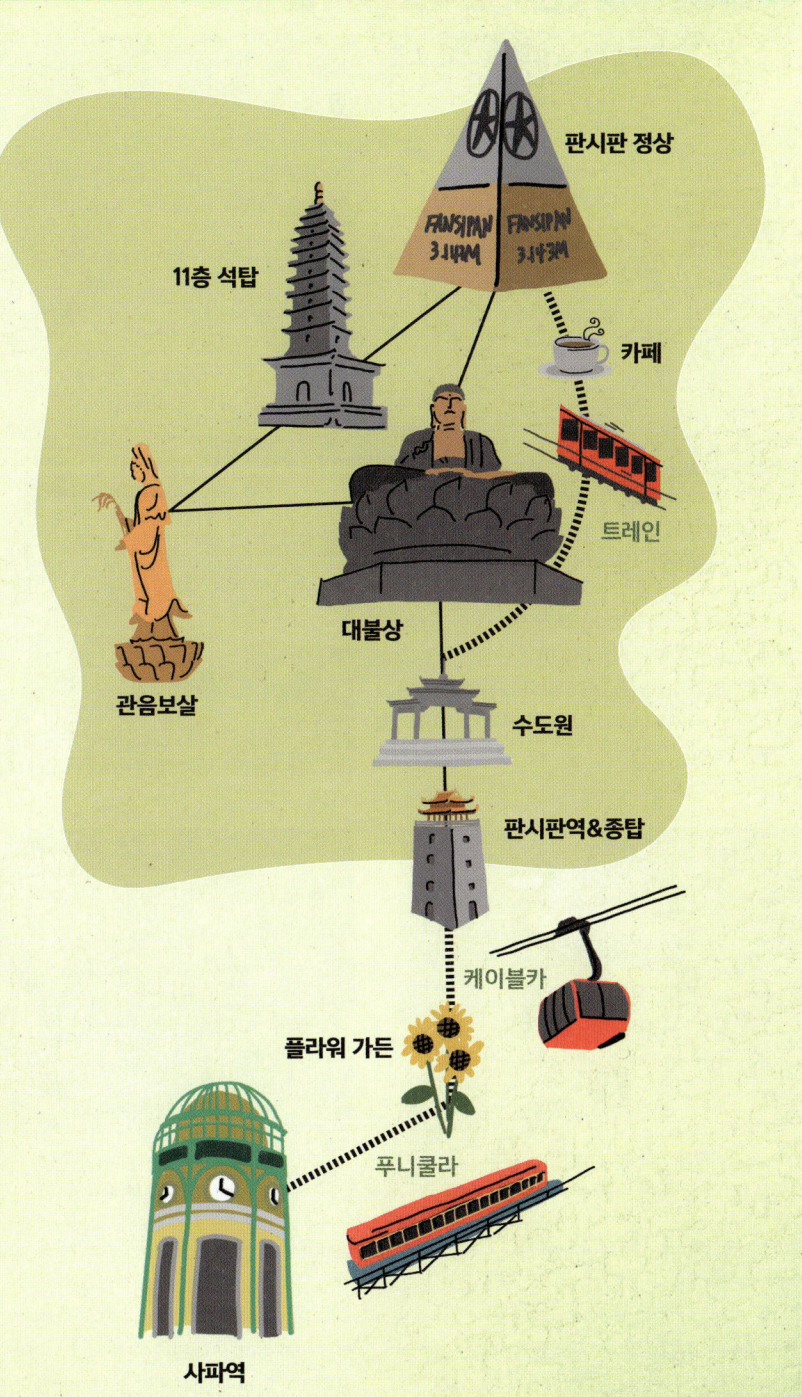

판시판을 가장 멋지게 즐기는 법

마음까지 화사해지는 꽃밭에서 사진 찍기
플라워 가든 Flower Garden

사계절 내내 꽃으로 가득하다. 여름에는 장미, 라벤더, 해바라기를 볼 수 있고 겨울에는 메밀꽃이 핀다. 면적이 15,000m²나 될 만큼 넓은 언덕인데 곳곳에 그네와 하늘 계단 같은 포토 스폿도 있으니 놓치지 말자. 푸니쿨라 역에서 케이블카를 타러 가는 길에 있다.

판시판에서 가장 처음 만나는 곳
판시판역 & 종탑 Cable car Station & Belfry

길이 6,300m의 케이블카를 약 15분간 타면 도착하는 곳이다. 출발지와 도착지의 고도차가 1,410m나 나기 때문에 어느새 구름이 시야 아래로 깔리는 모습을 볼 수 있다. 종탑은 케이블카 역에서 나오면 가장 먼저 마주하게 되는 곳이다. 총 5층으로 구성되어 있으며 높이는 32.8m이다.

판시판의 현관
수도원 Monastery

판시판 케이블카역에서 나와 직진으로 올라가면 가장 먼저 보이는 곳이다. 4개의 기둥으로 만든 독특한 문이 나오는데 베트남 사람들은 이곳을 '판시판의 현관'이라 부른다. 문을 따라 들어가면 불교 건축 양식의 수도원이 있다. 가볍게 둘러본 뒤 바로 위 계단을 따라 트레인을 타면 된다.

판시판의 하이라이트! 거대한 불상을 만나다
대불상 Buddha 🧡

베트남에서 가장 높은 곳에 자리한 청동 불상이다. 높이가 21.5m에 달하며 50톤이 넘는 구리를 사용해 만들었다. 1층은 안에 직접 들어가 볼 수 있으며 안에는 작은 불상이 있다. 외부에는 인공 폭포가 흐르는 돌계단이 있다. 폭포는 9층으로 나뉘어 있는데, 불교에서 숫자 9는 '완전한 수'를 뜻한다.

중생에게 자비를 베푸는 보살
관음보살 Bodhisattva

판시판 정상에서 내려오는 길에 있어 가볍게 들르기 좋다. 관음보살은 불교에서 구원을 요청하는 중생에게 자비를 베푸는 보살이다. 오른손에 버드나무 가지를 들고 있는데, 이는 재생과 치유를 상징한다. 관음상 높이는 12m, 무게는 18톤이며 청동으로 만들었다.

판시판 정상에서 커피 한잔
카페 Cafe

트레인에서 하차하면 바로 보이는 카페다. 쌀쌀한 판시판에서 잠시나마 몸을 녹일 수 있는 곳이기도 하다. 내부는 사파 소수민족의 전통 무늬로 알록달록하게 치장되어 있고, 벽의 두 면이 유리로 트여 있어 개방감이 든다. 날씨가 좋은 날은 판시판 대불상, 판시판 케이블카 역까지 내려다 볼 수 있다. 음료 가격은 80,000~130,000동 이내로 베트남 물가에 비해 매우 비싸다.

인도차이나의 지붕! 구름 위에 오르다
판시판 정상 Fansipan Top 🧡

해발 3,143m 판시판산의 정상이다. 정상에 오르면 모든 풍경이 시야 아래 있어 '인도차이나의 지붕'이라 불리는 판시판의 별명을 실감할 수 있다. 무엇보다 마치 타임랩스 영상을 보는 것처럼 빠르게 지나가는 구름의 모습이 장관이다. 정상 가운데에 베트남 국기가 걸린 25m 높이의 깃대가 있다. 곳곳에 작은 베트남 국기도 놓여 있어 함께 인증사진을 찍기도 좋다.

10

롱머이 유리 다리 Rong May Glass Bridge

베트남에서 가장 높은 유리 다리

2019년 11월에 개장한 베트남 최고 높이 유리 다리다. 높이만 해도 약 300m. 아파트 층수로 치면 56층 정도 높이라, 아래를 내려다보면 꽤 아찔하다. 높이만 높은 게 아니라 길이도 긴 편. 우리의 스카이워크처럼 한 포인트만 투명한 것이 아니라, 암벽을 따라 총 60m가 유리 다리로 이어져있다. 참고로 입구에서 유리 다리까지 올라가려면 셔틀버스 탑승 후 다시 엘리베이터를 타고 올라가야 한다. 스카이워크 외에도 짚라인, 징검다리, 공중그네, 수영장, 방갈로 숙소 등이 있으나 체험 이용 시 추가 요금이 발생한다.

🚶 QL4D, Sơn Bình, Tam Đường, Lai Châu
🏃 사파 광장에서 라이차우 방향 차로 32분
💰 400,000동 🕐 07:30~18:00
📍 22.37309, 103.75751

11

사랑의 폭포 Love Waterfall 🔊 수오이 방 - 탁 띤 이에우 Suối Vàng - Thác Tình Yêu

요정의 전설이 있는 천연 수영장

사파에 머무는 배낭여행자들이 반나절 오토바이 드라이브 코스로 많이 들르는 곳이다. 폭포 바로 앞에 천연 수영장이 있는데, 수영복을 챙겨가 자유롭게 물놀이하기 좋다. 혹은 여행사에서 계곡을 따라 캐녀닝 투어를 진행하기도 하니 액티비티에 관심 있다면 도전해 볼 만하다. 이름이 '사랑의 폭포'인 이유는 이곳에서 내려오는 전설 때문이다. 옛날 한 요정이 피리 부는 소년과 사랑에 빠졌는데 부모의 반대가 커 헤어지게 되었고, 결국 요정은 하늘을 자유롭게 나는 새로 환생해 평생 폭포를 맴돌았다고 한다.

🚶 8QWC+RV8, Sơn Bình, Tam Đường, Lai Châu 🏃 사파 광장에서 라이차우 방향 차로 28분 💰 70,000동 🕐 09:00~17:00
📍 22.34702, 103.77321

TIP
실버 폭포와 헷갈리지 마세요
사랑의 폭포 도착하기 8분 전쯤 위치에 실버 폭포가 있다. 산책로도 정자가 있어 가볍게 둘러볼 만은 하나, 계곡의 규모가 더 큰 곳은 사랑의 폭포다.

01

판시판 테라스 카페 Fansipan Terrace Café ♥

가장 사파다운 풍경을 볼 수 있는 카페

시내에서 깟깟 마을로 가는 길에 있어 오가며 들르기 좋다. 사실 이곳은 호스텔인데 숙박보다는 함께 운영하는 식당이 더 인기다. 모든 테이블이 판시판산을 정면으로 바라볼 수 있게 놓여 있고, 날씨가 좋은 날은 산맥 사이로 구름이 낮게 깔린 모습을 볼 수 있어 신비한 느낌이 든다. 간혹 푸니쿨라도 지나간다. 판시판 정상으로 향하는 열차인데 고요한 자연 속에서 간간이 활력을 준다. 에그 커피 한잔 마시며 여유롭게 풍경을 보기 좋은 곳이다. 에그 커피에는 초콜릿으로 'Sapa'라는 글귀를 써준다. 여행자들이 많이 찾는 카페이다 보니 이를 노리는 호객행위도 많다. 자리를 잡으면 자연스럽게 소수민족들이 찾아와 수공예품 구매나 가이드 투어를 제안한다.

◆ 067 Fansipan, TT. Sa Pa, Sa Pa, Lào Cai ✦ 선 플라자 사파역에서 깟깟 마을 방향으로 도보 7분 ◆ 에그 커피 55,000동, 판시판 아침식사 90,000동 ◆ 06:00~10:30 ◆ +84-91-220-51-54 ◆ 22.33279, 103.83835

02 리틀 베트남 Little Vietnam

맛깔스러운 사파 가정식과 연어회

하노이에 비해 맛집이 많지 않은 사파에서 손에 꼽을 정도로 맛깔스러운 음식을 선보인다. 어떤 요리를 시켜도 평균 이상의 맛을 내고 메뉴도 다양해 재방문하는 사람이 많다. 양식과 베트남식은 물론 사파 지역 요리까지 선보인다. 여러 가지 음식을 한 곳에서 다양하게 맛보고 싶다면 들러볼 만하다. 그중 별미는 연어회. 다른 메뉴에 비해 비싸면서 양도 적지만 고산지대 사파에서 오랜만에 회를 맛볼 수 있다는 것만으로도 만족스럽다. 고추냉이와 간장도 함께 내어준다. 베트남 스타일대로 라이스페이퍼와 향채도 함께 주어 연어회를 월남쌈처럼 돌돌 말아 먹는 것도 새롭다. 외관과 내부 인테리어는 살짝 투박하다.

📍 014 Mường Hoa, TT. Sa Pa, Sa Pa, Lào Cai 🚶선 플라자 사파역에서 내리막길을 따라 도보 5분 💵 연어회 300,000동, 코코넛 카레 145,000동 🕐 09:00~23:00 📞 +84-97-222-77-55 📍 22.33266, 103.84341

03 굿모닝 뷰 레스토랑 Good Morning View Restaurant

사파 별미 코코넛 카레를 맛볼 수 있는 곳

한국 여행자들 사이에선 사파에서 꼭 먹어봐야 할 음식으로 코코넛 카레가 꼽힌다. 정확하게는 코코넛 열매를 그릇으로 만들어 안에 카레를 넣고 구운 음식인데, 은은하게 밴 코코넛 향이 묘하게 중독성 있다. 특히 밥심으로 사는 한국인들에겐 오랜만에 따뜻한 쌀밥에 카레를 비벼 먹을 수 있으니 호불호 없이 먹기 좋다. 코코넛 카레는 다른 레스토랑에서도 많이 팔지만 굿모닝 뷰 레스토랑은 이 외 다른 요리도 훌륭하다. 에그 커피는 하노이 못지않게 수준급이니 꼭 시키자. 아쉽게도 가게 간판에 내건 것처럼 '뷰'가 좋은 곳은 아니다.

📍 047 Mường Hoa, TT. Sa Pa, Sa Pa, Lào Cai 333100 🚶리틀 베트남 레스토랑에서 내리막길을 따라 도보 4분 💵 코코넛 카레 135,000동, 스프링 롤 55,000동, 에그 커피 55,000동 🕐 09:15~22:00 📞 +84-91-292-78-10 📍 22.33005, 103.84591

04
통동 비건 Thong Dong Vegan

깔끔하고 정갈한 가정식 백반

골목길 끝에 숨어 있는 보물 같은 식당이다. 사파에서 유일한 채식 전문 식당으로, 차분한 분위기에 정갈한 한 그릇 음식을 내놓는 것이 특징이다. 통동(Thong Dong)이라는 식당 이름도 베트남 말로 '느긋한, 태평한'이라는 뜻. 메뉴는 밥, 수프, 파스타가 있으며 그중 가장 인기 있는 것은 '컬러풀 믹스 라이스'다. 우리의 비빔밥과 비슷한데 토마토, 오이, 샐러리와 같은 아삭한 생 야채에 짭짤하게 절인 두부로 간을 했다. 밥과 함께 곁들임으로 내어주는 토마토 국도 잘 어울린다. 이 외에도 고기 대신 표고버섯으로 식감을 살린 스프링롤도 별미.

📍 Cổng khách sạn Victoria, phố Hoàng Diệu, phường, Sa Pa, Lào Cai 🚶 사파 콩카페에서 골목길 계단 따라 올라가서 도보 2분 💰 컬러풀 믹스 라이스 50,000동, 호박 수프 30,000동 🕚 11:00~18:00, 매주 화요일 휴무
🌐 22.33663, 103.84231

05 레드 자오 하우스 Red Dzao House

사파 소수민족의 지역 요리를 맛보고 싶다면

레드 자오족이 운영하는 200석 규모의 레스토랑이다. 종업원 모두 빨간 모자를 쓰고 있어 눈에 띄는데, 이는 레드 자오족을 상징하는 전통 의상이자 일상복이다. 레드 자오족은 약초를 잘 다루는 민족으로도 유명하다. 덕분에 요리에도 채소가 풍부하고 건강식이 많다. 쌀쌀한 사파 날씨에 지쳐 원기 회복이 필요하다면 여러 향채와 고기를 듬뿍 넣고 샤브샤브처럼 먹는 '핫 폿(Hot Pot)' 요리를 추천한다. 따끈한 국물에 몸이 절로 풀린다. 고구마 크로켓, 마늘 연어 요리도 먹을 만하다. 레스토랑은 2층짜리 목조 가옥 형태로 1층에는 술을 마실 수 있는 바, 2층에는 벽난로가 있어 아늑하다.

📍 4b Thác Bạc, TT. Sa Pa, Sa Pa, Lào Cai 🚶 선 플라자 사파역에서 오르막길을 따라 도보 3분 💰 핫 폿 450,000~850,000동, 연어회 40,000동~ 🕐 07:30~22:00 📞 +84-214-3872-927 🌐 22.33615, 103.83982

06 아니스 사파 레스토랑 Anise Sapa Restaurant

독일식 튀긴 족발에 맥주 한잔

셰프가 독일 출신이다. 베트남 음식과 독일 음식을 조화롭게 판매하는데, 가장 인기 있는 메뉴는 튀긴 족발 '학센'이다. 영어로는 크리스피 포크(Crispy Pork)라고 표기되어 있다. 커다랗게 튀긴 족발은 껍데기는 바삭하고 속살은 부드러워 맥주와 함께 저녁으로 먹기 좋다. 고기만 먹으면 질릴 수 있으니 공심채 볶음(Morning Glory)도 함께 시키자. 이 외에 독일식 돈가스인 슈니첼도 있고, 사파 소수민족의 향토 음식인 오골계 요리 핫 폿도 있다. 사파 콩 카페에서 도보 2분 거리라 위치도 좋다.

📍 21 Xuân Viên street (02 Bậc Đá Victoria), Sapa town, Sa Pa, Lào Cai 🚶 사파 콩 카페에서 도보 2분 💰 크리스피 족발 425,000동(2인용), 슈니첼 155,000동 🕐 10:00~22:00 📞 +84-94-539-69-96 🌐 22.33642, 103.84248

07 레이디 버드 레스토랑 Ladybird Restaurant

이른 아침 만만하게 끼니를 해결할 수 있는 곳

야간 슬리핑 버스를 타고 아침 일찍 사파에 도착했을 때 부담 없이 들르기 좋은 식당이다. 사파 중심 콩 카페 맞은편에 있어 위치가 좋고, 호스텔도 겸하고 있어 이른 아침에도 문을 열기 때문이다. 메뉴도 쌀국수부터 햄버거까지 다양하다. 계단을 따라 반 층 정도 올라가면 입구가 나오고, 테라스석에 앉으면 거리의 활기찬 모습을 볼 수 있다. 아침밥을 먹고도 숙소 체크인까지 시간이 남았다면 도보 1분 거리에 있는 자오 카페(Dao Cafe)에서 시간을 보내도 좋다.

📍 4 Thạch Sơn, TT. Sa Pa, Sa Pa, Lào Cai 🚶 사파 콩 카페 건너편 도보 2분 💰 햄버거 135,000동, 피자 165,000동 🕐 06:00~22:00 📞 +84-214-3626-888 🌐 22.33583, 103.84289

08 더 흐몽 시스터즈 바 The Hmong Sisters

흐몽족이 운영하는 칵테일 바

밤에 딱히 할 것이 없는 사파에서 그나마 활력이 되어주는 곳이다. 칵테일 바라면 근사하고 세련된 곳을 상상하기 쉽지만, 이곳은 흐몽족의 알록달록한 패턴을 콘셉트로 하여 캐주얼한 분위기다. 한쪽에서는 포켓볼이나 보드게임도 할 수 있고, 간혹 물 담배를 피우는 여행자들도 있다. 칵테일은 '구름 속에 사파'처럼 지역명을 재치 있게 살린 것들이 있다. 실내 흡연이 가능한 곳이다. 담배 연기가 꺼려진다면 야외 테라스가 있는 근처 '사파 스카이 뷰 바'도 괜찮다.

📍 31 Mường Hoa, TT. Sa Pa, Sa Pa, Lào Cai 🚶 리틀 베트남에서 도보 1분 💰 칵테일 100,000~120,000동 🕐 월~토 16:00~02:00, 일 16:00~24:00 📞 +84-97-625-98-28 🌐 22.33247, 103.84387

REAL GUIDE

사파 별미 베스트 7

여행에서 먹는 재미를 뺄 수 있을까. 오직 이곳에서만 맛볼 수 있는 한정판 음식이라면 더욱 눈길이 가는 게 당연한 일! 사파의 군것질 메뉴부터 지역 술까지 별미를 모았다.

꼬치구이
15,000~50,000동

매일 밤 사파 광장 곳곳이 꼬치 거리가 된다. 원하는 꼬치를 바구니에 담아 계산하면 그 자리에서 바로 구워주는 식. 닭꼬치, 베이컨 버섯 말이, 대나무통밥이 우리 입맛에 잘 맞고 맥주 안주로도 최고다.

연어 요리
300,000동(연어회)

사파는 물이 차고 깨끗해서 연어가 살기 좋은 환경이다. 덕분에 고산지대 사파에서도 연어회, 연어구이, 연어 샤브샤브까지 다양하게 맛볼 수 있다. 베트남에서는 연어회를 월남쌈처럼 라이스페이퍼에 돌돌 말아서 먹기도 한다.

코코넛 치킨 카레
135,000동

코코넛 향이 나는 카레는 다른 나라에서도 맛볼 수 있지만 사파에서는 좀 더 특별하다. 진짜 코코넛 열매 속에 닭과 채소를 넣고 통째로 굽는다. 코코넛 향이 은은하게 밴 카레 소스의 맛도 일품이지만, 식후에 누룽지처럼 긁어 먹는 코코넛 과육의 식감도 흥미롭다. 리틀 베트남, 굿모닝 뷰 레스토랑 외에도 여러 식당에서 쉽게 접할 수 있다.

라이스페이퍼 피자
20,000~70,000동

사파에서 흔히 볼 수 있는 길거리 음식이다. 얇고 바삭한 라이스페이퍼 위에 달걀, 햄, 치즈를 넣고 구워주는데 칠리소스가 들어가 감칠맛이 난다. 피자처럼 6조각으로 잘라주기도 하고, 혼자일 때는 크레이프처럼 돌돌 말아주기도 한다.

구운 옥수수
10,000동

깟깟 마을을 걷다 보면 가장 많이 볼 수 있는 길거리 음식이 구운 옥수수, 군고구마, 구운 달걀이다. 그중에서도 구운 옥수수가 일품! 우리나라 것보다 알갱이가 더 크고 쫄깃하다. 출출할 때 만만하게 배 채우기 좋다.

아티초크
70,000동(아티초크 앰플)

최근 한국인 여행자들에게 인기 급상승 중이다. 아티초크는 식용 꽃봉오리인데 간을 보호하는 기능을 해 숙취 해소에 좋다. 사파에서는 아티초크를 많이 재배해 시장, 마트, 기념품 숍에서도 심심찮게 관련 상품을 볼 수 있다. 카페 메뉴에도 아티초크 차가 있다.

사파 와인
30,000~120,000동 내외(한 잔)

사파 소수민족들이 쌀이나 옥수수로 만든 술이다. 이름은 와인이지만 목이 탈 듯 강한 고량주에 가까운데, 이는 추운 겨울에 몸을 따뜻하게 유지하기 위해 만들었기 때문이다. 감기 예방, 혈액 순환 개선, 통증 완화에도 도움을 준다. 식사와 함께 곁들인다면 레드 자오 하우스와 굿모닝 뷰 레스토랑에서 맛볼 수 있다.

01 인디고 캣 Indigo Cat

몽족 수공예품을 파는 공정무역 소품 숍

최근까지도 몽족은 글로 쓸 수 있는 문자가 없었다. 대신 천에 기하학적인 무늬를 그리며 시각적 표현을 하기 시작했는데 이것이 지금은 하나의 예술이자 생산 활동이 되었다. 인디고 캣은 몽족의 수공예품을 생산 및 판매하며 이들의 전통 문화가 계속 이어질 수 있도록 지원한다. 가게는 총 2층 구조로 인형, 파우치, 쿠션 커버, 이불 등 패브릭 제품 위주로 판매한다. 몽족의 천연 염색에 관심 있다면 워크숍에 참여해도 좋다. 가격은 1인 400,000동 내외.

📍 034 Phan Xi Pang Fansipan Sapa, Sa Pa, Lào Cai
🚶 더 힐 스테이션 시그니처 레스토랑 맞은편 도보 1분 💰 파우치 50,000~100,000동 🕐 08:30~21:00 📍 22.33316, 103.84041

02 에덴 마사지 & 스파 Eden Massage & Spa

사파 트레킹 후 몸을 풀고 싶다면

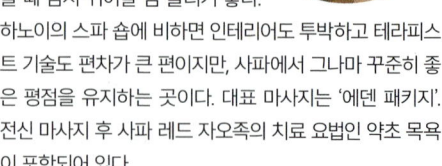

세계적인 여행자 후기 사이트 트립어드바이저에서 상위권을 차지하는 마사지 숍이다. 하루 종일 걷느라 온몸이 찌뿌둥하거나 하노이에서 슬리핑 버스를 타고 이른 아침에 도착했을 때 잠시 쉬어갈 겸 들리기 좋다. 하노이의 스파 숍에 비하면 인테리어도 투박하고 테라피스트 기술도 편차가 큰 편이지만, 사파에서 그나마 꾸준히 좋은 평점을 유지하는 곳이다. 대표 마사지는 '에덴 패키지'. 전신 마사지 후 사파 레드 자오족의 치료 요법인 약초 목욕이 포함되어 있다.

📍 08 Thác Bạc, TT. Sa Pa, Sapa Town, Lào Cai 🚶 선 플라자 사파역에서 오르막길로 도보 4분 💰 에덴 패키지(약초 목욕 15분 & 전신 마사지 60분) 460,000동 🕐 09:30~23:00 📞 +84-98-206-67-66 🏠 Eden Massage & Spa(페이스북 예약)
📍 22.33593, 103.83942

REAL GUIDE

숙소가 체험이 되는 여행
사파 감성 숙소

경주에 가면 한옥에 머물고 싶고, 제주에 가면 독채 민박에 머물고 싶듯 여행지의 숙소는 지역의 고유한 감성을 지니고 있다. 사파에서는 가정집 스타일의 아늑한 '홈스테이' 숙소에 머물러보면 어떨까. 아침이면 계단식 논을 따라 산책을 할 수 있고 저녁이면 누워서 쏟아지는 별을 바라볼 수 있다.

사파 숙소 예약 시 체크리스트

☑ **관광과 휴양 중 택하자**
관광이 중요하다면 사파 시내 중심, 휴양과 전망이 중요하다면 시내에서 차로 20~40분 떨어진 라오짜이, 따반 마을로 들어가 머문다.

☑ **겨울에는 실내 수영장이 있는 곳으로 예약하자**
베트남이라고 항상 따뜻한 건 아니다. 숙소에 딸린 야외 수영장을 이용하려면 4~10월에 방문해야 즐길 수 있다.

☑ **식사 평점을 참고하자**
시내가 아닌 이상 주변에 마땅한 편의시설이 없다. 숙소에서 매끼를 사 먹어야 할 수도 있으니 레스토랑 평점이 좋은 곳을 선택하자. 혹은 체크인 전에 사파 시내 마트에서 간단한 먹거리를 사 가는 것도 방법이다.

TIP
마을 입장료가 있어요
사파 시내에서 따반, 라오짜이로 들어갈 때 외국인은 입장료 75,000동을 내야 한다. 택시를 타고 가면 중간에 멈춰 경찰에게 요금을 지불하면 입장권을 준다.

01 토파스 에콜로지 Topas Ecolodge

페이스북 창업자의 휴가지! 수영장 전망이 최고

사파를 여행하는 사람들의 버킷 리스트와도 같은 숙소다. 탁 트인 야외 인피니티 수영장에 계단식 논과 전통 가옥을 한눈에 담을 수 있는 최고의 전망을 자랑하기 때문이다. 페이스북 창업자 마크 주커버그의 휴가지로 알려진 곳으로, 최근에는 〈내셔널 지오그래픽〉에서 선정한 '세계에서 가장 유니크한 숙소' 중 하나로 꼽히기도 했다. 최근에는 유명세를 타면서 가격이 올라 1박에 40~60만 원은 하며, 일부 객실은 전용 수영장이 있는 풀빌라 객실도 만들었다. 산골짜기에 있다 보니 와이파이가 열악하고 주변에 편의시설도 없어 식사를 모두 숙소에서 해결해야 하는 단점이 있다. 사파 중심에서 차로 40여 분 거리로, 시내에서 무료 셔틀을 운행하니 시간에 맞춰 탑승하면 된다.

📍 Thanh Kim, Sa Pa, Lao Cai 🚶 사파 시내에서 셔틀버스로 40분 거리인 반호 마을
💰 우리돈 42만 원~ 🏠 topasecolodge.com 📍 22.2762, 103.96702

02 에코 팜 하우스-사파 리트리트 Eco Plams House-Sapa Retreat 한국인 여행자들이 가장 사랑하는 숙소

때로는 단 한 장의 사진을 보고 여행지를 결정하기도 한다. 한국인들 사이에서 SNS를 통해 유명세를 타기 시작한 곳으로 숙박객의 절반 이상이 한국인이다. 평점이 높은 곳은 이유가 있듯이 객실의 전망, 식사, 주인 아저씨의 친절함까지 어느 것 하나 흠잡을 곳이 없다. 사진이 가장 잘 나오는 곳은 객실 테라스로 낮에는 계단식 논과 함께 사진 찍기 좋고, 밤에는 누워서 쏟아지는 별을 바라볼 수 있다. 최근에는 논 뷰 야외 수영장도 오픈했다. 가정집처럼 아늑한 곳을 찾는다면 하루쯤 숙박해보자. 가격도 1박에 최소 12만 원대로 부담 없는 편이다. 함께 운영하는 식당의 요리도 훌륭해 멀리 나가지 않아도 끼니를 해결할 수 있다.

TT152, Lao Chái, Sa Pa, Lào Cai 사파 시내에서 택시로 25분 거리인 따반 마을 우리돈 12만 원~ ecopalmshouse.com 22.31447, 103.88297

03
호텔 델 라 쿠풀 엠갤러리
Hôtel de la Coupole - MGallery   소수민족 미싱 룸을 테마로 한 5성급 호텔

판시판으로 향하는 선 플라자와 같은 건물에 있는 호텔이다. 한마디로 위치가 최고다. 사파의 다른 숙소들이 목가적인 풍경을 장점으로 내세울 때, 세련된 부티크 호텔 콘셉트로 멋과 편리함을 동시에 잡았다. 이곳은 베트남의 럭셔리 리조트를 선도해온 건축가 빌 벤슬리의 작품으로도 유명하다. 그는 항상 콘셉트가 있는 호텔을 재치 있게 건축하는데 사파에서는 소수민족의 미싱 룸을 테마로 했다. 로비에는 거대한 실타래가 가득하고, 복도 곳곳에는 알록달록 패턴의 옷감과 옷장이 있다. 시내 중심에 있다 보니 객실 전망은 평범하지만, 루프톱 바에서는 판시판산을 눈높이로 마주할 수 있다. 실내 온수 수영장이 있어 겨울에 숙박하기도 좋다. 기본 객실 기준 1박에 15만 원 내외로 가성비도 뛰어나다.

📍 1 Hoàng Liên, Street, Sa Pa, Lào Cai 🚶 선 플라자 사파역 오르막길로 올라가 왼쪽으로 도보 2분 ₫ 우리돈 12만 원~ 🌐 22.33443, 103.84019

04 클레이 하우스 Sapa Clay House

〈신서유기〉 팀이 다녀간 그곳

tvN 예능 프로그램 〈신서유기 4〉에서 사파를 다녀왔다. 강호동과 은지원이 숙소에 각종 과일을 숨기며 게임하는 장면이 나오는데 그 장소가 바로 여기다. 물론 방송이 아니라도 숙박 예약 사이트에서 꾸준히 높은 평점을 유지하는 인기 있는 곳이다. 하이라이트는 탁 트인 논 뷰를 보며 물놀이를 즐길 수영장이 있다는 것. 다만 겨울에는 물이 차서 야외 수영이 불가하다. 겨울에는 논에 벼를 다 추수해서 전망도 썰렁할 수 있다. 사파 시내에서 차로 15분 정도 거리라 위치도 괜찮은 편이다.

📍 TL152, Lao Chải, Sa Pa, Lào Cai 🚶 사파 시내에서 택시로 13분 거리인 라오짜이 마을 💰 우리돈 15만 원~
🏠 sapaclayhouse.com 📍 22.31922, 103.85796

05 피스타치오 호텔 사파 Pistachio Hotel Sapa

위치도 전망도 놓치고 싶지 않다면

사파에서 전망 좋은 논 뷰 숙소는 모두 시내에서 떨어져 있다. 대신 걸어갈 수 있는 위치에 전망도 괜찮은 숙소를 찾는다면 이곳이 최적! 사파 케이블카 역에서 도보 5분 거리로 위치가 좋고, 꼭대기 층 수영장에서는 판시판 절경을 한눈에 내려다볼 수 있다. 다만 겨울에는 야외 수영장을 즐기기엔 수온이 찬 편이니, 1층 실내 수영장을 이용하자. 부대시설로 사파 소수민족 '다오족' 전통요법으로 운영하는 마사지 스파 시설이 있다.

📍 Tổ 5 Đường Thác Bạc, TT. Sa Pa, Sa Pa, Lào Cai
🚶 사파 케이블카 역에서 언덕 따라 올라가 도보 5분
💰 우리 돈 10만 원 🏠 pistachiohotel.com
📍 22.33471, 103.83874

REAL GUIDE

트레킹으로 만나는 근교 소수민족 마을

사파에서 소수민족의 일상을 가장 가까이서 볼 수 있는 방법은 직접 마을로 찾아가는 것이다. 말이 트레킹이지 실제로는 농촌 마을의 논두렁을 걷기 때문에 올레길과 비슷할 정도로 부담 없다. 대부분의 코스가 한나절이면 가능하지만, 판시판의 경우 최소 1박 2일, 보통 2박 3일 정도의 일정이 필요하다.

투어명	내용	1인 가격(예약)
라오짜이 마을 & 따반 마을 일일 트레킹 투어	도보 5시간(17km), 현지식 식사	31,900원(클룩) / 외국인과 조인하는 그룹 투어
마짜 & 따핀 마을 트레킹 투어	도보 4시간(12km), 현지식 식사	32,000원(클룩)
판시판 1박 2일 트레킹 & 캠핑	등산 7시간 30분, 케이블카 1회, 산에서 홈스테이 1박	89,900원(클룩)

레드 자오족을 찾아서,
마짜&따핀 마을 프라이빗 투어

사파에는 다양한 코스의 소수민족 마을 트레킹이 있다. 그중에서도 마짜&따핀 마을은 가는 길이 완만하고 프라이빗 투어가 있어 초보자도 부담 없다. 소수민족의 삶을 좀 더 가까이에서 보고 싶다면 반나절 정도 트레킹 투어를 해보자. 4인 이상일 경우 프라이빗 투어를 문의해도 좋다.

TIP 준비물
대부분의 길이 평지지만 걷는 시간이 길어 운동화가 꼭 필요하다. 그늘 없는 햇볕이라 모자와 선크림도 필수! 비가 올 때를 대비해 바람막이 재킷도 챙기면 유용하다. 건기인 11~2월 사이가 가장 걷기 좋지만, 논밭이 무성해 경치가 좋은 시기는 5~10월 사이다.

09:00 사파 시내 호텔 픽업

호텔 로비로 소수민족 전통 의상을 입은 가이드가 도착했다. 간단히 인사를 한 후 오늘의 코스와 유의 사항을 들었다. 우리는 마짜 마을부터 따핀 마을까지 걷는 코스로 총 12km를 걷는다.

09:30 마짜 마을 도착

사파 시내에서 마짜 마을까지는 차로 이동했다. 차에서 내리니 빨간 모자를 쓴 레드 자오족 여인 서너 명이 우리에게 다가왔다. 물건을 팔기 위해서였다. 정중히 거절한 후 계속 걸었다. 초록빛 계단식 논이 보이기 시작했다. 가이드는 우리의 길잡이 역할을 하면서 때때로 소수민족 문화에 대해 설명해줬다.

10:30 따핀 마을로 트레킹 시작

우리나라의 1960~1970년대 같은 풍경이 이어졌다. 간혹 길에서 노는 아이들이나 지나가는 염소 떼도 만났다. 내 눈에 신기했던 건 약초다. 따핀 마을에는 레드 자오족이 많이 사는데 이들은 약초를 잘 다뤄 밭에서도 약초를 많이 기른다고 했다. 최근에는 사파 소수민족들이 아티초크를 재배하며 소득이 조금 더 늘었단다.

12:00 따핀 마을의 현지인 가정에서 점심 식사

대부분 평지이긴 하지만 그늘 없는 땡볕을 오래 걷는 건 마냥 쉽지는 않았다. 다리의 힘이 풀리기 시작할 무렵 현지인 가정집에 도착했다. 점심 메뉴는 5가지 반찬과 쌀밥을 곁들인 가정식으로 나왔다. 소박해 보이는 메뉴인데, 그때그때 바로 딴 신선한 재료로 만드니 기대 이상의 꿀맛이었다.

13:00 차를 타고 사파 시내로 복귀

밥을 먹고 나서 10분 정도 더 걸었다. 딸기 비닐하우스가 보였다. 선선한 기온 덕에 사파에서는 딸기 농사가 잘 된단다. 어느새 아침에 탔던 차량이 대기하고 있었다. 따핀 마을에서 사파 시내까지는 차로 30분 정도 소요되었다.

14:00 투어 종료 및 호텔 도착

투어가 끝나면 차량을 타고 사파 시내 숙소까지 데려다 준다. 가이드와 인사를 하고 헤어지면서 소정의 매너팁(50,000~100,000동 내외)을 건넸다. 다음에는 벼가 노랗게 익는 9~10월에 트레킹을 도전해보고 싶다.

REAL GUIDE

베트남 최대의 소수민족 전통시장, 박하 시장
Chợ Văn hóa Bắc Hà

박하(Bắc Hà)는 하노이에서 북쪽으로 350km, 사파에서 동쪽으로 100km 떨어져 있다. 이곳 역시 소수민족이 많이 사는 마을로 '리틀 사파(Little Sapa)'라는 별명을 갖고 있다. 사파에 비해 관광지나 숙소가 부족하기 때문에 여행자들은 주로 시장이 열리는 날 방문한다. 매주 일요일 오전에만 열리는 박하 시장은 단순히 물건을 사고파는 것을 넘어 산간지역에 사는 소수민족들에게는 소통의 창구이자 작은 축제와도 같다. 흐몽족 중에서도 의상이 가장 화려한 플라워 흐몽족(Flower H'mong)으로 가득 찬 박하 시장은 마치 엽서에서나 볼 법한 이국적인 풍경으로 항상 활기가 넘친다. 이곳에서 만든 가방, 파우치, 쿠션 커버와 같은 수공예품은 베트남 전역으로 판매된다.

 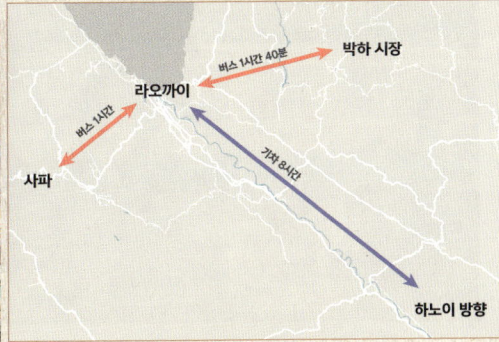

이동도 체험이 되는 시간
하노이에서 박하 시장까지 기차여행 일정표

하노이 근교 여행이라는 말이 무색할 만큼 박하 시장은 멀다. 8시간 동안 기차를 탄 다음 미니 버스로 1시간 40분을 더 들어가야 하니 이동에만 총 10시간이 걸린다. 그럼에도 불구하고 박하 시장은 충분한 매력이 있다. 형형색색의 전통 의상을 입은 소수민족이 모여 베트남에서도 가장 이국적인 모습을 볼 수 있기 때문이다. 다만 체력적으로 힘들 수 있으니 자신의 여행 스타일을 고려해 박하와 사파를 함께 여행할 것인지 사파만 집중할 것인지 선택하자.

박하 시장, 이런 사람들에게 추천해요!
- ☐ 배낭 하나 둘러메고 베트남 오지 여행을 떠나보고 싶다면
- ☐ 카메라 하나 들고 엽서 같은 사진을 찍어보고 싶다면
- ☐ 두둑한 지갑 챙겨 들고 수공예품 왕창 쇼핑하고 싶다면

22:00 하노이역에서 라오까이행 기차 탑승

기차 출발 시간보다 30분 정도 일찍 역에 도착했다. 우리나라로 치면 새마을호와 비슷하지만 침대칸이 있다는 점이 다르다. 여행자들은 주로 4인실을 이용하는데 기차표에 칸, 침대 번호가 적혀 있으니 찾아가면 된다. 샤워 시설은 없고 세수와 양치질 정도만 가능하다.

06:00 라오까이역 도착

처음엔 침대가 흔들려서 잠들기 어려웠는데 익숙해지니 요람처럼 느껴졌다. 주기적으로 들리는 칙칙폭폭 소리도 자장가처럼 들릴 정도. 아침에 눈을 뜨니 창밖으로 베트남의 시골 풍경이 흘렀다. 졸린 눈을 비비고 라오까이역 도착! 기다렸다는 듯이 택시 기사들이 몰려왔다. 정중히 거절하고 박하행 버스 정류장으로 향했다.

06:30 라오까이역에서 박하행 버스 탑승

라오까이역에서 박하로 가는 버스 정류장은 길을 한 번 건너 6분 정도 쭉 걸어가야 나온다. 일요일 오전에 도착하면 대부분의 사람이 박하 시장으로 가기 때문에 따라가면 찾기 쉽다. 버스는 오전 06:30에 출발하며 중국 국경을 따라 산골로 1시간 40분~2시간 정도 이동한다. 버스는 신기할 정도로 많은 사람이 끼어서 탄다. 좌석은 물론 복도까지 사람들로 가득 차고 간혹 닭이나 강아지도 탑승한다.

08:30 박하 시장 도착

돌아가는 버스는 11:30, 13:15에 출발한다. 자유롭게 시장을 둘러본 후 시간에 맞춰 같은 버스를 타면 된다. 버스 정류장에서 길을 따라 걸어가면 박하 시장이 나온다. 베트남에서 가장 큰 소수민족 시장으로 수공예품이 저렴하고 종류도 많다. 초반부에는 전통 의상을 파는 곳이 많고 뒤로 가면 강아지나 닭을 판매하는 가축 시장도 있다.

11:30 박하 시장에서 사파행 버스 탑승

박하 시장 앞에서 같은 버스를 타면 된다. 올 때와 마찬가지로 라오까이역까지 1시간 40분을 돌아가야 한다. 라오까이역에 도착하면 사파행 미니 버스로 환승해 1시간 더 들어간다.

15:00 사파 도착

사파 성당 앞에서 하차한다. 라오까이에서 사파까지는 구불구불한 산길이라 체력적으로 힘들 수 있다. 사파에 도착한 이후 일정은 무리하지 말고 가급적 숙소에 일찍 들어가 쉬자. 참고로 이 일정대로 여행한다면 이동이 잦기 때문에 큰 짐은 하노이에 미리 맡겨두는 것이 좋다.

PART 05

진짜 하롱베이를 만나는 시간

HALONG BAY

AREA 01

용이 머문 자리,
하롱베이
Ha Long Bay

하롱시(City)에서 가장 인기있는 해안가(Bay)다. 얼마나 유명했으면 지역명보다 바다 이름이 우리에게 더 친숙할 정도다. 옥빛 바다 위에는 약 3,000개의 바위 섬이 솟아 있는데, 전설에 따르면 거대한 용이 내려와 여의주를 수놓은 것이 지금의 절경을 만들었다고. 하롱(Hạ Long)이라는 뜻도 '용이 내려왔다'라는 한자 하룡(下龍)에서 유래했다. 지금은 세계에서 가장 가성비 좋은 크루즈 여행지로 인기를 얻고 있으며, 1994년에 유네스코 세계 자연유산으로 등재되었다.

하롱베이 BEST 5

- **01** 크루즈 에서 하룻밤
- **02** 유유자적 카야킹
- **03** 선셋 보며 칵테일 한잔
- **04** 티토프섬 전망대
- **05** 바다 수영하기

ACCESS
하노이에서 하롱베이 크루즈 선착장 가는 법

하롱베이에는 대중교통이 거의 없다고 봐야 하며, 크루즈 예약 시 업체에 왕복 리무진 셔틀 차량을 요청하는 것이 가장 편하다. 2018년부터는 고속도로가 생기면서 편도 4시간 걸리던 거리도 2시간 30분으로 줄었다.

리무진 셔틀버스
⏱ 2시간 30분

하롱베이 선착장까지 가는 대중교통은 거의 없다고 봐야 하며, 크루즈 예약 시 업체에 왕복 리무진 셔틀 차량을 요청하는 것이 가장 편하다. 크루즈 회사에서 운영하는 리무진 셔틀버스는 가죽 시트에 좌석 간격도 넓어 편하다. 최대 12명까지 탈 수 있는데 함께 크루즈를 탈 동행들과 합승하게 된다. 숙박하고 있는 하노이 호텔로 직접 픽업을 오고, 센딩까지 해주니 수월하다. 가격은 크루즈별로 다르나 보통 1인 기준 편도 25달러 내외. 크루즈 숙박 비용과 별개로 추가 결제해야 한다.

TIP 프라이빗 리무진
리무진을 통째로 빌려 프라이빗 렌터카로 이용할 수도 있다. 특히 하노이 공항에서 바로 하롱베이로 이동을 원하는 경우, 4인 이상 가족이 이용할 경우 이용하면 좋다. 가격은 하노이~하롱베이 왕복에 100~150달러 내외(차량에 따라 다름)다.
• 예약 클룩(Klook), 케이케이데이(KKday)

TIP 하롱베이 크루즈 선착장 뚜언쩌우섬
하롱베이 크루즈 선착장이다. 파라다이스 크루즈 그룹에서 항구로 쓰기 위해 섬을 통째로 샀다. 최근에는 항구가 너무 붐벼서, 큰 크루즈는 섬에 정박을 못하게 정부에서 제재를 가하고 있다. 이 때문에 탑승 수속할 때 작은 스피드 보트를 타고 30분 정도 들어가 실제로 숙박하게 될 크루즈로 갈아타게 된다. 1박 2일 하롱베이 크루즈 대부분은 뚜언쩌우 항구에서 탑승 수속을 한다. 고급 크루즈는 각 업체별로 전용 대기실이 있으며, 리무진 셔틀버스를 탑승하면 대기실 앞에 내려준다.

REAL COURSE
여유롭게 즐기는
5성급 크루즈 1박 2일 코스

DAY 01 크루즈 부대시설+물놀이

- 09:00 하노이 출발
- 11:30 뚜언쩌우 항구 도착
- 12:10 스피드 보트 탑승 후 크루즈로 이동
- 12:45 크루즈 체크인
- 13:00 [점심] 코스 요리
- 14:00 객실 키 수령 및 객실 체크인
- 15:00 카약, 수영장, 바다 수영, 워터 슬라이드
- 17:30 칵테일 해피아워, 일몰 감상
- 19:00 [저녁] 선셋 BBQ, 코스 요리
- 20:30 오징어 낚시, 미니 골프, 영화관 등

DAY 02 기항지 동굴 탐험

- 05:45 일출 감상
- 06:15 타이치 체조(베트남 태극권)
- 06:45 [아침] 가벼운 아침 식사
- 07:45 뱀부 보트 타고 동굴 탐험
- 09:30 객실 체크아웃
- 09:45 [브런치] 뷔페식
- 11:30 뚜언쩌우 항구 도착
- 14:00 하노이 도착

REAL COURSE

짧아도 알차게
하롱베이 당일치기 투어 코스

뚜언쩌우섬 출발 `DAY 01`

- 하노이 출발 `06:30`
- 뚜언쩌우 선착장 도착 `09:30`
- 크루즈 승선 `10:30`
- 점심 뷔페식 `11:30`
- 승솟 동굴 `13:00`
- 카야킹 or 뱀부 보트 `14:00`
- 티토프섬 `15:00`
- 크루즈 하선 `17:30`
- 하노이 도착 `20:00`

깟바섬 출발 `DAY 01`

- 깟바섬 출발 `08:00`
- 수상가옥 방문 `10:00`
- 카약 타고 동굴 탐험 `11:00`
- 점심 베트남 현지식 합석 `12:00`
- 란하베이 바다 수영 `13:00`
- 몽키 아일랜드 하이킹 `15:00`
- 깟바섬 도착 `17:00`

하롱베이 여행, 언제가 적기일까?

하롱베이도 하노이처럼 건기와 우기로 나뉘며, 연평균 기온은 23℃ 내외다.
여름에 해당하는 우기에는 하노이보다 많은 비와 태풍이 몰아치니 각별히 주의해야 한다.
태풍이 불 때(7~9월)는 하롱베이 크루즈를 예약했더라도 날씨에 따라 취소될 수 있다.

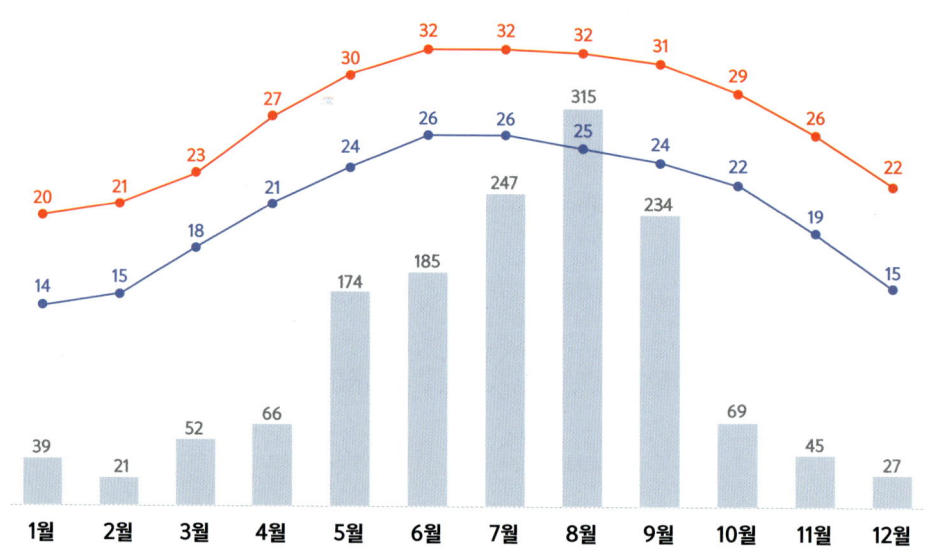

건기 10~4월

평균 기온이 16~23℃로 우리나라의 봄·가을 날씨다. 강우일은 한 달에 3~7일 이내로 비 오는 날이 적고 습하지 않아 여행하기엔 좋다. 단, 겨울에 해당하는 12~2월은 안개가 잦아 음산한 기운이 돌며, 기온도 내려가 밤에는 쌀쌀하다. 바닷바람이라 저녁엔 춥게 느껴질 수 있으니 긴 팔 셔츠, 바람막이 재킷을 챙기면 좋다.

우기 5~9월

평균 기온이 23~33℃로 고온 다습한 여름에 해당한다. 한 달에 8~12일은 비가 내리며 7~9월에는 태풍이 불어 크루즈 투어가 취소되기도 한다. 하지만 비만 내리지 않는다면 쾌청하고 파란 하늘을 볼 수 있어 오히려 건기보다 만족도는 더 높다. 특히 5월 초에서 8월 초 사이가 절정이다. 이 시기에는 바다 수영도 가능하다.

REAL GUIDE
지도로 보는 하롱베이

하롱베이는 하롱시에 있는 해안가다. 하롱베이에서 먼저 크루즈 산업이 발전해 대명사처럼 '하롱베이 크루즈'라고 부르는 것일 뿐, 실제 크루즈 업체들은 하롱베이뿐만 아니라 란하베이, 깟바섬 등 다양한 노선을 운항한다.

더우고 동굴 Hang Đầu Gỗ
★★☆

나무 말뚝 동굴이란 뜻. 하롱베이에서 가장 유명한 석회 동굴. 내부에 화려한 조명과 특이한 종유석이 가득함.

뚜언쩌우섬 Tuần Châu
★☆☆

하롱베이 크루즈 선착장이 모여 있는 섬.

티토프섬 Đảo Ti Tốp
★★☆

하롱베이 크루즈 최고의 전망대. 하롱베이를 방문한 소련 비행사가 "이 섬 중 하나만이라도 갖고 싶다"라고 말해 호치민이 특별히 이름 붙여준 곳.

하롱베이 Vịnh Hạ Long
★★★

바다 위 카르스트 지형의 절경이 펼쳐지는 곳. 유네스코 세계 자연유산으로 지정되며 크루즈 투어가 발달했다.

03 뚜언쩌우섬
07 더우고 동굴
04 하롱베이

하이퐁 Hải Phòng
★☆☆

호찌민, 하노이에 이어 세 번째로 큰 도시.

01 하이퐁
06 티토프섬
08 승솟 동굴
02 깟바섬
05 란하베이
09 몽키 아일랜드

승솟 동굴 Hang Sửng Sốt
★★☆

놀라운 동굴이란 뜻. 항 더우고 못지않게 큰 동굴로 총길이는 500m. 올라가는 길에 풍경을 내려다볼 수 있는 전망대가 있음.

깟바섬 Cát Bà
★★★

하이퐁시에서 가장 큰 섬으로 배낭여행자들의 베이스캠프. 국립공원 하이킹이나 당일치기 보트 투어를 할 수 있음.

란하베이 Vịnh Lan Hạ
★★★

하롱베이보다 늦게 크루즈 투어가 발전한 곳으로 자연환경이 아름답게 보전되어 한적한 휴식 여행을 즐길 수 있음.

몽키 아일랜드 다오 키 Đảo Khỉ
★☆☆

깟바섬에서 당일치기 보트 투어를 하면 들르는 곳. 원숭이가 많이 서식하는 섬으로 산 위에 작은 전망대가 있음.

REAL GUIDE

생애 첫 크루즈 완벽 가이드

크루즈는 '바다 위에 떠다니는 리조트'라 불린다. 숙박은 물론 다양한 액티비티까지 관광과 휴식을 동시에 즐길 수 있기 때문이다. 특히 객실에서도 영화처럼 시시각각 움직이는 풍경을 볼 수 있다는 점이 크루즈 여행의 묘미. 아침에 눈을 떴을 때 주황빛으로 물드는 하롱베이의 바위섬들은 그야말로 절경이다. 하롱베이 크루즈는 일정도 1~2박 내외로 부담이 없어 전 세계에서 가장 가성비 좋은 곳으로 손꼽힌다.

하롱베이 크루즈 FAQ

크루즈는 정말 비싼가요?
5성급 크루즈는 1인당 200달러 내외라 비싸게 느껴질 수 있다. 하지만 여기에 숙박비, 식사 네 끼, 액티비티, 기항지 관광, 쿠킹 클래스까지 포함되어 있어 가격 대비 만족도는 높은 편이다.

크루즈에만 있으면 답답하지 않나요?
가장 많이 오해하는 부분이다. 하롱베이는 3,000여 개의 섬이 있고 기항지로 이 섬들을 들른다. 동굴 탐험, 카야킹, 자전거 타기, 대나무 보트, 오징어 낚시 등 시간마다 액티비티가 끊임없이 이루어져 지루할 틈도 없다. 물론 선택이다. 객실에서 책을 읽으며 쉬는 사람들도 있다.

뱃멀미를 하면 어쩌죠?
하롱베이는 곳곳에 암벽이 방파제 역할을 한다. 덕분에 파도가 없고 잔잔한 편이다. 그래도 걱정이 된다면 이왕이면 규모가 큰 크루즈로 택하자. 바람에 덜 흔들린다.

하롱베이 당일 투어와 1박 2일 크루즈는 어떻게 다른가요?
당일치기는 관광 위주로 진행되는 '투어'에 가깝다. 크루즈는 여기에 숙박의 개념이 포함된 것으로 객실과 부대시설 등을 이용할 수 있다. 하롱베이는 노을과 일출이 아름다우니 이왕이면 하루라도 숙박하길 권한다. 2박 3일 크루즈는 일정은 비슷하나 좀 더 여유롭게 진행된다.

혼자서도 크루즈를 탈 수 있나요?
추가 요금을 내면 싱글 룸도 가능하다. 부킹닷컴에서 예약할 때 인원을 1인으로 설정하면 된다. 가격은 5성급 크루즈 기준으로 2인에 400달러인 경우 1인에 300달러 정도로 비싼 편이다. 처음엔 외로울 수 있으나 전담 스태프들이 잘 챙겨주고, 생각보다 혼자 오는 여행자도 꽤 있어 탈 만하다.

크루즈 안에서 추가로 돈을 쓸 일이 있나요?
크루즈 금액에 술값은 포함되어 있지 않다. 식사하며 맥주나 와인 혹은 저녁에 칵테일을 마신다면 추가 비용이 드니 염두에 두자. 객실 번호를 말하면 자동 청구되며 체크아웃할 때 베트남 동, 달러, 카드로 결제 가능하다.

인터넷 사용이 가능한가요?
거의 불가하다. 바다 한가운데 있기 때문에 로밍, 유심, 공공 와이파이 모두 열악하다. 간혹 좋은 크루즈는 특정 시간대(저녁)에 와이파이를 사용할 수 있도록 풀어주기도 한다.

특별히 챙겨야 할 준비물이 있나요?
해안가라 아침저녁으로 추울 수 있으니 겉옷을 챙겨가자. 이 외에 객실에서 먹을 간식과 맥주, 욕실이 있다면 거품 입욕제도 준비해가면 좋다. 여권과 신용카드는 필수.

1 크루즈 예약하는 법

크루즈는 투어보다는 숙박의 개념이다. 부킹닷컴과 같은 호텔 예약 사이트에서 예약할 수 있으며 객실 타입, 숙박 일수도 설정할 수 있다. 예약이 확정되면 크루즈 회사와 이메일 또는 전화로 자세한 요구 사항을 조율할 수 있다. 같은 회사의 크루즈라도 사이트별로 가격이 다르거나 픽업 비용이 포함되어 있지 않은 경우도 있으니 꼼꼼히 비교해보자.

크루즈 예약 사이트	장점	홈페이지
부킹닷컴	크루즈별 선택지가 많음	booking.com
베트남 스토리	정찰제 & 한국어 대응으로 이용하기 편함	vietnamstory.co.kr

2 하롱베이 1박 2일 크루즈 비교표

	엘리트	카펠라	스텔라	파라다이스	몽쉐리	에라
성급	6성급	5성급	5성급	5성급	4.5성급	4성급
출항 연도	2022.10	2020.08	2018.11	2018.11	2018.8	2017.12
테마	휴양	액티비티	휴양	관광	가성비	가성비
운항 노선	란하	란하	란하	하롱	란하	란하
차별점	드론 촬영	미끄럼틀	선셋 BBQ	승소, 티톱	넓은 객실	넓은 객실
추천 대상	커플 또는 부모님 동반	커플 또는 아이 동반	커플	부모님	부모님 동반 또는 아이 동반	부모님 동반 또는 아이 동반
층수	5	5	4	5	4	4
객실수	35	30	22	46	18	18
객실 크기(㎡)	23	32	28	30	35	47
식사	최상	상	상	중	중	하
1인 가격	378,000원~	348,000원~	312,000원~	273,000원~	260,000원~	240,000원~

3 크루즈 예약 시 체크리스트

✔ **하롱베이와 란하베이 중 어디로 가는지 코스를 확인하자.**
하롱베이는 관광지가 많고, 란하베이는 한적해서 휴양하기 좋다. 취향껏 선택하면 된다.

✔ **1인 금액인지 2인 금액인지 확인하자.**
보통 5성급 크루즈는 1인당 우리돈 20~37만 원(1박 2일) 정도다.

✔ **하노이 호텔로 픽업, 샌딩이 포함되어 있는지 확인하자.**
포함되지 않았을 경우 추가 금액이 발생한다. 가격은 1인당 우리돈 25,000원 내외.

✔ **가급적 5성급 크루즈에 최신 기종으로 예약하자.**
5성급이라 해도 실제로는 4성급 수준이다. 또한 너무 저렴한 크루즈는 바퀴벌레가 나올 수 있고, 에어컨도 낙후되어 방 천장에서 물이 떨어지니 고려할 것.

✔ **식사 평점을 꼭 참고하자.**
1박 2일 동안 네 끼를 먹기 때문에 중요하다. 고수를 못 먹거나 채식을 한다면 이메일로 특별 요청할 수 있다.

✔ **가족 여행이라면 객실 타입을 꼼꼼하게 살펴보자.**
3인 가족이라면 엑스트라 베드가 추가 가능한지, 4인 가족이라면 커넥팅 룸 요청이 되는지 물어볼 수 있다. 커텍팅 룸은 방 2개 사이에 비밀 통로가 있는 구조로, 5성급 크루즈는 한 층에 하나씩만 있어 금세 예약이 찬다.

✔ **객실 가격에 따라 전망이 다르다.**
기본 룸은 크루즈 맨 아래층에 있어 반지하처럼 답답할 수 있다. 전망이 중요하다면 추가 금액을 내고 상위 버전의 객실로 예약하자.

✔ **욕실과 테라스가 있는지 확인하자.**
침대에 누워서 바라보는 하롱베이의 절경도 근사하지만, 거품 목욕을 하면서 보는 바다 풍경도 이색적이다. 심지어 그 풍경이 영화처럼 움직인다.

✔ **기념일이라면 미리 이메일을 보내자.**
크루즈에 탑승하는 날이 생일이나 결혼기념일이라면 객실에 꽃 장식과 케이크, 샴페인을 선물해주기도 한다.

1박 2일 크루즈

하롱베이 최초 6성급 신상 크루즈

엘리트 오브 더 시 Elite of the Seas

진정한 휴양을 원한다면 엘리트 오브 더 시를 추천한다. 1박 2일 동안 오롯이 크루즈 안에만 있어도 완벽한 휴가가 될 것. 2022년 10월에 출항한 신형 크루즈라 내외부 시설이 최상이고, 특히 직원 서비스와 식음료는 감동적인 수준이다. 테이블마다 전담 직원이 있어서 세심하게 챙겨주며, 식사도 코스 요리 2회, 뷔페 요리 2회로 다양하게 구성되어 있다. 부대 프로그램 중에서는 드론 촬영이 있는 게 눈에 띈다. 5층 갑판 위에서 항공 뷰로 크루즈와 사람을 함께 담아 촬영해 준다. 아쉬운 점은 신형 크루즈라 가격이 약간 높게 형성되어 있고, 기본 객실이 23㎡로 타 크루즈 대비 협소한 편이니 참고하자.

- **1인 가격** 378,000원~(식사 4회 포함)
- **출항 연도** 2022년 10월~(6성급)
- **부대시설** 수영장, 미니 골프장, 스파, 습식 사우나, 포커 클럽, 헬스장
- **프로그램** 카약, 바다 수영, 뱀부 보트, 드론 촬영, 쿠킹 클래스 시연, 오징어 낚시, 타이치 체조

하롱베이 유일, 워터 슬라이드 크루즈

카펠라 크루즈 Capella Cruise

앞서 소개한 엘리트 오브 더 시와 함께 지금 하롱베이에서 가장 인기 있는 크루즈다. 2020년 8월에 출항했으며, 당시 워터 슬라이드(미끄럼틀)가 있는 유일한 크루즈로 이목을 끌었다. 그간 5성급 하롱베이 크루즈에서 즐길 수 있는 물놀이 액티비티가 카약, 바다 수영, 스노클링 정도였다면, 카펠라는 여기에 대형 풍선을 불어 미끄럼틀까지 즐길 수 있도록 한 것. 워터 슬라이드는 약 2층 객실 높이에서 뛰어내리는데, 아이들은 물론 어른들도 좋아하니 짜릿한 액티비티를 즐긴다면 추천한다. 객실 청결도, 식음료, 직원 서비스도 훌륭하다.

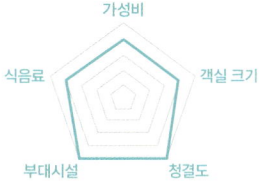

- **1인 가격** 348,000원~(식사 4회 포함)
- **출항 연도** 2020년 8월~(5성급)
- **부대시설** 수영장, 워터 슬라이드, 미니 골프장, 스파, 시가 포커 클럽, 노래방, 헬스장
- **프로그램** 카약, 바다 수영, 뱀부 보트, 쿠킹 클래스 시연, 오징어 낚시, 타이치 체조

뭐 하나 흠잡을 것 없는 스테디셀러

스텔라 오브 더 시 Stella of the Seas

이름만 봐도 느낌이 오듯 엘리트 오브 더 시와 같은 회사 소속이다. 엘리트는 2022년 출항한 6성급, 스텔라는 2018년 출항한 5성급이라는 차이 뿐. 같은 회사에서 운영하기 때문에 운항 노선, 식음료, 직원 서비스, 객실 인테리어도 비슷하다. 그러니 엘리트 크루즈는 타고 싶은데 가격이 부담스러웠던 사람들에게 차선책이 되어준다. 무엇보다 좋은 점은 기본 객실 크기도 28㎡로 엘리트보다 넓다는 것. 이밖에도 저녁 식사를 야외 갑판에서 선셋을 보며 BBQ 뷔페로 진행해 만족도가 높다.

- **1인 가격** 312,000원~(식사 4회 포함)
- **출항 연도** 2018년 11월~
- **부대시설** 수영장, 미니 골프장, 스파, 습식 사우나, 헬스장
- **프로그램** 카약, 바다 수영, 뱀부 보트, 쿠킹 클래스 시연, 오징어 낚시, 타이치 체조

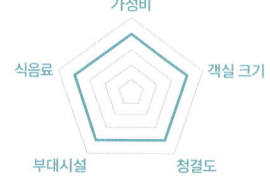

한국인에게 가장 인기 있는 크루즈

파라다이스 크루즈 Paradise Cruise

하롱베이 크루즈가 이토록 성장한 데는 '파라다이스 그룹' 이야기를 빼놓을 수 없다. 그간 낡은 목선의 보트 투어 수준이었던 하롱베이 투어의 트렌드를 5성급 럭셔리 크루즈로 바꾼 곳이 바로 파라다이스 그룹이다. 어찌나 규모가 큰지 뚜언쩌우 항구도 섬을 통째로 샀을 정도다. 크루즈도 여러 대 운영한다. 하롱베이 노선은 1) 프레지던트, 2) 엘레강스, 3) 럭셔리가 있으며, 기항지 관광을 중점으로 한다. 특히 핵심 관광지인 승솟 동굴을 들르는데, 계단이 많기 때문에 걷는 데 부담이 없는 활동적인 부모님과 함께하는 여행일 때 추천한다. 또한 2020년부터는 란하베이 노선 4) 그랜드 크루즈도 운항하고 있다. 다른 크루즈와 다르게 비엣 하이 마을 탐방, 자전거 타기 등의 프로그램도 있다.

· **1인 가격** 273,000원~(식사 4회 포함)
· **출항 연도** 2018년 11월~(5성급)
· **부대시설** 자쿠지, 스파 마사지
· **프로그램** 승솟 동굴 관광, 티토프섬 관광, 바다 수영, 라이브 공연, 타이치 체조

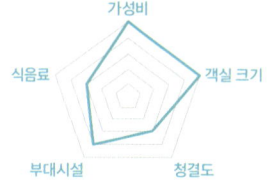

실속 여행자를 위한 가성비 크루즈

몽쉐리 크루즈 Mon Cheri Cruises

'5성급 럭셔리 크루즈까지는 필요 없다, 대신 수영장(자쿠지)은 있는 크루즈를 타고 싶다'는 사람들에게 최적의 선택이다. 다른 크루즈는 객실 수가 22~46개 사이인데 반해, 몽쉐리 크루즈는 18개로 아담한 편이다. 객실의 수를 줄이는 대신 기본 객실 규모를 더 넓힌 것. 타 크루즈에서 기본 객실 탈 가격이면 몽쉐리에선 스위트룸에 숙박할 수 있는 것도 장점이다. 크루즈는 1층보다 2층 시야가 더 좋기 때문에 가격 대비 만족도를 원한다면 선택할 만하다. 3인 객실, 4인 커넥팅 룸도 마련되어 있어 가족여행으로 숙박하기도 좋다.

- **1인 가격** 260,000원(식사 4회 포함)
- **출항 연도** 2018년 8월~ (4성급)
- **부대시설** 스파 마사지, 자쿠지
- **프로그램** 카약, 바다 수영, 뱀부 보트, 쿠킹 클래스 시연, 오징어 낚시, 타이치 체조

가족 여행자를 위한 객실 넓은 크루즈

에라 크루즈 Era Cruise

장단점이 확실한 크루즈다. 먼저 장점으로는 기본 객실이 넓다. 다른 크루즈의 기본 객실이 23㎡부터 시작한다면 에라 크루즈는 47㎡부터 시작하니 약 2배 넓다. 이유인즉 다른 크루즈 발코니에는 테이블과 의자만 딸랑 있다면, 에라 크루즈는 무려 180도 누울 수 있는 선베드가 있기 때문이다. 객실에서 휴식이 중요한 여행자, 아이와 함께하는 3~4인 여행자에게 추천하는 크루즈다. 객실도 3인 객실, 4인 커넥팅 룸도 마련되어 있다. 반면 단점은 2017년에 출항한 크루즈라 객실이 노후되고, 식음료 퀄리티도 부실하다. 수영장이 없는 것도 아쉽다. 2023년에는 리노베이션을 한다고 하니 추후 정보는 홈페이지를 참고하자.

- **1인 가격** 240,000원(식사 4회 포함)
- **출항 연도** 2017년 12월~(4성급)
- **부대시설** 영화관(30석), 스파 마사지
- **프로그램** 카약, 바다 수영, 뱀부 보트, 쿠킹 클래스 시연, 오징어 낚시, 타이치 체조

당일치기 크루즈

세련된 디자인의 당일치기 크루즈

제이드 세일즈 원데이 크루즈 Jade Sails One Day Cruise

하롱베이의 매력을 제대로 느끼려면 가급적이면 1박 2일 크루즈를 타는 것이 좋다. 그러나 일정이 한정적이거나, 비용이 부담스러운 사람에게는 '제이드 세일즈 원데이 크루즈'를 추천한다. 보통 당일치기라면 크루즈라기보다는 보트 투어에 가까운데, 그나마 가장 시설이 좋은 곳이 바로 제이드 세일즈다. 2018년 11월부터 운항했으며 요트를 테마로 디자인해 인테리어가 세련되고 현대적인 것이 특징. 총 3층으로 구성되어 있으며 1층은 레스토랑, 2층은 바와 테라스, 3층은 야외 갑판이다. 당일치기 투어라 객실은 없으나, 바다 수영 후 따뜻한 물로 샤워할 수 있는 공간은 있다.

· **1인 가격** 167,000원(1끼 식사 포함)
· **출항 연도** 2018년 11월~
· **부대시설** 온수 샤워실, 헬스장
· **프로그램** 카약, 바다 수영, 뱀부 보트, 쿠킹 클래스 시연

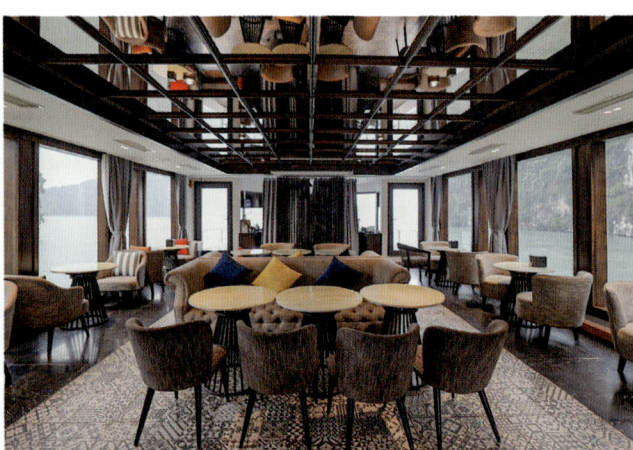

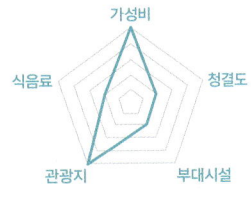

핵심 관광지 한 번에 싹 다 들르는 투어

파라다이스 익스플로러 데이 크루즈 Paradise Explorer Day Cruise

휴양보다 관광에 집중한 투어다. 말이 크루즈지 사실상 보트 투어라 할 수 있다. 총 2층으로 구성되어 있으며 1층은 레스토랑, 2층은 야외 갑판으로 이뤄져 있다. 부대시설이 빈약함에도 추천하는 이유는 기항지에 들르는 코스가 좋기 때문이다. 대부분의 럭셔리 크루즈는 란하베이로 운항하는 반면, 파라다이스 익스플로러 데이 크루즈는 하롱베이로 운항해 기암괴석이 가득한 승솟 동굴부터 하롱베이를 한눈에 내려다볼 수 있는 전망대 티토프섬까지 핵심 코스를 싹 다 들른다. 체력적으로는 힘들지만 알차게 관광할 수 있는 건 장점이다. 주말에만 운영하니 일정에 맞춰 예약하자.

- **1인 가격** 167,000원(1끼 식사 포함)
- **출항 연도** 2018년 11월~
- **부대시설** 없음
- **프로그램** 승솟 동굴 관광, 티토프섬 전망대 혹은 바다 수영 중 선택

> **TIP**
> **함께 비교해 보세요**
> **Paradise Delight Cruise**
> • 2022년 12월 출항 / 당일치기 반나절 크루즈
> • 최신식 럭셔리 크루즈에서 점심 한 끼 식사

REAL GUIDE

하늘 위에서 한눈에 내려보고 싶다면
하롱베이 헬리콥터 투어

하늘에서 용이 내려와 바다 위에 여의주를 수놓은 것 같다고 해서 붙여진 이름 '하롱(下龍) 베이(Bay)'. 바다 위에서 보는 것도 아름답지만, 하늘 위에서 항공 뷰로 내려다보고 싶다면 헬리콥터 투어는 어떨까? 약 10~15분 정도의 짧은 시간인데도 보는 풍경은 그야말로 장엄하다. 투어 가격도 1인 10만 원대로 다른 나라 헬리콥터 투어 대비 반값이다. 좌석은 기장 옆 좌석이 가장 시야가 좋으며, 이 자리는 요금이 더 비싸다. 참고로 날씨가 좋지 않은 날, 인원 모객이 되지 않는 날에는 운항하지 않아 예약을 했다 하더라도 취소될 수 있다.

> **TIP**
> **헬리콥터 투어 안전할까요?**
> 액티비티에 대한 기준이 달라 이는 본인이 판단해야 한다. 참고로 하롱베이 헬리콥터 투어는 국방부에서 운영하는 NNH North 라는 회사로, 헬리콥터 모델도 2019년 새 기체로 운항한다.
>
> - **가격** 10분 85,700원, 15분 132,900원, 30분 262,900원(앞좌석은 10,000원 추가)
> - **예약** 클룩(Klook) 어플에서 하롱베이 경비행기 투어 검색
> - **출발** 뚜언쩌우 항구

REAL GUIDE

합리적인 가격으로 알차게 관광하고 싶다면
깟바섬 당일치기 보트 투어

일정은 넉넉한데 하롱베이 크루즈는 너무 비싸게 느껴진다면, 깟바섬에서 출발하는 보트 투어에 참여하는 것도 방법이다. 최대 20명까지 탈 수 있는 2층 보트로 선 내 부대시설이나 액티비티는 부족하지만 하루 꼬박 여러 곳을 관광할 수 있다는 것이 장점이다. 1인 가격도 최소 25달러부터 시작해 무척 저렴하다. 식사는 모르는 사람과 6명이 짝을 맞춰 나눠 먹어야 하고, 간혹 업체에 따라 부실하게 나오는 곳도 있으니 꼼꼼하게 비교한 후 예약하자. 깟바 타운에 투어 회사가 여럿 있으며 직접 서너 곳을 비교한 뒤 사진을 보고 정하면 된다.

- **08:00** 깟바섬 보트 투어 시작
- **10:00** 수상 가옥 방문
- **11:00** 동굴 카약
- **12:00** 베트남 현지식 점심 식사
- **13:00** 란하베이 스노쿨링
- **15:00** 몽키 아일랜드 하이킹
- **17:00** 투어 종료 및 깟바섬 도착

AREA 02

하롱베이를 느리게 즐기는 법
깟바섬
Cat Ba Island

깟바섬은 대중교통이 거의 없다. 그렇다고 자전거를 타기엔 멀고 택시를 타자니 비싸다. 여행자가 가장 많이 이용하는 방법은 오토바이를 빌리는 것이다. 대부분 평지에 아스팔트 포장도로이며, 시내만 벗어나면 거의 차량이 다니지 않을 정도로 한적해 운전하기도 수월하다. 오토바이 대여는 깟바 타운 야시장(Chợ đêm Cát Bà) 앞에서 가능하다.

깟바섬 BEST 5

- 01 오토바이 드라이브
- 02 깟바섬 보트 투어
- 03 국립공원 하이킹
- 04 전망대 선셋 보기
- 05 해산물 맛보기

ACCESS
하노이에서 깟바섬 가는 법

1 버스+페리+버스
🕒 총 3시간

복잡해 보이지만 생각보다 간단하다. 하노이에서 깟바행 버스표를 구매하면 버스, 페리 모든 교통수단 요금이 포함되어 있다. 그뿐만 아니라 버스 회사별로 인솔 가이드도 동행하기 때문에 중간에 환승을 하더라도 시키는 대로만 하면 된다. 버스 회사는 깟바 익스프레스, 굿모닝 깟바가 가장 유명하다. 가격은 280,000~350,000동 내외. 하노이 숙소 혹은 길거리 여행사에서 버스표 예매를 대행해 준다.

TIP 하노이-깟바섬 시간표

· 하노이-깟바섬

하노이 출발	깟바 도착
07:30	11:00
10:30	13:45
14:00	17:15

· 깟바섬-하노이

깟바 출발	하노이 도착
09:00	13:00
10:30	16:00
15:30	19:00

TRANSPORTATION
깟바섬 내 교통

1 택시

대중교통이 전무한 지역이다. 걸어 다니거나 택시를 타야 한다. 그랩 앱도 이용 불가하다. 만약 국립공원까지 멀리 갈 예정이라면 기사 포함 프라이빗 렌터카를 예약하는 것이 낫다. 숙소에 문의하면 연결해 준다. 단거리라면 전기차(버기카)도 있으나, 금액이 50,000동 내외로 저렴하진 않다.

2 오토바이

깟바섬을 여행하는 가장 편한 방법은 오토바이 운전이다. 대부분 평지 길이고, 한적해서 운전하기 수월한 곳이다. 관광지도 가장 먼 곳이 편도 40분이라 가까운 편. 오토바이 대여는 숙소 혹은 깟바 타운 여행사에 문의하면 되고, 보증금 개념으로 여권을 요청한다. 가격은 1일 120,000동~200,000동 사이.

TIP 믿을 수 있는 주유소 찾기

길거리에 페트롤 Petrol(휘발유)이라고 쓰인 곳은 많다. 다만 페트병에 넣어 판매하는 기름에 뭘 섞었는지 알 수 없다. 안전한 운전을 위한다면 이왕이면 공식 주유소를 이용하자. 깟바 타운 항구 끝쪽에 공식 주유소가 있다. 가득 채우면 70,000동 내외.

📍 PVOIL CHXD CÁT BÀ
📍 Khu Cảng cá Cát Bà, TT. Cát Bà, Cát Hải, Hải Phòng
🚶 깟바 타운 중심에서 오토바이로 3분
📍 20.72539, 107.04429

REAL COURSE

깟바섬에서 오롯이 즐기는
2박 3일 코스

오토바이 드라이브 DAY 01

- 07:30 하노이 출발
- 11:00 깟바섬 도착+오토바이 렌트
- 12:00 야미 2 레스토랑에서 점심 식사
- 13:00 병원 동굴
- 14:00 쭝짱 동굴
- 15:00 깟바 국립공원
- 18:00 꽌 깟바 레스토랑에서 저녁 식사

깟바섬 보트투어 DAY 02

- 08:00 깟바섬 보트 투어 시작
- 10:00 수상 가옥 방문
- 11:00 동굴 카야킹
- 12:00 베트남 현지식 점심 식사
- 13:00 란하베이 스노클링
- 15:00 몽키 아일랜드 하이킹
- 17:00 투어 종료 및 깟바섬 도착
- 18:00 꽌 깟바 레스토랑에서 저녁 식사

깟바 타운 즐기기 DAY 03

- 09:00 캐논 포트
- 11:00 깟꼬 해변 물놀이
- 13:00 모나 레스토랑에서 점심 식사
- 15:30 깟바섬 출발
- 19:00 하노이 도착

깟바섬 상세 지도

- 02 깟바 국립공원
- 05 병원 동굴
- 02 모나 레스토랑
- 04 캐논포트
- 04 까사 보니따
- 06 몽키 아일랜드
- 03 야미 2 레스토랑
- 01 꽌 깟바 레스토랑
- 01 깟바 타운
- 03 깟꼬 해변

01

깟바 타운 Cát Bà Town 🔊 티 쩐 깟바 Thị Trấn Cát Bà

깟바섬의 중심

깟바섬은 13,000명의 주민이 사는 작은 어촌 마을이다. 선착장을 따라 100여 개의 호텔과 레스토랑이 모여 있으며 최근에는 고급 리조트와 테마 파크도 들어서고 있다. 간혹 란하베이 크루즈 1박 2일을 예약하면 기항지로 깟바 타운에 들르기도 한다. 이들은 대부분 단체로 자전거나 전기차를 타며 관광한다. 선착장을 따라 해변 산책로가 잘되어 있다. 해 질 녘에 항구를 따라 보이는 카르트 지형의 바위섬과 고기잡이 배를 보고 있으면 마음이 평화로워진다.

📍 Cát Bà, Cát Hải, Hai Phong 🚶 깟바 항구(Bến tàu Cát Bà) 바로 앞 🌐 20.72456, 107.0494

02

캐논 포트 대포 요새 Canon Fort 🔊 파오 다이 턴 꽁 Pháo đài Thần công

깟바섬 최고의 전망대

깟바섬 최고의 전망대다. 베트남 전쟁 당시 산 위에서 대포를 쏘던 곳으로, 언덕 꼭대기에는 대포 2대가 남아 있다. 대포는 제2차 세계 대전 때 일본군이 만든 것으로 이후에는 프랑스군이 사용하기도 했다. 입구에서 꼭대기 전망대까지는 약 20분 정도 더 걸어 올라가야 하는데, 정상(해발 177m)에 닿으면 카르스트 지형의 바위섬과 바다가 한눈에 내려다보인다. 전망대 외에 작은 박물관도 있으니 함께 들르자. 전쟁 당시 생활 모습을 소박하게 전시해두었다.

📍 239 Cái Bèo, TT. Cát Bà, Cát Hải, Hải Phòng 🚶 깟바 타운에서 오토바이 10분+도보 20분 💵 50,000동 🕘 09:00~18:00 🌐 20.72318, 107.05441

03

깟꼬 해변 3 Cat Co 3 Beach 🔊 바이 비엔 깟바 Bãi Biển Cát Cò

숨겨진 보석 같은 해변

수영복 하나 챙겨 들고 여유롭게 물놀이 하기 좋은 해변이다. 시내에서 언덕을 넘어가야 도착하는데, 위치에 따라 깟꼬 해변 1~3으로 나뉜다. 그중 가장 아름다운 해변이 깟바 해변 3이다. 파도가 비늘처럼 넓고 완만해서 수영하기 좋다. 최근에는 바로 옆에 엠갤러리 호텔이 들어서 프라이빗 비치로 오해하기도 하는데, 별도의 입장료 없이 일반 자유여행자도 방문 가능하다.

📍 P28X+5P2, Unnamed Road, Cát Hải, Hải Phòng 🚶 깟바 타운 인포메이션 센터에서 동쪽 방향 언덕 넘어 도보 15분 💵 오토바이 주차 시 10,000동 🌐 20.71538, 107.04927

04
병원 동굴 Hospital Cave 항 꽌 이 Hang Quân Y 🧡   베트남 전쟁 당시 은신처였던 동굴

항구와 맞닿은 깟바섬에는 베트남 전쟁 당시 미군의 폭격으로 곳곳에 전쟁의 상처가 남아 있다. 그중 가장 보존이 잘된 곳이 병원 동굴. 1960년에 처음 세워졌으며 베트남 전쟁이 끝난 1975년까지 실제로 사용했다. 총 3층 규모로 이루어진 동굴 안에는 당시 부상당한 시민들과 군인들이 치료를 받으며 생활했던 공간이 있다. 내부에 총 17개의 방이 있는데 초입에는 군인들의 작전 회의실과 무기 창고, 뒤로는 수술실과 회복실 등이 있다. 병원은 부상당한 마네킹을 실감나게 표현해 다소 공포스럽게 느껴질 수 있다.

🚶 깟바 타운에서 북쪽으로 오토바이 20분, 국립공원에서는 10분 ₫ 40,000동 🕘 08:00~17:00 📍 20.76988, 107.02077

05
깟바 국립공원 Cat Ba National Park 브언 꿕 지아 깟바 Vườn Quốc Gia Cát Bà 🧡

2시간 만에 오르는 쉬운 등산 코스

깟바섬이 매력적인 이유는 산과 바다를 동시에 볼 수 있기 때문이다. 하루는 해안가에서 실컷 물놀이하다가, 다음 날은 숲이 우거진 산을 오를 수 있다. 여행자들이 가장 가기 쉬운 등산 코스는 깟바 국립공원이다. 입구에서 왕복 2시간이면 되고 길도 하나뿐이라 가이드 없이도 수월하다. 산에는 800여 개의 식물과 100여 종의 동물이 서식한다. 희귀동물에 속하는 노란 머리털 랑구르 원숭이는 깟바섬에서 처음 발견되어 '깟바 원숭이'라 불리기도 한다. 공원 입구에 작은 박물관이 있어 가볍게 둘러보기 좋다.

📍 Đường xuyên đảo Cát Bà, Trân Châu, Cát Hải, Hải Phòng, 베트남 🚶 깟바 타운에서 북쪽으로 택시 20분, 오토바이 40분. 대중교통 이용 시 깟바 타운에서 하루에 3회 미니 버스를 운행(깟바 타운 출발 07:30, 11:00, 15:00) ₫ 40,000동 🕘 08:00~17:00 📍 20.79285, 106.9906

06
쫑짱 동굴 Trung Trang Cave

다양한 형태의 종유석이 있는 동굴

깟바섬에는 약 150여 개의 크고 작은 동굴이 있다. 그 중 가장 접근성 좋은 곳이 쫑짱 동굴. 깟바 국립공원에서 차로 4분 거리에, 입장료도 통합해 함께 들르기 좋다. 동굴 길이는 약 300m. 입구와 출구가 다르나 결국 매표소로 다시 돌아오는 동선이다. 동굴 내부에는 수천 개의 천연 종유석이 있으며, 이따금 박쥐가 출몰하기도 한다. 1964년부터 1968년까지 미국 전쟁 당시에는 해군 사령부의 작전 장소로 쓰였다.

📍 Đường xuyên đảo Cát Bà, Trân Châu, Cát Hải, Hải Phòng 🚶 깟바 국립공원에서 남쪽으로 오토바이 6분
💲 80,000동(입장료에 근교 깟바 국립공원 입장료도 포함)
🕐 07:30~17:00 📍 20.78856, 106.99794

07
띠엔 꾹 사원 Thien Quoc Mother Ha Gia Luan Temple

깟바섬 오토바이 드라이브 코스의 종착역

시내에서 오토바이를 타고 약 45분 거리 최북단에 있다. 한마디로 오토바이 운전에 자신 있어야 도착하는 곳. 관광의 목적보다는 드라이브 삼아 와서 잠시 구경한다는 생각으로 들르기 좋다. 바다 한쪽에는 길이 250m, 폭 1m 목재 다리가 있으며, 따라 들어가면 작은 사원을 볼 수 있다. 사원은 깟바 주민들이 어선을 타기 전 안전을 기원하기 위한 곳으로, 2012년 주민들의 기부금으로 세웠다.

📍 RXXM+54V, Gia Luận, Cát Hải, Hải Phòng, 베트남
🚶 깟바 타운에서 북쪽으로 오토바이 45분
📍 20.84799, 106.98281

08
몽키 아일랜드 Mongkey Island 🔊 다오 키 Đảo khỉ(Cát Dứa)

란하베이 최고의 전망대

란하베이의 하이라이트라고 할 수 있는 섬이다. 해변이 약 3km로 크지는 않은 섬이지만 바닷물이 맑아 수영을 즐기기에 좋다. 섬에는 20여 마리의 원숭이도 서식하는데, 먹을 것을 가지고 있으면 뺏어가기도 하니 주의하자. 인근 바위산은 20~30분 내외로 오를 수 있다. 산에 오르면 양옆으로 갈라진 다른 두 바다가 내려다 보인다. 몽키 아일랜드는 깟바섬에서는 당일 보트 투어로 들를 수 있다. 몽키 아일랜드를 들르는 노선인지 꼭 확인하자.

🚶 깟바 타운에서 배 타고 동쪽으로 1km
📍 20.72795, 107.07941

01 꽌 깟바 레스토랑 Quân Cát Bà Restaurant

깔끔하고 친절한 해산물 전문 식당

깟바섬 해산물 레스토랑 중에서 가장 평점이 높다. 식당 한쪽에 어항이 있고 주문 즉시 바로 잡아 요리해 해산물이 싱싱하다. 특히 버터 갈릭 소스가 들어간 해산물이 평이 좋다. 취향껏 새우, 굴, 오징어를 선택하자. 물론 다 추가하면 맛도 두 배! 여기에 모닝글로리 볶음과 밥 한 공기를 비벼 먹으면 더할 나위 없이 만족스럽다. 저녁 식사로 해산물에 맥주 한잔하기 좋은 곳.

📍 180 Một Tháng Tư, TT. Cát Bà, Cát Hải, Hải Phòng
🚶 깟바 타운 인포메이션 센터에서 도보 3분 🍴 버터 갈릭 새우 오징어 220,000동, 해산물 핫팟 500,000동 🕐 08:00~21:00
📞 +84-98-659-03-18 📍 20.72557, 107.04708

02 야미 2 레스토랑 Yummy 2 Restaurant

다양한 메뉴를 맛볼 수 있는 현지식

깟바섬의 '김밥천국'이다. 메뉴가 다양하고 가격도 합리적이다. 주로 배낭여행자들이 많이 찾는 곳. 메뉴는 베트남식뿐만 아니라 태국식, 핫팟, 해산물 요리까지 다양하고 무얼 선택하든 무난하게 먹을 수 있다. 특히 해산물 볶음면, 치즈 굴구이, 버터갈릭 오징어밥, 스프링롤 튀김이 인기다. 야미 1 레스토랑 보다 야미 2가 더 평이 좋다.

📍 102 Núi Ngọc, TT. Cát Bà, Cát Hải, Hải Phòng 🚶 깟바 타운(선착장)에서 도보 7분 🍴 버터 갈릭 오징어밥 80,000동, 치즈 굴구이 90,000동 🕐 07:00~22:00 📞 +84-97-795-09-06 📍 20.72659, 107.05285

03 까사 보니따 Casa Bonita

유리 온실에서 먹는 스무디 볼

'까사 보니따'는 스페인어로 '예쁜 집'이라는 뜻. 총 3층으로 되어 있으며 꼭대기 층은 유리 온실로 꾸며 채광이 좋다. 내부에는 식물이 주렁주렁 걸려 있고, 한쪽 벽에는 꼬마 전구가 줄줄이 걸려 있어 화사한 느낌이 든다. 과일 스무디 볼을 주문하면 코코넛 껍질에 예쁘게 담아주어 보는 재미와 먹는 재미를 동시에 느낄 수 있다.

📍 82 Núi Ngọc, TT. Cát Bà, Cát Hải, Hải Phòng 🚶 깟바 타운(선착장)에서 바다를 등지고 직진 도보 6분 🍴 스무디 볼 90,000동 🕐 07:00~23:00 📞 +84-93-467-48-99
📍 20.72673, 107.05225

PART
06

즐겁고 설레는 여행 준비

HANOI

D-DAY에 따른
여행 준비 캘린더

D-60	D-50	D-40
여권 발급	항공권 구매	숙소 & 크루즈 예약

D-30	D-20	D-15
여행 코스 짜기	투어 예약	비자 발급

D-7	D-6	D-5
환전하기	여행자 보험 가입	인터넷 면세점 쇼핑

D-3	D-3	D-1
로밍, 와이파이, 유심칩 구매	그랩 애플리케이션 다운로드	준비물 챙기기

D-DAY	D-DAY
인천 공항 출국	하노이 공항 입국

D-60
여권 발급

해외에서는 여권이 신분증이다. 자신의 국적과 신분을 증빙하는 서류인 것. 해외여행이 처음이라 어떤 것부터 준비해야 할지 막막하다면 딱 3가지만 기억하자. 여권, 항공권, 숙소! 이것만 준비해도 절반은 끝난 셈이다.

여권 발급받는 순서
① 사진관에서 여권용 사진을 찍는다.
② 서울은 구청, 기타 지역은 도청 혹은 시청으로 본인이 직접 가야 한다.
③ 비치된 여권 발급 신청서를 작성해 신분증, 여권 사진과 함께 제시하고 발급 수수료를 납부한다.
④ 발급된 여권은 3~5일 이내로 수령 가능하다.

여권 발급 준비물
- [ ] 여권 발급 신청서
- [ ] 여권 사진 1매(6개월 이내 촬영, 3.5X4.5cm)
- [ ] 신분증(주민등록증 혹은 면허증)
- [ ] 발급 수수료
  - 미성년자는 부모 신분증과 가족관계증명서 필요.
  - 24~37세 병역 미필자는 병무청에서 발급하는 국외 여행 허가 서류 제출.

여권 발급 수수료
- **10년 이내 복수 여권(18세 이상)** 26면 5만 원, 58면 5만 3천 원
- **5년 이내 복수 여권(18세 미만)** 8세 미만 3만~3만 3천 원, 8세 이상 4만 2천~4만 5천 원

> **TIP**
> 이미 발급받은 여권이 있다면 유효기간이 6개월 이상 남아 있는지 꼭 확인한다. 남은 일정이 촉박한 경우 입국을 거부당할 수도 있으니 여유롭게 재발급하자.

D-50
항공권 구매

베트남의 수도답게 항공 노선이 다양하다. 대부분의 국내 항공사가 운항하고 있으며 부산, 양양 등 지방에서도 출발한다.

항공권 저렴한 날은 언제?
방학, 주말, 황금연휴, 명절 때는 왕복 40만~50만 원으로 가격이 훌쩍 오른다. 이때를 제외한 3·6·9·11월 평일은 왕복 20만~30만 원대를 수월하게 찾을 수 있다. 비행시간은 4시간 30분 정도 소요되며, 11~2월까지는 하노이의 건기에 해당해 여행하기 좋다.

- 항공권 가격 비교 〈스카이스캐너〉 skyscanner.co.kr

어떤 항공사를 선택할까?
넉넉한 수하물, 기내식 제공 등의 서비스가 중요하다면 풀서비스 항공사를 선택하자. 대한항공, 베트남 항공, 뱀부 항공이 서비스 만족도가 높다. 반면 특가 항공권으로 저렴하게 가고 싶다면 국내 저비용 항공사나 비엣젯 항공 홈페이지를 참고하자. 참고로 비엣젯 항공은 하롱베이가 있는 하이퐁까지 직항이 오간다. 하노이 IN, 하이퐁(하롱베이) OUT도 가능하다는 이야기.

항공사	출발 지역	항공사	출발 지역
대한항공	인천, 김해	제주항공	인천
베트남 항공	인천, 김해	비엣젯 항공	인천, 김해
뱀부 항공	인천		

D-40
숙소 & 크루즈 예약

항공권 예약까지 마쳤다면 다음은 숙소다. 베트남은 가격 대비 퀄리티 좋은 특급 호텔부터 호스텔까지 종류가 다양하니 취향에 맞는 곳으로 선택해보자. 하노이 근교 사파 홈스테이, 하롱베이 크루즈는 예약할 때 꼼꼼하게 체크해야 하는 부분도 있다. 자세한 사항은 아래 페이지를 참고하자.

▶▶ 하노이 숙소 자세히 보기 P.314, 사파 숙소 자세히 보기 P.263
▶▶ 하롱베이 크루즈 자세히 보기 P.282

D-30
여행 코스 짜기

여행 코스를 잘 짜야 시간을 허비하지 않고 알차게 여행을 즐길 수 있다. 먼저 여행 테마와 일정 그리고 누구와 함께 갈지를 정하고 코스를 짜면 되는데, 이때 실시간 여행 정보와 회원들의 후기를 볼 수 있는 여행 카페를 참고하면 좋다.

참고하면 좋은 네이버 카페
- 베트남 그리기 cafe.naver.com/vietnamsketch
- 하노이 도깨비 cafe.naver.com/sjdia76

참고하면 좋은 인스타그램 계정
- 베트남 관광청 @vietnamtourismboard
- 베트남 여행자 커뮤니티 @vietnamtravelers
- 하노이 관광청 @hanoicapital
- 하노이 맛집 @foody.vn.official

D-20
투어 예약

여행도 스마트하게 즐기자. 공항 픽업 서비스부터 투어, 액티비티, 쿠킹 클래스, 교통권까지 애플리케이션으로 예약할 수 있다. 투어별 자세한 사진 설명은 물론 이용자들의 리얼한 후기까지 볼 수 있는 것도 장점! 한국에서 미리 결제하니 현지에서 바가지 쓸 일도 없다.

- 클룩 klook.com
- 케이케이데이 kkday.com
- 마이리얼트립 myrealtrip.com

REAL GUIDE

베트남 비자 발급

비자는 외국인에 대한 출입국 허가 증명이다. 2023년 현재 한국 여권으로는 190개국을 무비자로 입국할 수 있다. 베트남도 관광 목적으로 방문하는 경우 45일까지는 비자 신청을 하지 않아도 된다. 단, 45일 이상 체류한다면 관광 비자(도착 비자) 신청 및 수수료를 지불해야 한다.

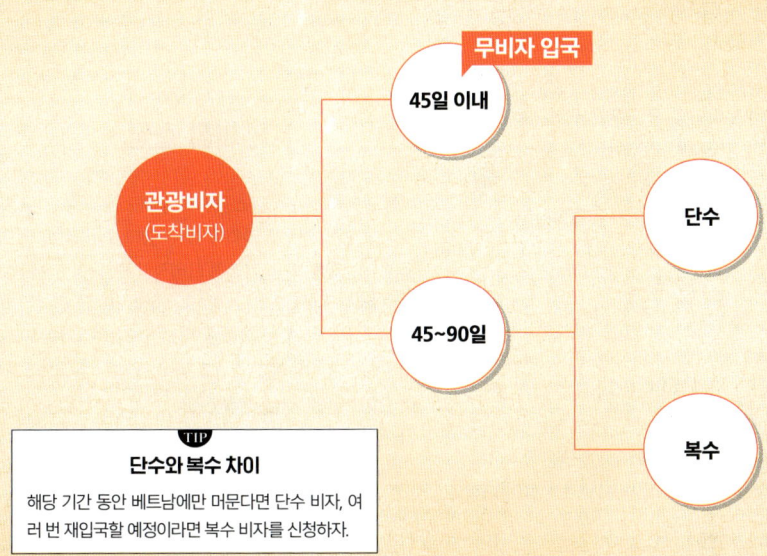

TIP 단수와 복수 차이
해당 기간 동안 베트남에만 머문다면 단수 비자, 여러 번 재입국할 예정이라면 복수 비자를 신청하자.

45일 이상 여행 시 비자 신청하는 법
① 인터넷으로 '베트남 비자 대행'을 검색한다.
② 베트남 비자 대행사에서 요청하는 서류(아래 준비물 참고)를 보낸다.
③ 약간의 비용을 내면 베트남 초청장을 받을 수 있다.
④ 하노이 공항 도착 후 비자 발급 센터로 간다.
⑤ 비자 수수료(공항 스탬프)를 미국 달러로 납부하면 여권에 스티커를 붙여준다.

TIP 대행사 없이 직접 홈페이지에서 신청도 가능하다. https://evisa.xuatnhapcanh.gov.vn

비자 발급 준비물
☐ 비자 신청서(영문 작성), 여권(잔여 유효기간 6개월 이상)
☐ 여권 사진 1매, 전자 항공권(인쇄)
☐ 숙소 예약 바우처(인쇄), 초청장(비용: 6천~2만 원)
☐ 비자 발급 수수료: 25~50달러

D-7 환전하기

베트남의 화폐 단위는 동(VND)이다. 한국에서 바로 베트남 동으로 바꾸면 수수료가 많이 들므로 한국에서 미국 달러로 환전한 다음 현지에서 베트남 동으로 환전하는 것이 좋다.

STEP 01 한국에서 달러로 환전

모바일 애플리케이션으로 환전을 신청하면 환전 우대 수수료가 저렴하다. 앱에 따라 출국 당일 공항에서 바로 찾을 수 있어 편리하다. 환전 애플리케이션으로는 카카오페이 환전, 토스 환전, 신한쏠뱅크 등이 있다. 어렵게 느껴진다면 동네 은행이나 서울역 환전소에서도 가능하다.

STEP 02 베트남에서 달러를 동으로 환전

베트남은 화폐 단위가 워낙 커서 일상에서도 미국 달러를 혼용해서 쓰기도 한다. 덕분에 환전 수수료도 낮은 편. 급하면 하노이 공항에서 바로 환전해도 큰 차이는 없다. 조금이라도 아끼고 싶다면 하노이 호안끼엠 금은방 거리로 가자. 구겨지지 않은 100달러짜리 새 지폐의 환율이 가장 좋다.

TIP 베트남에서 ATM 출금

자신이 사용하는 체크카드에 VISA, MASTER 표시가 있다면 베트남에서도 현금 인출이 가능하다. 가장 자주 볼 수 있는 은행은 BIDV인데 5달러 내외의 수수료가 든다. 하노이에서 한 달 살기 하면서 수수료 없는 은행이 필요하다면 VP Bank를 추천.

D-6 여행자 보험 가입

여행자 보험은 여행 기간 동안만 적용되는 단기 보험이다. 생각보다 저렴한 가격으로 부상이나 사고에 대한 보상을 받을 수 있다. 이 외에도 휴대 전화 도난이나 항공기 결항 등 옵션에 따라 보상받을 수 있는 범위가 달라진다. 혹시 현지에서 문제가 생겼다면 증빙 서류를 꼭 챙겨둘 것.

D-5 면세점 쇼핑

여행의 또 다른 재미, 쇼핑! 백화점에서 파는 브랜드 제품을 세금 없이 저렴한 가격에 살 수 있다. 특히 카메라, 화장품, 주류, 담배, 가방 가격이 합리적인 편. 공항 면세점보다는 인터넷 면세점이 더 저렴하니 출국 일주일 전에는 미리 둘러보자. 최대 구매 금액은 5,000달러까지 가능하나, 구매 한도인 800달러를 초과할 경우 귀국 시 세금을 납부해야 한다. 롯데면세점, 신라면세점, 신세계면세점 등에서 인터넷 면세점을 운영한다.

D-3 로밍, 포켓 와이파이, 유심칩 구매

베트남에서 실시간으로 지도를 보고, 택시를 부르기 위해서는 모바일 인터넷이 필수다. 다만 종류에 따라 각자 장단점이 있으니 꼼꼼하게 따져보고 선택하자.

종류	장점	단점
로밍	한국에서 걸려오는 전화를 받을 수 있다.	가격이 비싸다.
포켓 와이파이	여럿이 나눠 쓸 수 있다.	공유기를 늘 휴대하고 다녀야 한다.
유심칩	가격이 저렴하다.	유심칩을 갈아 끼워야 하는 번거로움이 있다.

로밍 비즈니스로 짧게 출장 간다면

한국에서 걸려오는 전화를 바로 받을 수 있는 것이 장점이다. 중요한 전화를 기다리고 있거나, 계속 한국과 연락해야 하는 출장객에게 추천. 각 통신사에 전화하면 바로 로밍 신청이 가능하며, 현지에 도착해 전원을 껐다 켜기만 하면 된다. 가격은 3박 5일에 3만~5만 원 내외로 가장 비싸다.

포켓 와이파이 여럿이 함께 간다면

하나의 공유기로 최대 10명까지 나눠 쓸 수 있다. 자녀와 함께 여행하거나 휴대 전화뿐 아니라 노트북도 자주 사용해야 하는 사람들에게 추천한다. 다만 와이파이 공유기를 늘 휴대하고 다녀야 하는 번거로움이 있다. 일행과 떨어져 있으면 인터넷이 되지 않는 것도 단점. 출국 2~3일 전에 포켓 와이파이 신청 후 공항에서 수령 가능하다. 가격은 3박 5일에 2만~3만 원 내외.

유심칩 1~2명 개별 여행을 간다면

현지 통신사로 단기 개통하는 것이다. 유심칩을 수령해 하노이로 가는 비행기 안에서 베트남 유심칩으로 갈아 끼워야 한다. 가격이 가장 저렴하고 현지에서 택시 기사나 투어사와 통화도 가능하다. 인터넷 전화 앱을 통해 한국으로 전화를 거는 것도 가능하다. 3박 5일에 10,000원 이내로 가격도 저렴하다.

D-3
그랩 애플리케이션 다운로드

하노이는 대중교통이 불편한 도시다. 그나마 여행자의 발이 되어주는 것이 '그랩 택시'. 우리의 카카오 택시처럼 목적지와 출발지를 설정하면 바로 근처에 있는 택시를 찾아준다. 유의할 점은 꼭 한국에서 미리 설치해야 한다는 것! 휴대 전화로 인증번호를 받아야 하기 때문에 미리 다운로드해야 한다. ▶▶ 그랩 애플리케이션 사용 방법 P.030

D-1
준비물 챙기기

드디어 출국 전날. 각 항공사의 수하물 규정을 확인하고 짐을 꾸린다. 수하물은 비행기 안으로 가져갈 수 있는 기내용과 비행기 창고로 보내는 위탁용으로 나뉜다. 기내용 수하물에는 100ml 이상의 액체 및 젤류(화장품 포함)는 반입이 안 된다.

자주 헷갈리는 수하물 반입 품목

구분	반입 가능	반입 불가
기내용	・보조 배터리 ・전자기기 ・충전기 ・전자 담배	・100ml 이상 액체 ・100ml 이상 화장품 ・칼, 가위
위탁용	・100ml 이상 액체 ・100ml 이상 화장품 ・칼, 가위	・보조 배터리 ・전자기기 ・충전기 ・전자 담배

- **기본 준비물** 여권, 비자, 신용카드, 항공권 사본, 숙소 바우처, 투어 예약 바우처, 여행 가이드북, 현지 돈, 여행자 보험, 해외 유심

- **전자기기** 220V 멀티 탭, 휴대 전화 충전기, 보조 배터리, 이어폰, 셀카봉

- **옷+신발** 긴팔 셔츠, 반팔 원피스, 반팔 티셔츠, 민소매 옷, 운동화, 샌들, 슬리퍼, 수영복, 물놀이 용품, 모자, 속옷, 스카프, 양말, 우산, 선글라스

- **화장품&세면도구** 선크림, 보디 워시, 샴푸, 린스, 칫솔, 치약, 클렌징 폼, 스킨, 로션, 모기 퇴치제, 수건, 마스크, 손 세정제

D-DAY
인천 공항 출국

1 공항 도착
최소 출국 2시간 전에는 도착하자. 전광판을 통해 예약한 항공사 번호를 확인하고 체크인 센터로 찾아가면 된다.

2 셀프 체크인 & 탑승 수속 & 수하물 부치기
사전에 웹 체크인을 했다면 수하물만 부치면 된다. 그렇지 않은 경우 현장에서 직원을 통해 체크인하거나 셀프 체크인 기계를 이용하면 된다. 항공권 예약 번호를 입력하면 좌석 지정이 가능하다. 그다음 수하물을 부치고 탑승권을 받으면 된다.

3 환전 & 포켓 와이파이 & 유심칩 찾기
미리 환전 신청을 했다면 인천 공항 내 지정된 은행 창구에서 수령할 수 있다. 포켓 와이파이와 유심칩도 지정된 부스로 직접 찾아가 받으면 된다. 통신사에서 제공하는 로밍 서비스를 이용하려면 사용하는 통신사 부스로 찾아가자. 체크인 구역과 면세 구역에 모두 있다.

4 보안 검색 & 출국 심사
먼저 위험 소지품이 있는지 검사한다. 기내 수하물을 벨트에 올려야 하며 입고 있던 외투, 주머니에 넣은 물품도 모두 꺼내야 한다. 다음으로는 출국 심사다. 여권과 본인을 확인하고 스탬프를 찍어준다. 최근에는 자동 출입국 심사를 통해 더 빠르게 진행된다.

5 인터넷 면세품 수령
사전에 인터넷 면세점을 통해 물품을 구입하면 업체별로 인도장을 안내해준다. 직접 찾아가 여권과 항공권을 제시한 후 물품을 받으면 된다. 액체나 화장품류는 바로 뜯으면 안 되는 것도 있으니 주의.

6 탑승 게이트 대기 & 비행기 탑승
탑승권에 적힌 게이트 번호를 확인한 후 시간에 맞춰 비행기를 타면 된다. 비행기 안에서는 휴대 전화를 비행기 모드로 설정해두어야 한다.

D-DAY
하노이 공항 입국

1 관광 비자(도착 비자) 수수료 지불하기

체류 기간이 45일 이하라면 무비자로 입국 가능하니 패스하면 된다. 45일 이상 체류한다면 비자 센터를 방문하자. 입국 심사대 맞은편에 Visa라고 크게 쓰여 있어 금방 찾을 수 있다. 헷갈리지 말아야 할 점은 사전에 비자 대행사에서 서류를 발급받은 사람도 반드시 들러야 한다는 것. 대행사에서는 초청장을 준 것일 뿐 실제로 여권에 스티커(스탬프)를 붙여주는 곳은 여기다. 여권, 증빙서류, 발급 수수료(25달러~)를 납부하면 대기표를 주고, 발급이 완료되면 스크린에 영문 이름이 뜬다.

2 입국 심사 받기

입국 심사대 앞에서 줄을 섰다가 차례가 되면 여권을 보여주면 된다. 45일 동안 허가한 관광 무비자이기 때문에 간혹 귀국편 항공권을 증빙해야 할 수도 있다.

3 수하물 찾기

입국 심사까지 마쳤다면 전광판에서 타고 온 항공편 이름을 확인하자. 수하물 수취대 번호가 표시된다. 해당 수취대로 가서 수하물을 수령하면 끝. 혹시 짐이 바뀌거나 도착하지 않았다면 해당 항공사에 문의한다.

4 환전하기

게이트를 빠져나가면 양옆으로 환전 센터가 즐비하다. 달러 환율이 시내와 크게 차이가 나지 않기 때문에 급하다면 여기서 환전해도 무방하다.

5 공항에서 시내로 가기

3가지 방법이 있다. 86번 버스를 타고 가는 방법, 베트남 항공 미니 버스를 타는 법, 예약한 택시를 타고 가는 법. 각자의 장단점이 있으니 아래 페이지를 참고하자.

▶▶ 공항에서 호안끼엠 가는 법 자세히 보기 P.100

구역별로 보는 하노이 숙소

하노이는 서울보다 넓다. 한정된 일정이라면 선택과 집중이 필요하다. 여행자들이 많이 오가는 지역을 기준으로 크게 4가지 권역으로 나눠보자. 호안끼엠, 프렌치 쿼터, 바딘+동다, 서호. 각자의 여행 스타일에 맞게 숙박할 위치를 정하면 된다.

A 호안끼엠 ★★★★☆

한정된 일정이라면 위치 좋은 호텔이 최고!

호텔은 깔끔한 곳에서 잠만 자면 된다 하는 사람에게 가장 추천하는 지역. 주변에 관광지, 맛집이 많아서 밤늦게까지 놀다 와도 부담 없는 위치. 주로 3~4성급 호텔이 많고, 도심 중앙에 있다 보니 객실 소음은 심하다.

- Peridot Grand Luxury Boutique Hotel
- Hanoi La Siesta Hotel & Spa

B 호안끼엠 남부(프렌치 쿼터) ★★★★★

하노이 최고의 호텔은 모두 프렌치 쿼터에!

호캉스도 즐기고 관광도 적당히 즐기고 싶은 사람에게 추천하는 지역. 호안끼엠 남부에 위치해 걸어서 대부분의 관광지를 갈 수 있고, 하노이에서 최고로 꼽히는 5성급 호텔들도 이곳에 밀집되어 있다. 객실 컨디션 대비 가격은 비싼 편.

- Capella Hanoi
- Sofitel Legend Metropole Hotel

C 바딘 & 동다 ★★★☆☆

경제 상업 지구, 하노이 출장 호텔은 여기!

우리나라로 치면 종로 같은 곳이다. 초고층 빌딩은 물론 베트남 유적이 함께 공존하는 곳. 경제 상업 지구가 밀집되어 있어, 출장객을 위한 비즈니스호텔과, 대규모 컨퍼런스 하기 좋은 5성급 글로벌 체인 호텔이 많은 것이 특징이다.

- Lotte Hotel Hanoi
- JW Marriott Hotel Hanoi

D 서호 ★★★★☆

도심 속 휴양지를 만나는 가장 빠른 방법

서쪽에 있는 호수라 해서 서호는 하노이에서 가장 큰 호수로 얼핏 보면 바다처럼 보인다. 덕분에 여행 중 하루는 한적한 곳에서 여유롭게 호캉스 즐기고 싶은 사람에게 추천하는 곳이다. 심지어 수상가옥 콘셉트의 호텔도 있다. 서호는 한국인 주재원들이 많이 사는 곳으로, 부엌 딸린 레지던스 숙소도 많다.

- InterContinental Hà Nội Westlake
- Pan Pacific Hanoi

하노이 숙소 선택 노하우

하노이는 숙소 고르는 재미가 있는 도시다. 배낭여행자를 위한 호스텔은 물론 수영장이 있는 호텔도 100,000원 이하에서 찾을 수 있다. 그러니 평소보다 숙소에 더 욕심내자. 가격 대비 만족도 높은 호텔이 많다. 숙소만 잘 골라도 여행이 즐겁다.

숙소 저렴하게 예약하는 법

첫째, 비수기 평일을 노린다. 가장 비싼 시즌은 겨울 성수기 주말과 뗏 기간이다. 최대한 이 때는 피하자.
둘째, 최소 두 달 전 미리 예약하자. 얼리버드 특가로 조금 더 가격을 절약할 수 있다.
셋째, 날씨가 중요한 사파 감성 숙소와 하노이 크루즈의 경우 무료 취소 가능한 객실로 예약 하자. 날씨에 따라 일정을 조금씩 변경하면 좋다.

- **호텔스컴바인** 각 예약 사이트별로 가장 저렴한 곳을 비교할 수 있다.
- **부킹닷컴** 호스텔부터 호텔까지 종류가 많다.
- **호텔스닷컴** 호텔 전문 예약 사이트. 10박시 1박 무료 혜택이 있다.
- **스테이앤모어** 연박, 식음료 포함 프로모션 등 호텔 패키지에 특화되어있다.

숙소 예약 시 체크리스트

☐ 호안끼엠 호수와 가까운지 확인하자
일정은 짧지만 알차게 관광하고 싶다면 호안끼엠, 휴식을 위한 호캉스라면 서호 지역 숙소를 알아보자.

☐ 실내 수영장인지, 야외인지 확인하자
겨울에 해당하는 11~2월에는 야외 수영장을 이용하기엔 쌀쌀하다. 시기를 고려해서 예약하자.

☐ 조식 포함 숙소인지 확인하자
짧은 일정이라면 조식 포함 숙소, 장기 여행이거나 아이가 있다면 부엌 있는 레지던스형 숙소를 찾아보자.

☐ 창문 있는 객실인지 살펴보자
너무 저렴한 객실은 창문이 없는 경우가 많다. 프랑스식 건축의 영향을 받았기 때문. 객실 채광이 중요하다면 꼭 확인하자.

☐ 소음에 대한 후기도 확인하자
호안끼엠 호수 지역은 오토바이가 많고 교통 체증이 심하다. 밤낮으로 시끄러울 수 있으니 잠자리에 예민하다면 소음에 대한 부분도 꼭 후기로 확인하자.

☐ 평점과 설립 연도를 참고하자
평점은 8.5 이상, 후기는 200개 이상이라면 믿을 만하다. 여기에 호텔 설립 연도까지 비교해 신축 숙소로 예약한다면 더할 나위 없다.

완벽한 호캉스를 위한 팁 7가지

☐ 여권을 요구하거나 보증금이 결제될 수 있다

체크인할 때 여권을 요구할 수 있다. 비자 유효기간을 확인하기 위해서다. 숙소에 따라서 여권을 체크아웃할 때까지 카운터에서 보관하는 경우도 있다. 보증금(Deposit)은 결제 가능한 카드를 통해 선불로 100달러 정도 결제한 후 체크아웃할 때 결제 취소하는 식이다.

☐ 4인 가족 여행자라면 커넥팅 룸을 문의하자

커넥팅 룸은 방 2개가 비밀의 문으로 연결된 객실 타입이다. 4인 가족이 패밀리 룸을 예약하면 가격이 비싸지만, 커넥팅 룸은 비교적 합리적이다. 세계적인 체인 호텔일수록 객실 타입이 다양하니 사전에 이메일로 문의해볼 것.

☐ 기념일이라면 미리 이메일을 보내자

숙박하는 날이 생일이거나 결혼기념일이라면 이벤트를 기대해보자. 좋은 호텔로 예약했다면 객실에 꽃 장식, 케이크, 샴페인 등을 주기도 한다. 다만 사전에 숙소 예약 사이트 메시지나 호텔 홈페이지에 이메일로 문의가 필요하다.

☐ 체크아웃 후 짐을 맡길 수 있다

하노이에서 한국으로 돌아오는 비행기는 밤 시간대가 많다. 하루 종일 짐을 들고 다니기가 어렵다면 체크아웃할 때 숙소에 문의하자. 무료로 짐 보관이 가능하다. 수하물이 분실되지 않도록 이름표를 붙여주는데 되찾을 때 제시하면 된다.

☐ 팁을 챙겨주는 것이 좋다

베트남은 팁 문화다. 특히 여행 및 서비스 업종에 종사하는 사람들에게는 기본 매너 팁을 챙겨주는 것이 좋다. 체크아웃할 때 책상이나 베개 옆 잘 보이는 곳에 소정의 팁과 함께 감사 메시지를 작성해두자. 1박에 1~2달러 내외가 적당하다.

☐ 조식에 쌀국수가 포함되어 있다

베트남의 호텔은 대부분 조식에 쌀국수가 포함되어 있다. 쌀국수 코너에서 즉석으로 주문하기도 하고, 자리에 앉으면 쌀국수를 가져다주기도 한다. 고수를 못 먹거나 빼고 싶은 것이 있다면 미리 말하자. 커피도 마찬가지. 우리가 평소에 마시는 아메리카노와 다른 '베트남식 커피'가 있다. 한약만큼 쓰기 때문에 본인에 입맛에 맞게 주문해야 한다.

☐ 칫솔, 치약은 미리 챙겨가는 것이 좋다

호텔에서 불필요하게 사용하는 일회용 플라스틱 제품이 너무 많다. 지속 가능한 여행과 환경에 대해 책임감을 느낀다면 원래 사용하고 있는 칫솔, 치약을 챙겨가길 권한다. 혹은 베트남에서 급하게 칫솔을 사야 한다면 대나무로 만든 칫솔도 있으니 참고하자. 공정무역 소품 숍에서 판매한다.

고급형 1 카펠라 하노이 Capella Hanoi

하노이 오페라 하우스 콘셉트에 진심인 호텔

'호텔은 이상할 수록 좋다'고 말한 사람이 있다. 바로 럭셔리 리조트 건축가 빌 벤슬리다. 그는 고급스러우면서도 유쾌한 인테리어를 추구하는 것이 특징. 다낭, 푸꾸옥, 하노이, 사파까지 각 도시의 최고의 호텔은 모두 그의 손길을 거쳤다. 카펠라 하노이는 그의 2022년 최신작으로, 프렌치 쿼터의 오페라 하우스를 콘셉트로 했다. 해피아워 시간에는 오페라 여배우(디바)가 실제로 출연하며, 조식당은 백스테이지를 콘셉트로 만들었다. 객실이 총 47개로 5성급 호텔치고는 무척 적은 편인데, 덕분에 전 직원이 투숙객을 주시하고 세심하게 챙겨 준다. 최근에는 블랙핑크가 숙박한 호텔로 화제를 모았다.

Don't miss it!

카펠라 호텔은 숙박비에 부대 프로그램 비용도 포함되어 있다. 가죽 공예, 바리스타 체험 등 요일별 다른 클래스에 참여 가능하다.

고급형 2 소피텔 레전드 메트로폴 호텔 Sofitel Legend Metropole Hotel

말 그대로 레전드! 역사 속에서 하룻밤 호캉스

카펠라 호텔 바로 맞은편에 전혀 다른 콘셉트의 호텔이 있다. 카펠라가 센스 있고 현대적인 호텔이라면, 소피텔은 기품있고 역사적인 호텔이다. 1901년에 개관했으며 당시 찰리 채플린의 신혼여행 호텔로 주목을 받았다. 베트남 전쟁 당시에는 투숙객을 대피시키기 위해 지하 벙커를 만들었는데, 지금도 당시의 유물이 남아 있다. 투숙객 대상으로 매일 무료 지하 벙커 투어도 진행하고 있으니 꼭 참여해보자. 이 외에도 최근에 주목을 받은 건 2019년 북미정상회담. 트럼프와 김정은이 만난 호텔로, 이를 기념하는 팻말이 걸려있다.

Don't miss it!

- 투숙객 대상 무료 방공호 투어. 직접 호텔 지하 벙커에 들어가 보며 베트남 전쟁 당시의 이야기를 가이드 해설 들을 수 있다.
- 베트남 에그 커피를 창시한 호텔이기도 하다. 당시 소피텔 호텔의 바텐더가 커피 프림이 비싸 계란 거품을 대신 넣은 것이 지금의 모습으로 발전했다. 조식 먹을 때 에그 커피를 요청하면 즉석에서 만들어주니 꼭 맛보자.

고급형 3 롯데호텔 하노이 Lotte Hotel Hanoi

시그니엘 서울, 하노이에선 반값에 가능

서울에서 가장 비싼 호텔로 꼽히는 시그니엘 호텔. 1박에 최소 70~100만 원대라 문턱이 높지만, 하노이에선 반값이면 된다. 롯데 그룹에서 만든 호텔로 서울과 하노이의 시그니엘 호텔이 객실 구조, 침구, 심지어 벽지까지 똑같다. 전망도 얼핏 비슷하다. 둘 다 시티 뷰 야경이 포인트! 다른 점은 서울은 한강 뷰, 하노이는 호수 뷰라는 것. 한국인들이 많이 방문하는 호텔이라 조식에 다양한 한식 메뉴를 만나볼 수 있으며, 한국 라면도 기호에 맞게 즉석에서 끓여준다.

고급형 4 인터컨티넨탈 하노이 웨스트레이크 InterContinental Hà Nội Westlake

수상 가옥 콘셉트로 즐기는 도심 속 호캉스

하루쯤 복잡한 호안끼엠에서 살짝 벗어나 여유를 즐기고 싶다면 추천하는 호텔이다. 바다만큼 넓은 호수 서호에 있는데, 호텔 객실을 수상 가옥 콘셉트로 만들어 마치 휴양지 리조트에 온 것 같은 착각이 든다. 하이라이트는 수영장! 다른 하노이 5성급 호텔 대비 가장 넓다. 수영장 선베드에 누워 책 보기도 좋고, 날씨 좋은 날 해 질 녘에는 객실 테라스에서 보랏빛으로 물드는 일몰을 내려다볼 수 있다. 조식 뷔페, 칵테일바도 평이 좋다.

고급형 5 JW 메리어트 호텔 하노이 JW Marriott Hotel Hanoi — 하노이에서 클럽 라운지 평이 가장 좋은 호텔

호캉스의 꽃은 조식이라는 말은 옛말. 요즘은 클럽 라운지 있는 호텔이 대세다. 클럽 라운지는 저녁 해피아워 동안 각종 술과 간단한 안주를 무료로 제공하는 서비스를 말한다. 하노이에서는 JW 메리어트 호텔의 클럽 라운지가 가장 평이 좋은데, 저녁 식사로 대체해도 될 만큼 푸짐하다는 평이다. 특히 한국인 출장객이 많이 찾는 호텔이라 다양한 한식 메뉴는 물론 즉석에서 한국 봉지 라면까지 끓여줄 정도다. 꼭대기 층에 있는 수영장도 실내지만 3면이 통유리라 전망이 좋고, 조식 뷔페, 재즈바까지 호캉스만 즐겨도 알찬 곳이다. 단, 주변 관광하기에는 위치가 매우 애매하다.

| 고급형 | 6 | **페리도트 그랜드 럭셔리 부티크 호텔** Peridot Grand Luxury Boutique Hotel

인생 사진 건지는 인피니티풀 & 루프톱 바

위치, 수영장, 합리적인 가격까지 3박자가 만족스러운 곳이다. 2019년에 오픈한 비교적 신상 호텔로 시설이 깔끔하고, 인테리어도 감각적이다. 하이라이트는 꼭대기 층 수영장. 낮에는 도심 속 휴양지 같고, 밤에는 화려한 야경과 루프톱 바의 음악이 더해져 트렌디한 느낌이다. 루프톱 바 야외 좌석은 거대한 새장 콘셉트로 지은 것도 이색적이다. 단 객실 전망이 주택가 공터 뷰라 특색이 없는 것이 유일한 단점.

| 고급형 | 7 | **돌체 바이 윈덤** Dolce By Wyndham Hanoi Golden Lake

반짝반짝 황금 호텔, 수영장도 변기도 황금!

24k 순금을 1톤이나 들여 만든 호텔이다. 얼마나 황금에 진심인지 건물 외벽, 수영장 타일, 화장실 변기까지 금이다. 심지어 레스토랑에서는 금박 붙인 스테이크까지 판매한다. 윈덤 호텔 그룹은 이런 황금 호텔을 만든 이유로, 투숙객에게 이색적인 경험을 제공하고자 고민하던 차 마침 앞에 황금빛 호수가 있어 이런 시도를 했다고 한다. 2020년에 개관했으며 꼭대기 층의 황금 수영장은 SNS에서 하노이 핫플레이스로 유명세를 타고 있다.

가성비 1　라 스토리아 루비 호텔 La Storia Ruby Hotel & Travel

위치, 가성비, 인터넷 속도가 최고

아무리 비교해봐도 가성비로 따지면 호안끼엠에서 이 호텔을 따라올 곳이 없다. 1박에 5만 원대, 4인 패밀리룸은 7만 원대다. 심지어 조식 포함된 가격이다. 객실 인테리어는 투박하지만 깔끔하게 잘 관리되어 있으며 무엇보다 인터넷이 빠르다. 위치도 최상인데 살짝 골목 안에 있어 소음도 덜하다.

가성비 2　라 패션 하노이 호텔 & 스파 La Passion Hanoi Hotel & Spa

2022년에 개관한 요즘 감성 호텔

비슷한 가격 대비 객실 인테리어가 훨씬 세련되었다. 보통 다른 호텔은 체리색 가구에 객실 채광이 어두운 데 반해, 이곳은 객실을 화이트와 우드 톤으로 통일해 화사하고 깔끔하다. 여기에 인테리어 소품으로 라탄을 활용한 것도 감각적이다. 다만 인기를 얻으면서 가격이 오르고 있는데, 7만 원대면 숙박할 만하고 그 이상이라면 다른 곳을 추천한다.

가성비 3　리틀 참 하노이 Little Charm Hanoi Hostel

1만 원으로 누리는 싱글룸 부럽지 않은 호스텔

하노이 호스텔 중에서 가장 인기 있는 곳이다. 가격만 따지면 더 저렴한 곳도 있지만, 여기는 객실 컨디션이 훌륭해 만족도가 높다. 여럿이 함께 쓰는 도미토리 룸이지만 자체 제작한 나무 캐빈으로 나뉘어져 있어 마치 싱글룸 같은 아늑함이 들기 때문. 심지어 실내 수영장까지 있다.

베트남 여행 시 주의할 점

여행은 아는 만큼 보인다고 한다. 사건과 사고도 마찬가지다.
아래 유의사항을 읽어두고 항상 염두에 두면 혹시 일어날지 모르는 사건과 사고를 최대한 예방할 수 있다.

☐ 거스름돈 제대로 확인하기
베트남은 화폐 단위가 커서 헷갈리는 여행자를 타깃으로 사기를 치는 곳이 꽤 많다. 예를 들면 50,000동을 줘야 하는데 5,000동을 준다거나 지폐 몇 장을 자연스럽게 뺀다. 거스름돈은 꼭 확인하자.

☐ 택시 미터기 제대로 작동하는지 확인하기
하노이에서 급하게 택시를 잡거나 근교 도시에서 택시를 잡을 땐 주의해야 한다. 턱없이 높은 가격을 부르거나 미터기가 작동하지 않는다면 싸우기보다는 근처에서 내려 다른 택시를 타자. 가장 좋은 방법은 그랩 애플리케이션을 이용하는 것이다. 실시간 가격과 택시 기사에 대한 평점을 확인할 수 있다.

☐ 호객 행위 거부하기
베트남 북부에서 호객 행위가 가장 심한 곳은 따히엔 맥주 거리, 라오까이 기차역, 사파 광장이다. 한번 말을 걸면 계속 따라 붙으므로 "No, Thank you!" 정도로만 간단히 대답한 뒤 앞만 보고 가볍게 지나치는 것이 좋다.

☐ 오토바이 빌릴 때 체크할 점
하노이 근교 사파, 깟바섬은 대중교통이 불편해 오토바이를 빌리게 되는 경우가 있다. 너무 저렴한 오토바이는 상태가 좋지 않으니 꼼꼼하게 확인하자. 백미러가 깨져 있거나 시속 눈금이 작동하지 않는 오토바이도 있다. 주유도 꼭 주유소에서 할 것. 길거리에 파는 기름은 유사 제품인 경우가 많다.

☐ 오토바이 타다 공안에게 걸릴 수 있다
드문 일이긴 하지만 간혹 공안들이 사소한 이유로 트집을 잡으며 불러 세우는 경우가 있다. 면허증 소지 여부, 헬멧 착용, 안전속도는 물론 오토바이에 사이드 미러가 없다는 이유로 잡기도 한다. 벌금 명목으로 보통 150,000~300,000동까지 요구한다.

☐ 술집 영업 마감 지키기
베트남의 술집은 밤 12시까지만 운영한다. 하노이 맥주 거리도 마찬가지. 간혹 문을 닫고 내부에서 몰래 영업하기도 하는데, 이럴 경우 공안이 갑자기 들이닥칠 수 있다. 여행 중 공안에게 잡히면 사후 처리가 곤란하니 마감 시간은 꼭 지키자.

☐ 해피 벌룬 권하는 사람 조심하기
해피 벌룬은 풍선 속에 있는 가스를 흡입하면 웃음이 나는 일종의 환각 물질이다. 베트남의 클럽, 술집에서 간혹 권하는 사람이 있으니 조심하자. 과다 복용할 경우 신체 마비는 물론 사망할 수도 있다.

☐ 믿을 수 있는 마사지 업체 이용하기
2가지를 걸러야 한다. 첫 번째는 광고성 마사지다. 베트남에는 실력 없이 광고에만 의존하는 마사지 업체가 너무 많다. 구글 평점 4.3 이상, 후기 100개 이상 되는 곳으로 찾아보자. 두 번째로 퇴폐 마사지 업소는 가지도, 찾지도 말자. 마사지하는 도중 성추행을 하거나 2차를 권하는 업체가 있다.

☐ 관공서 촬영 조심하기
베트남은 사진 촬영에 대해 우호적인 편이지만, 국가에서 운영하는 기관이나 공안 촬영은 자제해야 한다. 입국 및 비자 센터는 물론 우체국 내부 촬영도 주의를 받을 수 있다.

TIP
외교부 해외 안전 여행
내가 여행할 지역이 안전한지 궁금할 때는 '외교부 해외 안전 여행'을 검색해보자. 자연 재해, 감염병, 테러 등 실시간 이슈에 따라 총 4가지 단계로 구분해두었다. 여행 유의, 자제, 제한, 금지까지 지도에 색깔로 표시되어 있다.

🏠 www.0404.go.kr

베트남 여행 에티켓

로마에 가면 로마법을 따르라는 말이 있다. 법까지는 아니지만 어딜 가든 서로 존중해야 할 문화나 예절이 있다. 더 안전하고 즐거운 여행을 위해 몇 가지 에티켓 정도는 익혀두자. 좋은 매너가 좋은 여행을 만든다.

☐ 소리 내어 싸우지 않기
간혹 호텔이나 여행사에 무리하게 컴플레인을 거는 사람이 있다. 베트남에선 소리 내어 싸우는 것을 매우 몰상식한 사람으로 인식하기 때문에 문제 해결에 도움이 되지 않는다.

☐ 자존심 건드리지 않기
중국, 미국, 프랑스 전쟁과 관련해 자존심을 건들지 않도록 주의하자. 베트남 사람들은 자존심이 매우 강하다. 미안하다는 말도 쉽게 하지 않는다. '베트콩'이란 단어도 가급적 삼가자. 베트남 전쟁 시 북쪽 공산주의 진영을 일컬었던 말인데, 현재는 베트남 사람들을 낮잡아 부르는 말로 의미가 왜곡되었다.

☐ 머리와 어깨 만지지 않기
친근함의 표시로 머리를 쓰다듬거나 어깨에 손을 올리는 행위는 삼가자. 베트남 사람들은 머리와 어깨에 수호신이 있다고 믿으며 이를 다른 사람이 만지면 영혼이 빠져나간다고 생각한다.

☐ 가장 따뜻한 밥은 어르신에게
한국은 어른에게 먼저 밥을 드리지만, 베트남은 가장 마지막에 담은 따뜻한 밥을 어른에게 준다. 문화 차이다. 밥그릇을 젓가락으로 치는 행위도 금지. 음식을 제공하는 사람에게 불만이 있다는 뜻이다.

☐ 사원 & 호치민 박물관 방문 시 옷차림
베트남 사람들이 신성시 여기는 사원에서는 복장을 단정하게 하고 엄숙한 분위기로 관람하자. 특히 호치민 묘소, 호치민 박물관, 호아로 수용소에선 노출이 많은 옷은 입지 않은 것이 좋다. 반바지의 경우 긴 스카프로 다리를 가리는 것도 방법이다.

☐ 팁 문화
관광산업이 발달하면서 베트남에도 자연스레 팁 문화가 생겼다. 호텔리어 & 투어가이드에게는 기본적인 매너 팁을 챙겨주는 것이 좋다. 호텔의 경우 1박에 1~2달러 내외가 적당하며, 하롱베이 크루즈의 경우 담당 직원에게 10~50달러 내외를 주기도 한다. 베트남의 설날 뗏(Tet) 때는 더 챙겨주는 것이 예의.

> **TIP**
> **베트남어 기본 회화**
> - 안녕하세요 Xin Chào [신짜오]
> - 감사합니다 Cảm Ơn [깜언]
> - 미안합니다 Xin Lỗi [씬로이]
> - 여기요(어린 사람에게) Em ơi [에머이]
> - 고수 빼주세요 Không cho rau thơm [콩 쪼 저우 텀]
> - 정말 맛있어요 Ngon quá [응언 꽈]
> - 또 봐요 Hẹn Gặp Lại [핸 갑 라이]

325

INDEX

방문할 계획이거나 들렀던 여행 스폿에 ☑표시해보세요.

☐ 12월 19일 서점 거리	**169**	
☐ 1900 클럽	**143**	
☐ 8월 영화관	**174**	
☐ 거북 탑	**107**	
☐ 고려식당	**202**	
☐ 관음보살(판시판)	**253**	
☐ 굿모닝 뷰 레스토랑	**256**	
☐ 기안 돈	**216**	
☐ 까사 보니따	**303**	
☐ 깟깟 마을	**245**	
☐ 깟꼬 해변 3	**300**	
☐ 깟바 국립공원	**301**	
☐ 깟바 타운	**300**	
☐ 껨 짱띠엔	**182**	
☐ 껨 카라멘 즈엉 호아	**141**	
☐ 꽌 깟바 레스토랑	**303**	
☐ 꽌 안 응온	**179**	
☐ 꽝안 꽃 시장	**210**	
☐ 나구 베어	**150**	
☐ 냐 싸익 마오	**169**	
☐ 네이처 기프트	**216**	
☐ 다오스 케어 마사지 스파	**203**	
☐ 대불상(판시판)	**253**	
☐ 더 노트 커피	**136**	
☐ 더 크래프트 하우스	**147**	
☐ 더 팻 피그	**214**	
☐ 더 흐몽 시스터즈 바	**259**	
☐ 돌체 바이 윈덤	**322**	
☐ 동쑤언 시장	**116**	
☐ 두옹스 레스토랑	**129**	
☐ 따히엔 맥주 거리	**118**	
☐ 땀꼭	**222**	
☐ 띠엔 꿕 사원	**302**	
☐ 라 바디안	**180**	

☐ 라 스토리아 루비 호텔	**323**	
☐ 라 패션 하노이 호텔 & 스파	**323**	
☐ 라벨 비 스파	**152**	
☐ 랑 또이 쇼	**165**	
☐ 레드 자오 하우스	**258**	
☐ 레이디 버드 레스토랑	**259**	
☐ 롯데마트	**192**	
☐ 롯데센터 전망대	**190**	
☐ 롯데호텔 하노이	**320**	
☐ 롱머이 유리 다리	**254**	
☐ 롱비엔 기차역	**112**	
☐ 롱비엔 다리	**113**	
☐ 리 타이 또 동상	**174**	
☐ 리베	**183**	
☐ 리코 부티크	**217**	
☐ 리틀 베트남	**256**	
☐ 리틀 볼	**140**	
☐ 리틀 참 하노이	**323**	
☐ 리틀 키친 스토어	**183**	
☐ 만지	**139**	
☐ 메종 드 뗏 데코	**213**	
☐ 메종 드 에떼	**202**	
☐ 메종 마루	**181**	
☐ 모자이크 벽화 거리	**113**	
☐ 몽쉐리 크루즈	**290**	
☐ 몽키 아일랜드	**302**	
☐ 문묘	**199**	
☐ 민족학 박물관	**200**	
☐ 바이딘 사원	**225**	
☐ 박하 시장	**271**	
☐ 반꽁 레스토랑	**131**	
☐ 반꾸온 바오칸	**132**	
☐ 반미 25	**121**	
☐ 반푹 실크 빌리지	**200**	

INDEX

방문할 계획이거나 들렀던 여행 스폿에 ☑표시해보세요.

☐ 밧짱 도자기 마을	**184**		☐ 쏘이옌	**132**
☐ 베트남 국립 역사박물관	**168**		☐ 아니스 사파 레스토랑	**258**
☐ 베트남 군 역사박물관	**198**		☐ 아니타스 칸티나	**212**
☐ 베트남 여성 박물관	**166**		☐ 안 스토어	**183**
☐ 베트남 예술 박물관	**199**		☐ 앰배서더 크루즈(구 프레지던트)	**289**
☐ 병원 동굴	**301**		☐ 야미 2 레스토랑	**303**
☐ 북원	**217**		☐ 야쿠시 센터	**217**
☐ 분보남보	**122**		☐ 에덴 마사지 & 스파	**262**
☐ 분짜 타 하노이	**127**		☐ 에라 크루즈	**291**
☐ 분짜 흐엉리엔(오바마 분짜)	**175**		☐ 에센스 레스토랑	**129**
☐ 비건 파인 다이닝	**130**		☐ 에스 앤 엘스 다이너	**131**
☐ 빈민 재즈 클럽	**182**		☐ 에코 팜 하우스-사파 리트리트	**265**
☐ 사두 채식 식당	**178**		☐ 엘 가우초 아르헨티나 스테이크 하우스	**180**
☐ 사랑의 폭포	**254**		☐ 엘리트 오브 더 시	**286**
☐ 사파 광장	**239**		☐ 오리엔트 스파	**153**
☐ 사파 박물관	**241**		☐ 오마모리 스파	**152**
☐ 사파 성당	**239**		☐ 우담 차이	**177**
☐ 사파 시장	**241**		☐ 응옥썬 사당	**107**
☐ 사파 호수	**238**		☐ 인디고 캣	**262**
☐ 살모노이드	**202**		☐ 인터컨티넨탈 하노이 웨스트레이크	**321**
☐ 서밋 라운지	**215**		☐ 제이드 세일즈 원데이 크루즈	**292**
☐ 서호	**208**		☐ 짜가 탕롱	**127**
☐ 선플라자(사파역)	**249**		☐ 짱안	**223**
☐ 성 요셉 성당	**108**		☐ 쩐꾸옥 사원	**209**
☐ 세레인 카페 앤 라운지	**112**		☐ 쩨 본 무어	**140**
☐ 세렌더 세라믹	**148**		☐ 쭉박 호수	**210**
☐ 센 스파 하노이	**151**		☐ 쭝 응우옌 레전드	**150**
☐ 소파 카페	**137**		☐ 쭝짱 동굴	**302**
☐ 소피텔 레전드 메트로폴 호텔	**319**		☐ 찹스 떠이호	**212**
☐ 수도원(판시판)	**252**		☐ 카페 딩	**135**
☐ 스타벅스 리저브	**138**		☐ 카페 지앙	**135**
☐ 스텔라 오브 더 시	**288**		☐ 카펠라 스페셜 티	**213**
☐ 스파스 하노이	**153**		☐ 카펠라 크루즈	**287**
☐ 신또 호아베오	**141**		☐ 카펠라 하노이	**318**

INDEX

방문할 계획이거나 들렀던 여행 스폿에 ☑ 표시해보세요.

☐ 캐논 포트	300	☐ 풍흥 벽화 거리	112
☐ 커이다 80	141	☐ 플라워 가든(판시판)	252
☐ 컬렉티브 메모리	146	☐ 피스타치오 호텔 사파	267
☐ 코토 레스토랑	201	☐ 피자 포피스	126
☐ 코토 빌라	211	☐ 하노이 가든 레스토랑	128
☐ 콩 카페	134	☐ 하노이 기찻길 마을	110
☐ 크래프트 링크	203	☐ 하노이 소셜 클럽	142
☐ 클레이 하우스	267	☐ 하노이 야시장	117
☐ 타이어드 시티	147	☐ 하노이 오페라 하우스	164
☐ 탕롱 수상인형극장	120	☐ 하노이 우체국	174
☐ 탕롱 황성	198	☐ 하이랜드 커피	133
☐ 터틀 레이크 브루어링 컴퍼니	214	☐ 함롱산 전망대	240
☐ 테라코 스카이 바	143	☐ 항 가이 거리	115
☐ 토파스 에콜로지	264	☐ 항 꽛~ 토 띡 거리	115
☐ 토헤 스타일	203	☐ 항 다오 거리	115
☐ 톱 오브 하노이	191	☐ 항 박 거리	115
☐ 통동 비건	257	☐ 항 보 거리	115
☐ 통킨쇼	200	☐ 항무아	224
☐ 트랭퀼 북스 앤 커피	138	☐ 호아로 수용소	167
☐ 팀호완	201	☐ 호아루 고대 도시	225
☐ 파라다이스 익스플로러 데이 크루즈	293	☐ 호아리엔트	149
☐ 파스퇴르 스트리트 브루잉	142	☐ 호안끼엠 호수	104
☐ 판시판	248	☐ 호치민 관저	197
☐ 판시판 정상	253	☐ 호치민 묘소	196
☐ 판시판 카페	253	☐ 호치민 박물관	194
☐ 판시판 테라스 카페	255	☐ 호텔 델 라 쿠풀 엠갤러리	266
☐ 판시판역 & 종탑	252	☐ 홈목 레스토랑	181
☐ 퍼 10 리꿱수	124	☐ 히든 잼 카페	139
☐ 퍼 지아 쭈웬	123	☐ BRG 마트	151
☐ 퍼틴	176	☐ JW 메리어트 호텔 하노이	321
☐ 페리도트 그랜드 럭셔리 부티크 호텔	322	☐ T.U.N.G 다이닝	130
☐ 페바 초콜릿	149		
☐ 페페 라 폴레	211		
☐ 포케 하노이	179		